Aventuras Internacionales

Bruchko
Bruce Olson

En búsqueda del origen
Hyatt Moore y Neil Anderson

Preso en Irán
Dan Baumann

Casas de esperanza
Sean Lambert

Desde rincones lejanos
Peter Iliyn

La gente del río
Kent y Josephine Truehl

A nuestros cuatro hijos y nuestras futuras generaciones. Sasha Bethany, Chloe Christiana, Alexandra Victoria y Jonathan Christian, ustedes han compartido esta aventura por la Amazonia con nosotros. Ahora vemos cómo sus excepcionales años de infancia, llenos de aventuras y desafíos, los han transformado en los extraordinarios individuos que son hoy en día.

Y a la gente del río Purús y de Lábrea, en la Amazonia, entre la cual hemos vivido y que se han transformado en amigos para toda la vida. Esta es también su historia.

LA GENTE DEL RÍO

*El amor y el poder transformador
de Dios en el amazonas*

DAN BAUMANN

EDITORIAL
JUCUM
P.O. BOX 1138 TYLER, TX 75710-1138

Editorial JUCUM forma parte de Juventud con una Misión, una organización de carácter internacional.
Si desea un catálogo gratuito de nuestros libros y otros productos, solicítelo por escrito o por teléfono a:
Editorial JUCUM
P. O. Box 1138, Tyler, TX 75710-1138 U.S.A.
E-Mail: info@editorialjucum.com
Teléfono: (903) 882-4725

La gente del río, La aventura de llevar el amor y el poder transformador de Dios al Amazonas

ÍNDICE

Nota de los autores

Cuando éramos un matrimonio joven, que recibía capacitación misionera, meditamos en la Gran comisión que se encuentra en Mateo 28:18-20: «Y Jesús se acercó y les habló diciendo: Toda potestad me es dada en el cielo y en la tierra. Por tanto, id, y haced discípulos a todas las naciones, bautizándolos en el nombre del Padre, y del Hijo, y del Espíritu Santo; enseñándoles que guarden todas las cosas que os he mandado; y he aquí yo estoy con vosotros todos los días, hasta el fin del mundo», y le pedimos a Dios que nos encomendara un ministerio que se adaptara a nuestra joven familia, un lugar donde nuestros hijos pudieran aprender otra lengua y otra cultura, y ser una parte integral de nuestro llamamiento a transformar comunidades con la presencia amorosa y la salvación de Dios, a través de un desarrollo comunitario basado en Lucas 2.52: «Y Jesús crecía en sabiduría y en estatura, y en gracia para con Dios y los hombres». Nuestro enfoque era un intento holístico de llevar la educación, los cuidados sanitarios y el desarrollo social y espiritual a aquellas zonas donde la propia comunidad deseara experimentar un cambio. Fue, y siempre lo será, un enorme privilegio colaborar con un Dios tan maravilloso y poder servirlo. Toda la gloria y nuestra más profunda gratitud sean a Él por todo lo conseguido.

«Bástate mi gracia; porque mi poder se perfecciona en la debilidad. Por tanto, de buena gana me gloriaré más bien en mis debilidades, para que repose sobre mí el poder de Cristo» (2 Corintios 12:9).

PRIMERA PARTE

RÍOS Y SELVAS

Ciertamente allí será Jehová para con nosotros fuerte, lugar de ríos,
de arroyos muy anchos.
Isaías 33.21

UNO

EL PRIMER BESO

Captó mi atención desde el primer día de clase. Además de parecerme muy guapa, me dio la impresión de que estaba llena de energía, era organizada, vertiginosa y divertida. Su preocupación y cariño por la gente, su deliciosa determinación, y su decidido compromiso con Dios y con las misiones me parecieron extraordinariamente atractivos. Parecíamos combinar bastante bien; sin embargo, las posibilidades de que llegara a haber un «nosotros» resultaban demasiado complejas. Para empezar, yo era estadounidense y ella australiana. Por si fuera poco, su visado para los EE.UU. había expirado, y tuvo que mudarse a Hong Kong, mientras yo permanecía en Los Ángeles.

Dieciséis meses después, volvió a Los Ángeles para pasar el verano, pero mantener una relación a larga distancia nos había creado incertidumbres. Había llegado con un equipo de Hong Kong que ministraba a la comunidad china del oeste de Los Ángeles, y a continuación se iba a Brasil para seguir con su labor evangelizadora. Mientras tanto, yo era el encargado de transportar la comida de los 660 participantes de una campaña de evangelismo en el este de Los Ángeles. El hecho de tener nuestras agendas repletas y la circunstancia de vivir en extremos opuestos de una inmensa ciudad, hacían casi imposible encontrar tiempo para estar juntos. No obstante, ambos sabíamos que, si queríamos que hubiera un «nosotros», nos encontrábamos en una situación de «ahora o nunca»; así que, finalmente, reservamos toda una tarde para pasarla juntos.

Josephine era una romántica, pero, desafortunadamente, mi calamitoso estado financiero y lo apretado de mi agenda no eran demasiado compatibles con el romanticismo, así que nuestra cita consistió en un sencillo picnic, en un pequeño parque cubierto de hierba. Era una tarde calurosa de julio y el parque se llenó tanto que, para tener la oportunidad de mantener una conversación más íntima, nos vimos obligados a retirarnos al viejo y abarrotado vehículo que me habían prestado. Durante tres horas, discutimos un tema tras otro en una progresión gradual hacia la cuestión fundamental de si era posible un «nosotros». De manera vacilante y temerosa, ambos decidimos abrirnos mutuamente, sabiendo que solo una cosa importaba de verdad: ¿nos amábamos?

Durante las siguientes dos horas nos sentimos como actores de nuestra propia película, como si tuviéramos una experiencia extracorpórea y nos contempláramos desde arriba. Poco a poco, la convicción de que nuestro amor era auténtico se fue estableciendo firmemente en nuestros corazones y, al hacerlo, las complicaciones desaparecieron. Hablamos acerca del matrimonio y de tener hijos y, hacia la medianoche, conduje a Josephine de vuelta a casa y la acompañé hasta la puerta. Allí compartimos nuestro primer beso.

Poco antes de la Navidad, Josephine regresó de su campaña evangelística en Brasil. Juntos volamos a Hong Kong, donde recogimos sus pertenencias, mandamos hacer nuestros anillos de boda y compramos tela de satén y encajes. Josephine, siempre ahorradora y creativa, iba a confeccionar su propio vestido de boda.

Finalmente, llegamos a Australia. El puente del puerto de Sidney y el Teatro de la ópera eran más impresionantes en persona de lo que había visto en televisión. A Josephine le entusiasmaba tanto enseñarme su país, que viajamos por tierra hasta el estado de Australia del Sur, para así tener una experiencia más personal del lugar y sus gentes.

Era verano en las antípodas. Grandes cacatúas blancas y cacatúas galah grises y rosas chillaban de forma tan estridente que podías oírlas a través de los gruesos vidrios del autobús, incluso con el aire acondicionado a máxima potencia. Al caer la tarde, los canguros aparecieron de forma silenciosa, y se pusieron a pastar tranquilamente junto al borde de la carretera, alejándose a gráciles saltos, a medida que el autobús de línea pasaba rápido junto a ellos. El sol se puso en el continente desierto, mientras el aire caliente tremulaba como olas ondulantes de plata en el lejano horizonte. La tierra quemada por el sol representaba el polo opuesto del frío estremecedor de los inviernos de Minesota, en los que había crecido. Era la primera vez que mi invierno se había transformado en verano, pero no era un verano cualquiera; iba a casarme.

DOS

BRASIL

El avión levantó el vuelo sobre la selva tropical de Suda-mérica, una selva mayor que todas las demás selvas del mundo jun-tas. Durante las dos horas que siguieron a la salida del sol, no pude ver bajo el avión ninguna otra cosa que no fuera un vasto mar de verdor, el dosel de un bosque tropical que escondía tres territorios bastante desconocidos: Guyana, la Guayana francesa y Surinam. Lo único que interrumpía la aparentemente interminable extensión de hojas eran los sinuosos ríos de color marrón crema o café oscuro, tan diferentes de los ríos azules de Minesota. En la lengua india sioux, *Minesota* significa la «tierra de las aguas celestes». Aquella, mi mente no dejaba de comparar los ríos que tenía debajo con el río más largo de Norteamérica, el poderoso Misisipi, que fluía a tan solo dos kiló-metros y medio (una milla) del hogar de mi infancia, en el extrarra-dio de Mineápolis. Los días calurosos, iba en bicicleta con los demás chicos a pescar, jugar, nadar y columpiarme y saltar en el río. Con sus casi trescientos metros (mil pies) de ancho, por entonces el Misisipi me parecía enorme. Hasta ese momento, aquella experiencia había definido mi concepto de lo que era un río grande.

Los ríos, lagos y bosques de Minesota constituyen una vasta ex-tensión salvaje de aguas y espesuras. Yo amaba esos bosques y tenía la sensación de que también amaría aquella gran selva.

La señal de ABRÓCHENSE LOS CINTURONES se iluminó con un llamativo sonido, y el piloto recitó de corrido un montón de ins-trucciones en portugués.

—Comenzamos nuestro descenso —dijo entonces el piloto en un inglés con fuerte acento extranjero—. Nos encontramos a 167 kilómetros de nuestro destino.

Nuestro destino era la ciudad de Belém, en Brasil, la ciudad más grande de toda la selva del Amazonas, situada a unos ciento treinta kilómetros (ochenta millas) del Atlántico y la desembocadura del río Amazonas.

—En este preciso instante sobrevolamos la línea del ecuador —añadió el piloto.

Junto con todas las demás personas que ocupaban un asiento de ventanilla, miré por la ventanilla del avión buscando una línea imaginaria que marcara la mitad del mundo. De nuevo, lo único que vi fue un manto verde, a excepción de otro río que parecía como un garabato de la longitud de un cordón, que alguien hubiera arrojado sobre una extensión inconcebiblemente grande de hierba, tan solo uno más de los mil cien afluentes del Amazonas. Me quedé contemplando a distancia sus meandros a través de la selva esmeralda.

Entonces lo vi. Un sonoro «¡Uau!» salió de mi boca al ver el río Amazonas. Era como una gigantesca alfombra de pasillo de color beis, que recorriera una majestuosa catedral de verdor. Su anchura era cientos de veces mayor que la de los afluentes que lo alimentaban. Permanecí hipnotizado mientras lo sobrevolábamos. Todas las miradas escrutaban a través de las ventanillas, en medio de una tremenda fascinación. Debajo, pequeños botes de madera se apretaban en las orillas, como si temieran aventurarse a lo largo de aquella turbulenta expansión.

Eché una ojeada a mis dos compañeros de viaje del centro de entrenamiento de Juventud con una Misión (JUCUM) de Los Ángeles. Pude ver cómo crecía la emoción en sus rostros, cansados por la falta de sueño. Los tres nos habíamos embarcado en una aventura que nunca podríamos haber imaginado cuando empezamos a trabajar juntos, tres años antes.

¡Entonces lo vi de nuevo! ¿Cómo es posible que este sea... otro río Amazonas? Pero allí estaba, una inmensa mega autopista de un marrón lechoso que avanzaba imponente a través de la selva, hacia el sol naciente. El recorrido de nuestro vuelo desde Miami a Belém nos había llevado a sobrevolar el estuario, donde el poderoso río se dividía en canales alrededor de Marajó, una isla del tamaño de Suiza. Lo que había visto antes había sido el canal situado más al norte, ahora veía el segundo canal.

Sobrevolamos otra zona selvática sobre Marajó, entreverada de pequeños ríos y canales que parecían un esquema de las arterias, venas y capilares, sacado de un libro de biología. Quince minutos después contemplé otra inmensa extensión de agua que pensé que era el Océano Atlántico, pero el piloto dijo que era el río Pará, explicando que se trataba del canal más meridional del Amazonas. Mi mente no pudo comprender su tamaño. El río Misisipi, que tanto me había impresionado en mi infancia, parecía ridículo en comparación. Calculando rápidamente mientras descendíamos, me di cuenta de que los mil pies de ancho del Misisipi a su paso cerca de mi hogar representaban un cuarto de milla (trescientos metros), mientras que la boca del canal principal del Amazonas tenía más de nueve millas (catorce kilómetros) de ancho, y todo el estuario del Amazonas tenía doscientas dos millas (trescientos veinticinco kilómetros). Me quedé boquiabierto.

Nuestra llegada a Belém trajo más sorpresas: una humedad que te empapaba y te ahogaba a un tiempo, y una población de gran diversidad racial. Siempre había pensado en los brasileños como latinos de piel bronceada, pero allí había japoneses, indígenas y europeos. Lo que más me sorprendió fue el gran número de brasileños de origen africano. Mi guía turística de Brasil decía que el número de esclavos transportados al país entre 1525 y 1866 había sido diez veces mayor que el de los llevados a Estados Unidos. Gerson Ribeiro, el fundador de JUCUM Amazonas, era un brasileño de origen africano. Nos esperaba a la salida de inmigración y aduanas. Medía más de 1,80 (6 pies) de altura y tenía una sonrisa amplia y radiante. Iba elegantemente vestido y tenía un aspecto jovial.

—¡Bienvenidos a Brasil! —dijo mientras iba saludándonos a todos con un apretón de manos. Primero a Todd Kunkler, enamorado de la teología y líder de nuestro programa de misiones en Los Ángeles; después a Calvin Conkey, amigo chistoso y misionero especializado en antropología; y, finalmente, a mí.

—Me llamo Kent, Kent Truehl —dije, intentando parecer tan seguro de mí mismo como fuera posible.

Apilamos nuestros trastos en un taxi y nos dirigimos a JUCUM Belém. Allí conocimos al subdirector, Alcír, y a una joven que se presentó con unos cuatro nombres. El sonido del portugués me era aún

tan nuevo que solo pude recordar el primero, Bráulia. Era muy guapa, y encajaba con mi imagen estereotipada de una brasileña, de piel
morena y cabello castaño oscuro y rizado.

Gerson me explicó que tenían un montón de cosas que hacer
antes de partir al día siguiente, así que habían pedido a una chica
llamada Anabel que fuera nuestra guía turística a lo largo del día.
Parecía tener unos quince años, pero Gerson dijo que era una de las
cuatro mujeres que constituían el primer grupo de JUCUM formado para trabajar con una tribu indígena, así que supuse que sería
mayor de lo que parecía.

Mientras esperábamos la llegada de un autobús que nos condujera a la ciudad, el incansable Calvin fue directo al grano y preguntó
a Anabel cuántos años tenía.

—Tengo veintiuno, los mismos años que Bráulia.

—¿Podrías ayudarme a aprender portugués?

—Solo si tú me ayudas a el inglés —respondió lentamente.

—No se dice *a* el inglés, sino *con* el inglés —la corrigió Calvin.

—*Con* el inglés —repitió Anabel cuidadosamente.

Subimos a un autobús casi vacío, pero fue llenándose rápidamente hasta haber gente de pie en el pasillo, incluida una mujer que
se situó junto a Calvin. Este quiso ofrecerle su asiento, así que le
preguntó a Anabel:

—¿Cómo se dice *mujer* en portugués?

Anabel le respondió en susurros.

—¿*Mul-er*?[*] —dijo Calvin apresuradamente, en un intento de
imitar a Anabel. Calvin tiene un auténtico vozarrón, así que todo el
mundo se giró a mirarlo.

—No. *Mu-lh-er.* —respondió Anabel pronunciando lentamente
para Calvin. También aprovechó para informarnos a los tres de que
la combinación portuguesa *lh* no existía en inglés, así que resultaba
difícil para los estadounidenses.

—*Muul-i-her, Mu-llier, Mu-li-hier* —practicó Calvin a viva voz,
en un intento de demostrar a Anabel que se equivocaba. La mujer
situada cerca de Calvin empezó a apartarse lentamente de aquel
gringo barbudo que insistía en repetir: *mujer, mujer, mujer.*

---

* N. del t.: «Mule-hair», lit. «Pelo de mula» en el original.

Una vez fuera del autobús, seguimos febrilmente a Anabel, como patitos detrás de la madre pata, a través de las aceras atestadas del centro de la ciudad. Anabel caminaba rápidamente y con determinación en busca de un puesto de cambio de divisas. De repente, abandonó la acera y se introdujo en una tienda de telas, así que la perdimos momentáneamente de vista. Nos detuvimos en la entrada, pensando que se trataba de una pequeña pausa para realizar compras. Mientras tanto, ella continuaba caminando con su ritmo endiablado en dirección al mostrador, pero, al girarse y ver que seguíamos parados en la acera, se mostró visiblemente molesta y levantó sus brazos en un inconfundible gesto de «¿qué ocurre?».

Inmediatamente nos apresuramos a entrar en el interior de la tienda, y me dirigí a Calvin, para decirle:

—Supongo que cuando estás en otro país no debes de dar nada por sentado.

—Tienes toda la razón —contestó Calvin mientras ascendíamos por los chirriantes peldaños de una escalera de madera.

Una vez arriba, vimos a un hombre sentado tras un mostrador de madera situado a la entrada de un pequeño cuarto. Cuando se levantó, pudimos ver abundantes gotas de sudor resbalando sobre la enorme barriga que sobresalía de su camisa abierta. Un revolver yacía sobre el mostrador y nosotros nos detuvimos en seco. Para dejar claro quién mandaba allí, aquel hombre sopló el humo de su cigarrillo directamente sobre nuestros rostros. Inmediatamente, introdujo su cabeza en el interior del cuarto que tenía detrás, para consultar con alguien, así que aprovechamos para hacerle a Anabel el gesto de «¿qué ocurre?». Un momento después, el tipo duro nos hizo pasar al despacho.

—¿Cuánto dinero quieren cambiar? —nos preguntó Anabel.

Los tres sacamos nuestras carteras y enseñamos simultáneamente un billete de 50 dólares cada uno. Mientras entregábamos nuestro dinero a Anabel, Calvin preguntó en un susurro:

—¿Es esto legal?

Todd, como si fuera un ventrílocuo, con una sonrisa perfecta dibujada en su rostro, contestó por lo bajo:

—Cuando estés en Roma, haz como los romanos.

Para comprobar su autenticidad, el cambista sostuvo cada uno de los billetes a contraluz de una bombilla que colgaba de unos cables desnudos. Después tecleó algo en su calculadora y se la mostró a Anabel.

—*Tá bom* —dijo ella.

Supuse que aquellas dos palabras transmitían asentimiento, porque el cambista sacó una enorme pila de billetes brasileños y nos entregó un gran montón a cada uno.

Habíamos acabado, así que bajamos las escaleras, atravesamos la tienda y salimos a la calle. Una vez fuera, prorrumpimos en una serie interminable de chistes de la película *El Padrino* que incluso lograron arrancarle una sonrisa a Anabel. ¡Menuda forma de introducirnos en la vida de Brasil!

TRES

ITINERARIO DE AVENTURA

El resto de la tarde lo dedicamos a recorrer Belém, la ciudad de los árboles del mango. Estábamos paseando entre montones de pescado maloliente cuando, de repente, nos cayó encima un aguacero monzónico que empezó a golpear el techó de hojalata del mercado con tanta fuerza que resultaba ensordecedor. Dedicamos nuestro tiempo a observar mesas abarrotadas de todo tipo de pescados, desde algunos con aspecto prehistórico, hasta un enorme espécimen de un pez de río, capaz de respirar fuera del agua y con escamas del tamaño de patatas fritas de bolsa. Allí pude ver, por primera vez, las pequeñas pirañas de vientre anaranjado y temibles dientes, afilados como cuchillas de afeitar. El olor a pescado, junto con el *jet-lag* y el calor tropical, hicieron que empezara a sentir náuseas, así que agarré una Coca-Cola de un frigorífico y me senté, pero Anabel insistió en que devolviera la Coca-Cola y en lugar de ello me comprara un *guaraná*.

—¿Qué es el *guaraná*?

Anabel pareció ofendida.

—¡Es la bebida más popular de Brasil! Mucho mejor que la Coca-Cola.

El tipo situado detrás del mostrador nos sirvió cuatro vasos. Todd levantó el suyo para hacer un brindis y dijo:

—¡Por el Amazonas!

—¡Por el Amazonas! —respondimos nosotros, y echamos un trago de guaraná por primera vez.

—Oh, qué bueno —dijo Calvin.

Era más que simplemente bueno. Como la mayoría de los refrescos, era burbujeante y dulce. Pero, a diferencia de los demás, el guaraná combinaba el gusto dulce de un zumo de manzana con un sabor a nueces que te dejaba la garganta rasposa, y la boca intentando decidir si lo que habías bebido era dulce o salado.

Calvin aprovechó para hacerle algunas preguntas a Anabel y esta nos reveló con evidente orgullo que tanto Belém como su ciudad natal, Manaos, habían estado entre las ciudades más prósperas de Brasil durante el auge del comercio del caucho amazónico, de 1850 a 1920. Terminamos nuestro recorrido con un paseo por un bulevar flanqueado por árboles del mango, hasta una bulliciosa calle donde Anabel nos introdujo en un abarrotado autobús, ordenándonos que avanzáramos hasta el fondo.

—¿Cómo se dice *perdone*? —pregunté educadamente.

—No se dice. Simplemente, empuja.

Dicho esto, nos apretujó a los tres contra la aglomeración de cuerpos sudorosos. Dos paradas más tarde nos empujó desde la puerta de salida hasta el borde de la carretera. Allí nos apiñamos en una isla de grava rodeada de enormes charcos de agua de lluvia, mientras el autobús se alejaba traqueteando y dejando sobre nosotros una nube de gases de escape de su motor diesel. A continuación, Anabel nos condujo a un gran restaurante al aire libre a esperar a los demás.

Dos botellas de guaraná más tarde, y con hora y media de retraso, llegaron Gerson, Alcír y Bráulia. Alcír y Gerson nos saludaron con firmes apretones de mano, pero noté que Anabel y Bráulia se saludaban con tres besos. En realidad, apenas rozaban sus mejillas, mientras besaban el aire. Cuando se me acercó Bráulia no estaba seguro de lo que debía hacer: un apretón de manos o tres besos. Sonrió mientras tomaba mi mano para apretarla, pero, a continuación, se acercó para darme un beso en la mejilla. Me apresuré a ejecutar la maniobra de los tres besos, pero se alejó tras el primero, dejándome con los labios fruncidos y besando el aire.

—Los hombres solo reciben un beso —dijo Gerson, riéndose de mí sin disimulo. Todd se acercó y me lo explicó todo.

—Las mujeres solteras, tres besos; las mujeres casadas, dos besos; pero cuando un hombre da un beso a una mujer, solo le besa una mejilla.

—Supongo que me salté esa parte de la guía de viajes.

Gerson apareció con el mismo aspecto dominante y profesional de antes, con una mezcla de elementos propios de un humorista y de un seductor. Él y Alcír, a pesar del calor, vestían camisas bien planchadas de manga larga. Anabel, al igual que Bráulia, reapareció repentinamente vestida con un bonito vestido. Todos iban elegantes, mientras que, en comparación, los tres estadounidenses presentábamos un aspecto descuidado, con nuestros pantalones vaqueros y camisetas.

A continuación, Todd, Calvin y yo probamos por primera vez un *churrasco* brasileño. Esta variante de la clásica barbacoa consiste en ensartar grandes piezas de carne en unos largos pinchos y asarlas lentamente sobre carbón de leña. Tras cocinar y ahumar a la perfección la carne, esta se lleva a la mesa todavía ensartada en los pinchos. Allí, el camarero corta finas lonchas de la capa exterior de cada pieza de carne y las deposita directamente en el plato del comensal, ¡tantas como uno quiera! El continuo ofrecimiento de una docena de cortes de carne se complementa con un bufé de arroz, ensaladas, salsas, frutas y postres. Comimos hasta reventar.

Cansados, atiborrados y con jet-lag, permanecimos allí sentados reflexionando sobre lo diferente que era todo aquello: el río, la ciudad, la comida, pero especialmente la gente. Los amigos con los que compartía la mesa (pero con los que ni siquiera podía hablar) eran colegas en el ministerio con los que Josephine y yo ya nos habíamos comprometido. Tratando de dar sentido a mi situación, repasé los acontecimientos que me habían llevado hasta allí.

Nuestro equipo de Los Ángeles deseaba evangelizar pueblos que no hubieran sido aún alcanzados. Belém fue uno de los primeros grupos de Juventud con una Misión que se propuso ministrar a pueblos que nunca hubieran escuchado el evangelio: las tribus amazónicas. Todd, cuñado de John Dawson, el fundador de JUCUM Los Ángeles, había insistido en ir con él y con Calvin a hacer un primer viaje al Amazonas para conocer el terreno. Josephine y yo pensamos que no era necesario participar, pues ya se había llegado a un acuerdo de colaboración entre JUCUM Los Ángeles y JUCUM Amazonas. Sin embargo, Dios nos habló con tanta claridad y proveyó de forma tan milagrosa que no pude sino rendirme ante la evidencia de que Dios me quería allí.

El camarero interrumpió mis reflexiones al llevarse mi plato e invitarme a participar en el bufé de postres. Como estaba incluido en el precio, todos intentamos comer más, aunque nuestro metabolismo dijo basta y la conversación comenzó a decaer. Gerson debió de pensar que aquel momento de calma en la velada, representaba una buena oportunidad para comunicarnos el itinerario que habríamos de seguir.

—Estamos en el día uno —anunció, como si fuera el presentador de un noticiero—. Mañana, el día dos, volaremos a Manaos a hacer compras. Al tercer día cargaremos las provisiones en el barco de JUCUM y dejaremos Manaos. Los siguientes tres días los emplearemos en llegar a la ciudad de Tapauá, en el río Purús, donde se encuentra el ministerio de Alcír y su equipo.

Después de Tapauá viajaremos otros tres días, y entonces, nosotros —dijo señalándonos a Bráulia y a los estadounidenses mientras nos escrutaba con intensidad—, caminaremos hasta llegar al poblado de un grupo tribal primitivo.

—¡Fantástico! —exclamó Calvin, como un niño en una mañana de Navidad.

Para Calvin, que acababa de comenzar su grado en antropología misionera aplicada, visitar una tribu primitiva era un sueño hecho realidad.

—Tardaremos un día en llegar allí caminando, pasaremos un día en la tribu y luego necesitaremos otro día para volver. Finalmente, navegaremos sin detenernos durante cinco días, hasta regresar a Manaos.

Todos comenzamos a hablar nuevamente a la vez, mientras yo experimentaba una peculiar combinación de excitación y miedo. A diferencia de Calvin, jamás había estudiado antropología o soñado con visitar una tribu indígena, pero aquellas noticias supusieron una inyección de adrenalina que me sacó de mi estado de estupor inducido por la comida.

¿Cómo sería visitar a una tribu primitiva? Yo era un veinteañero sin experiencia que empezaba a aprender lo que significaba ser un misionero. ¿Daría la talla?

No tenía ni idea. Sin embargo, mi corazón se disparaba ante la perspectiva de los acontecimientos que tenía por delante.

CUATRO

LA CAPITAL DE LA SELVA

La selva tropical del Amazonas representa unos dos tercios de la superficie total de los cuarenta y ocho estados contiguos de Estados Unidos, algo que no habría creído hasta que volamos tierra adentro, hacia Manaos, sobrevolando una vasta extensión de jungla durante mil quinientos kilómetros (novecientas millas); una distancia que no representa ni la mitad de su anchura total. Bráulia nos había contado que la tribu que íbamos a visitar solo tenía 119 miembros. En aquel momento comprendí que una tribu tan pequeña hubiera permanecido oculta, bajo aquel oscuro dosel de árboles.

Al iniciar nuestro descenso en Manaos, capital del estado brasileño de Amazonas, me sorprendió el gran tamaño de la ciudad, más de un millón de personas en medio de la mayor selva del planeta. Gerson llamó a un taxi que nos condujo hasta el edificio del Hotel Mónaco, donde nos registramos.

—Por eso necesitamos una base de JUCUM en Manaos —dijo Gerson—. No podemos permitirnos pagar un hotel cada vez que venimos.

Desde el jardín situado en el tejado del hotel, contemplamos el centro de la ciudad y el palacio de la ópera, de estilo renacentista, engalanado con verjas de metal escocesas, ladrillos europeos, lámparas francesas, mármoles italianos y una cúpula decorada con treinta y seis mil losetas cerámicas, pintadas con los colores de la bandera nacional de Brasil; algo realmente sorprendente, considerando que el edificio se había levantado allí, en medio de la Amazonia, allá por 1896. Además de estos hechos interesantes, Gerson respondió a nuestro bombardeo de preguntas sobre la importancia de Manaos como centro geográfico de la selva circundante.

—Necesitamos una ubicación permanente —dijo—. Mi visión para JUCUM Manaos es una propiedad junto al río donde poder atracar nuestro barco y, si Dios quiere, los muchos barcos que tengamos en el futuro.

Todd, Calvin y yo comprendíamos que los barcos tenían sentido, ya que los barcos fluviales eran los automóviles, caravanas, autobuses y camiones de la región. Cuando uno ministra en el Amazonas, los barcos son una necesidad, no una opción.

A la mañana siguiente, Gerson nos condujo al antiguo puerto de la ciudad. Se encontraba tras un opulento mercado, un impresionante edificio cuyas estructuras de hierro habían sido diseñadas y construidas en Francia por Gustave Eiffel, el ingeniero de la famosa torre. En el puerto había todo tipo de barcos atracados, pequeños y grandes, viejos y nuevos; cientos de ellos. Algunos vacíos, otros abarrotados hasta el límite; algunos eran cargueros, mientras que otros eran navíos de pasajeros, aunque la mayoría parecían una combinación de ambos tipos.

Gerson encontró el barco de JUCUM atracado en tercera fila, tras otros barcos amarrados al muro de la dársena. El nombre que lucía en el casco era *São Mateus Singapura*, en honor a la iglesia luterana de San Mateo, en Singapur, que había donado el dinero para su compra. Desde el lugar del muelle donde nos encontrábamos, podía ver que el barco tenía un diseño en dos niveles. La cabina del timón y un pequeño cuarto se alzaban de forma prominente sobre la proa del barco. Bajo ellos había una gran habitación, utilizada para extender las hamacas.

Averigüé que seríamos dos equipos a bordo. Gerson, Bráulia, Todd, Calvin y yo formábamos el equipo de cinco que iría caminando a encontrarse con la tribu. Alcír era la líder del equipo formado por dos chicos y dos chicas que irían a Tapauá, donde un misionero que iba a jubilarse acababa de entregar una iglesia y una casa a JUCUM, para que nuestra organización continuara la obra allí.

Fui el primero en subir a bordo, maleta en mano, abriéndome paso a lo largo de la murada exterior de uno de los barcos amarrados al muelle. Cuando alcancé la popa, la estela dejada por un gran barco que había pasado por aguas abiertas hizo oscilar fuertemente todas las embarcaciones en un movimiento desacompasado. Dos sonrientes marineros me intimaron a meterme por una ancha ventana, que daba a la gran habitación situada bajo la cabina del timón del barco de JUCUM. Los demás me siguieron, llevando sus efectos personales y contorsionándose para introducirse a través de la ventana. Dejamos nuestras pertenencias en aquella habitación abierta, que parecía suficientemente grande como para dar cabida a siete hombres en sus hamacas, y tomamos las escaleras que ascendían a la habitación superior.

—Bienvenidos a nuestro hogar —dijeron Joe y Marjory, una pareja de jubilados estadounidenses, saludándonos con un apretón de manos. A Joe nos lo presentaron como el capitán del *São Mateus*, y tras saludarlo a él y a su esposa, estos nos presentaron a los dos sonrientes marineros que ahora se encontraban apoyados en el pasamanos, de espaldas a los demás barcos y a la actividad frenética del puerto.

—Edilberto —dijo uno de ellos, señalándose a sí mismo con una mano mientras extendía la otra para estrechar las nuestras.

—Mi nombres es Baia —dijo el segundo—. Se los deletrearé: B-A-I-A.

—Gracias, Baia. Encantado de conocerte —dije mientras apretaba su mano.

—Conozco a tu esposa Josephine —añadió Baia—. Vino a mi casa, en São Paulo, con un equipo de evangelismo procedente de Hong Kong, pará el que hice de traductor. Vimos a mucha gente entregarse a Cristo, gracias a la obra de su equipo. Incluso vinimos aquí, a Manaos. Ella fue quien me animó a formar parte de JUCUM; y ahora, aquí me tienes, ¡misionero en el Amazonas!

—Es fantástico —le respondí—. Me alegro mucho de haberte conocido, Baia.

Me explicó que acababa de terminar la Escuela de Discipulado y Entrenamiento, conocida en JUCUM como EDE. Él y Edilberto se encargarían de gobernar el barco durante las noches, de forma que pudiéramos navegar 24 horas al día y 7 días a la semana. Mientras continuábamos nuestra charla, divisé a un grupo de turistas estadounidenses que caminaban por el abarrotado puerto. Se notaba

que les había quemado el sol, e iban cargados de trastos. Joe, el capitán, les llamó a gritos:

—¡Estamos aquí! —dijo agitando los brazos, para llamar su
atención.

—Se trata de un equipo de misioneros a corto plazo que viaja
con nosotros —comentó Gerson. Me estaba preguntando *cuántos
serían*, cuando Gerson añadió:

—Es un equipo formado por siete chicas y tres chicos, cuya misión es ayudar a Alcír a construir gallineros, pintar la iglesia y una
casa, y hacer evangelismo.

Yo dudaba de que el *São Mateus* pudiera albergar a catorce personas, pero, sin duda, veinticuatro eran demasiadas. Con aquellos
diez estadounidenses adicionales, más Alcír y su equipo, la gran habitación abierta se transformó en un lugar pequeño y claustrofóbico.
Hamacas, maletas y numerosas cajas llenas de equipos y provisiones
cubrían cada pulgada del suelo. La habitación quedó atestada de una
pared a otra, y del suelo al techo.

Gerson adjudicó al equipo de Los Ángeles una pequeña cabina
en la popa del barco, con una sola litera, tan pequeña que Todd la
describió como un banco de parque de dos niveles. Dos cajas de pollitos, de 25 ejemplares cada una, formaban también parte del carga-
mento. Supuse que esa era la razón por la que hacía falta construir
gallineros en Tapauá. A excepción del pequeño camarote, no había
en el barco otro lugar a resguardo del viento donde pudiera instalarse a los pollitos. Todd tenía sus cosas en la litera superior, así que
los pollos fueron colocados en la litera inferior, que era la mía. Por
lo tanto, retiré la pequeña colchoneta de espuma de debajo de los
pollitos y decidí unirme a Calvin, que había reservado un espacio
para dormir al aire libre con su colchoneta hinchable, en la cubierta
de metal situada sobre la cocina del barco. Estábamos a mediados de
agosto, y nos habían dicho que durante los meses de la estación seca,
julio, agosto y septiembre, no llovía. Calvin y yo confiábamos en que
fuera verdad.

Tras embarcar dos grandes bloques de hielo y una gran caja
de carne fresca, el motor de la nave cobró vida. El ruido que había
en la cocina, cuyo suelo estaba situado justo encima del motor, era

ensordecedor, y todos los objetos de las estanterías se estremecían violentamente. Al salir a aguas abiertas, los estadounidenses, que estábamos súper emocionados, corrimos a la cubierta superior a sacar fotografías. Esto nos situó repentinamente a todos en el mismo lado del barco, lo que hizo que este se inclinara peligrosamente. El capitán Joe salió corriendo de la cabina del timón, gritando:

—¡Salgan de ahí o harán que volquemos!

A pesar de la severa advertencia del capitán Joe, lo mismo ocurrió media hora más tarde, cuando llegamos a la confluencia de las oscuras y cálidas aguas del río Negro con la fría y lechosa corriente del río Solimões. A lo largo de unos seis kilómetros y medio (cuatro millas), las aguas de estos dos poderosos ríos se juntaban, pero sin mezclarse. Cuando finalmente lo hacían, formaban el inmenso río Amazonas, en su recorrido final de más de mil quinientos kilómetros (mil millas) hacía el Atlántico.

Me quedé muy sorprendido cuando un grupo de delfines grises emergió de repente cerca del barco. No sabía que existían delfines de agua dulce. La sorpresa de todos aumentó cuando contemplamos dos raros delfines rosas. Gerson nos explicó que los delfines acudían a cazar en la confluencia de las aguas, donde los peces, confundidos por el repentino contraste de densidades, temperaturas y colores, resultaban una presa fácil.

La caída de la noche trajo calma a la cubierta y estabilidad al barco, pero no mucha paz, ya que el motor mantuvo su rugido ensordecedor. La cena se sirvió hacia las 9:00 de la noche, y consistió en el menú básico de Brasil: alubias negras de agradable aroma, sobre un arroz mezclado con pequeñas fibras de carne, todo ello acompañado de maíz en lata. Además, conseguí servirme un poco de Coca-Cola en una vieja lata de puré de tomate.

La humedad del río y el frío nocturno, provocó la muerte de tres de los polluelos. A la mañana siguiente, encendimos una bombilla en el camarote, justo encima de ellos, para mantenerlos calientes. La bombilla cumplió su propósito y se evitaron nuevas muertes, pero el incesante piar y la presencia de luz toda la noche hicieron que Todd tuviera dificultades para dormir. El primer día, la pequeña cabina olía como una tienda de animales; el segundo, como un patio de granja; y el tercero olía como un corral. Me quedé con la impresión de que, durante aquellos primeros tres días, Calvin y yo éramos de todo el barco lo que mejor habíamos dormido; y desde luego, mucho mejor que Todd.

CINCO

CAMBIO DE PLANES

Tras veinticuatro horas remontando el Solimões hacia el oeste, nuestro barco viró hacia el sur por el río Purús. La tribu india hacia la que nos dirigíamos se encontraba a unos seiscientos cincuenta kilómetros (cuatrocientas millas) de Manaos, en línea recta sobre el mapa. Pero como el Purús estaba lleno de curvas y meandros, la distancia real que tuvimos que recorrer fue de mil cien kilómetros (setecientas millas).

El capitán Joe condujo el barco inquietantemente cerca de la orilla del río, lo que hizo que a uno de los dos lados del barco la jungla se asemejara a un alto muro. El continuo rugido del motor nos transmitía sensación de velocidad, pero cada vez que pasábamos cerca de un poblado, los niños que nos saludaban, corrían por la ribera a mayor velocidad que la nuestra remontando el río.

En un determinado momento decidí visitar la cabina del timón. El capitán Joe se encontraba sentado en un confortable sillón elevado, tras un panel repleto de indicadores del motor, el sonar y el clásico timón de madera. Para empezar la conversación, le pregunté por qué navegábamos tan cerca de la orilla.

—Cuando se remonta la corriente, esta es menos fuerte junto a las orillas —respondió el.

—¿Qué marcha llevamos? —pregunté, con la esperanza de que pudiéramos ir más rápido.

—Avanzamos a toda marcha —contestó.

El capitán Joe me explicó que solo tenían marcha adelante y marcha atrás, y que avanzar a toda marcha representaba unos ocho kilómetros (cinco millas) a la hora a contracorriente. La sola idea de avanzar a ocho kilómetros por hora durante mil cien kilómetros me

dejó completamente deprimido, yo podía correr a mayor velocidad
que el barco. Sin embargo, después lo racionalicé: al fin y al cabo no
hubiera podido correr 24 horas al día durante 7 días a la semana, así
que eso me hizo sentir mejor.

—Los ríos han dejado atrás la estación de las crecidas, y retro-
ceden rápido —continuó diciendo el capitán Joe—, así que no podemos ahorrarnos ningún kilómetro del recorrido tomando atajos
a través de la selva.

—¿Atajos?

Me resultaba imposible imaginar cómo una nave de casi catorce metros de eslora (cuarenta y cinco pies) y tres metros de manga
(diez pies) hubiera podido atajar a través de la selva.

El capitán Joe debió de notar mi expresión de incredulidad, así
que señaló hacia uno de los muchos arroyos que confluían en el
Purús.

—Durante la estación seca, una corriente como esa solo permite
el paso de embarcaciones del tamaño de una canoa. Pero, durante la
estación de las lluvias, ese arroyo puede perfectamente ser surcado
por un barco como este, y aun por naves mayores.

Aquella conversación, y una taza de té vespertina con Joe y Marjory, introdujeron algún cambio deseado en nuestra rutina. Llevábamos ya tres días sobre las aguas, y cinco en Brasil. A pesar de nuestra
lentitud, ya habíamos remontado unos cientos de kilómetros del río
Purús.

Gerson nos hizo saber que en algún momento del día siguiente
llegaríamos a Tapauá. Aquella información infundió nuevos ánimos
en los diez estadounidenses. También circuló el rumor de que, en
lugar de judías y arroz, cenaríamos pizza, algo que nos alegró mucho
a todos. Unas horas antes de cenar, todo el mundo se puso a describir con gran detalle su pizza favorita. Por ejemplo, las gruesas pizzas
de salchicha de My Pie, la pizza suprema de masa fina de Donelli's
o las pizzas de cuatro quesos del sur de Brasil. Aquellas imágenes
hicieron crecer nuestro apetito, incentivado por el delicioso aroma
que subía de la cocina. Cuando las tres grandes bandejas de hornear
fueron retiradas del horno y subidas a la cubierta metálica superior
del barco, apenas podíamos contener el hambre. Mientras cortaban

las pizzas en trozos, la linterna de Calvin iluminó los ingredientes que las coronaban.

—¡¿Qué?! —exclamamos al unísono. Nuestra preciosa pizza estaba cubierta de anchoas, guisantes y zanahorias.

—¿Quién ha oído hablar jamás de ponerle vegetales en lata y pescado a una pizza? —dijo Calvin refunfuñando.

—Cuando estés en Roma... —replicó Todd devorando su trozo.

La salida de la segunda hornada de pizza suscitó mucha menos expectación. Mientras aguardábamos, Gerson nos hizo señas para que fuéramos a hablar en privado con Bráulia. Susurrándonos al oído, para que los demás no pudieran oír, Gerson compartió con nosotros una preocupación que le había expresado Bráulia, a quien le inquietaba el hecho de que nuestro equipo de cinco personas estuviera formado por cuatro hombres y una sola mujer.

—¿Dónde está el problema? —preguntó Todd.

—Los indios matan a los hombres, no a las mujeres —fue la respuesta intranquilizadora de Bráulia.

—¡Qué horror! —exclamó Calvin, echando la cabeza hacia atrás con incredulidad.

La afirmación de Bráulia me dejó anonadado. Todd miró de reojo a Gerson para confirmar que lo que decía Bráulia era verdad. Después se volvió a Bráulia y le preguntó asombrado:

—¿Pero no se supone que ya habéis contactado con esa tribu?

—Sí, pero solo somos mujeres.

—Lo que quiere decir —dijo Gerson para aclarar— es que necesitamos a otra mujer, para que la tribu no nos confunda con una partida de guerreros que se dirige allí para atacarlos.

Gerson nos explicó que, en anteriores viajes, los hombres habían realizado la mayor parte del recorrido, pero luego habían dejado que fueran las mujeres quienes entraran en el poblado. Yo intenté que no me dominaran las emociones e inicié un interrogatorio metódico de tipo periodístico:

—¿Tuvo la tribu un comportamiento violento cuando vivías entre ellos?

—No. Pero no puedo saber lo que ocurrirá cuando nos vean en el camino —respondió ella.

—Dijiste que un antropólogo del gobierno los había visitado —añadió Calvin en tono de reproche, señalándola con el dedo como si fuera el abogado de la acusación.

—Un hombre no mata, pero cuatro hombres... —Aquella frase sin terminar nos dejó a todos en suspenso. Gerson intentó resolver la situación tomando la iniciativa:

—Esto es lo que haremos. Mañana, antes del desayuno, todos oraremos para preguntarle a Dios si debemos tomar el sendero que lleva hasta la tribu.

Aunque intenté que no se notará, mi cuerpo y mis emociones se estremecieron, *¿dónde me he metido?* Gerson añadió:

—Si dos o más hombres deciden hacer el recorrido, pediré a otra de las mujeres del barco que nos acompañe. En realidad, solo es un pequeño cambio de planes.

Mientras nos tranquilizábamos comiendo nuestro segundo trozo de pizza, Todd tuvo la sensación de que Bráulia se había sentido atacada por nuestra reacción de «atacar al mensajero».

—Bráulia, eres maravillosa —dijo él—. Cuéntanos cómo fue tu primer contacto con esa tribu.

Ellas nos miró fijamente a cada uno, como si comprobara que era seguro continuar, y empezó a decir con calma:

—Se llaman los suruwahá.

Nos contó que todo había empezado tiempo atrás, cierto día en que la noticia del descubrimiento de una tribu primitiva cautivó su corazón, y pensó: «¿Podría yo, una chica soltera, brasileña, de diecinueve años, ser la primera misionera que entrara en contacto con esa tribu?».

Bráulia pasó la mayor parte de ese año orando sobre el tema, y después pidió a otras personas de JUCUM Belém que se unieran a ella en oración, y un chico y una chica, también solteros, se comprometieron con el proyecto y empezaron a orar con ella. Un tiempo después, fueron enlazando diferentes trayectos en barcos que remontaban ríos remotos, hasta que, tras muchos días de viaje y espera, el bote fluvial de un comerciante los dejó a los tres en la ribera de una corriente que llevaba hasta los suruwahá. El comerciante iba a remontar el río todavía más, para hacer negocios con la tribu semi primitiva de los indios Dení e intercambiar con ellos caucho, aceites vegetales, nueces de Brasil, carne salada y pescado.

Desde allí, caminaron a través de la espesa jungla y, unos días más tarde, encontraron una senda abierta, por lo que supieron que se encontraban cerca. Llegados a ese punto, el chico del equipo se volvió al campamento base, mientras que las dos chicas continuaron y llegaron ese mismo día.

Bráulia describió entonces el momento en que los indios les dieron la bienvenida:

—Aquella primera noche en la casa gigante comunitaria del poblado estábamos tan contentas que, simplemente, nos tumbamos en nuestras hamacas y cantamos canciones de alabanza.

Bráulia nos habló durante horas, describiendo la forma en que los suruwahá vivían, y cazaban para obtener comida mediante cerbatanas con dardos impregnados en veneno para las piezas pequeñas, o arcos y flechas para la caza mayor.

Tras escuchar aquel relato, una vez en la cama, contemplé el cielo repleto de estrellas que parecían inmóviles, mientras el barco se balanceaba surcando las aguas río arriba. Consciente al fin de la situación, no podía dejar de pensar. ¿Qué sucedería si una partida de hombres suruwahá, cazando a horas de distancia de su tribu, nos encontraban en el sendero hacia el poblado? ¿Se pondrían nerviosos y nos dispararían todas sus flechas?

No estaba seguro de si aquella era la aventura más emocionante de mi vida o un aciago viaje hacia la muerte. Intenté escuchar la voz de Dios respecto a si debía caminar al encuentro de la tribu, pero no pude, y mi mente y emociones permanecieron alteradas y confusas. Lo único que conseguía recordar con toda claridad era el libro que había leído acerca de Jim Elliot[1], líder de un equipo de cinco hombres que entraron en contacto con los indios Auca hacia 1950. Su primer encuentro fue pacífico. Sin embargo, después se supo que los indios Auca habían confundido a los forasteros con caníbales, y al ser cinco hombres pensaron que eran una partida de guerra. Así que, la siguiente vez que los Auca se encontraron con los misioneros, estos cayeron en una emboscada y fueron asesinados. Por aquel entonces hubiera deseado no haber leído la historia de Jim Elliot. En casos como este, es preferible la ignorancia.

Por lo tanto, me esforcé en pensar con cordura. Quizá era mejor que algunos de nosotros permaneciéramos en retaguardia. «Mejor abstenerse que lamentarse», solían decir mis padres. Sin embargo, haber gastado tanto tiempo y dinero para luego quedarme en el barco parecía ridículo. No obstante, que te mataran por una confusión cultural parecía mucho más absurdo. No me importaba correr riesgos, incluso poner en peligro mi vida por algo importante, pero odiaba la idea de morir a causa de un error.

Mientras el motor seguía rugiendo y la noche se hacía cada vez más oscura, por mi cabeza iban pasando como en una película cada uno de los posibles escenarios. La luz de la mañana no tardó mucho en cegar mis legañosos ojos. Parecía muy temprano, pero ya eran más de las 7 de la mañana. El único que aún no se había levantado era yo.

Tras guardar mis pertenencias en el pequeño camarote, hice turno para usar el único aseo del barco. Me quedaban veinticinco minutos para tomar una decisión de vida o muerte. El cansancio y la premura no eran buenos aliados. Al considerar lo dramático de la situación, pensé en hacer algo teatral, como abrir la Biblia al azar y leer el primer pasaje que encontrara. Sin embargo, después lo pensé mejor y decidí continuar con mi rutina diaria, consistente en leer un salmo, un proverbio, un capítulo del Antiguo Testamento y otro del Nuevo.

Aquel día me tocaba leer Salmos 56: «En el día que temo, yo en ti confío. En Dios alabaré su palabra; en Dios he confiado; no temeré; ¿qué puede hacerme el hombre?».

—Gracias, Señor —dije en voz alta. El motor hacía tanto ruido que nadie podía oírme, así que dije de nuevo levantando la voz—: Sí, ¿qué puede hacerme un simple hombre?

Era el versículo perfecto para mi situación. ¡Dios me había hablado! Al instante, su Palabra puso paz en mi corazón.

Al llegar la hora del desayuno todos nos reunimos para tomar una decisión. Tras haber recibido una dirección tan clara, quise ser el primer en compartirla. No entré en detalles, simplemente expliqué que había orado y el Señor me había dicho que, en mi caso, lo correcto era realizar el trayecto en dirección a los suruwahá. Todd, Calvin y Gerson decidieron lo mismo.

—¿Alguno de ustedes está enfermo o resfriado? —preguntó Bráulia con gesto serio.

—No —respondió todo el mundo.

—Una simple gripe puede acabar con toda la tribu, ya que no están inmunizados —nos explicó. Le aseguramos que todos estábamos bien.

—Entonces, perfecto... necesitamos otra mujer en el equipo —añadió Bráulia de forma categórica.

Vi que Gerson y Bráulia intentaban convencer a las dos chicas brasileñas del equipo de Alcír, pero ninguna de ellas quería ir al encuentro de los suruhawá. En cambio, cinco de las siete chicas del equipo estadounidense se ofrecieron voluntarias. Aquello me preocupó. Tres fueron rechazadas por no estar en suficiente buena forma física como para recorrer caminando los cien kilómetros (sesenta millas) que nos separaban de los indios. De las dos restantes, la primera en ser entrevistada fue una madre de treinta y cinco años de edad, en aparente buena forma. La segunda fue una chica de diecinueve años llamada Tisha, con el cabello totalmente rubio y el físico de una persona acostumbrada a hacer ejercicio. Tras un corto debate se decidió que la más joven era la que tenía más posibilidades de completar la ardua caminata.

La decisión estaba tomada y nuestro equipo se encontraba preparado.

SEIS

RÍO ARRIBA

Habían pasado seis días. Uno en Belém, otro volando hacia Manaos y haciendo compras, y otro más trasladando nuestro equipo al barco, cargando provisiones y poniéndonos en camino. Después, habíamos dedicado otros tres días en remontar el Solimões y el Purús hasta la ciudad de Tapauá, todo conforme a los tiempos marcados en el itinerario de Gerson, lo cual me dejó impresionado.

A diferencia de los destartalados poblachos con los que nos habíamos cruzado a lo largo del río Purús, Tapauá era una ciudad de verdad. La base de JUCUM se encontraba cerca del puerto en el que atracamos. Se notaba que llevaba años sin recibir una buena mano de pintura, quizá incluso décadas. Los porteadores locales se arremolinaron alrededor del equipo estadounidense tratando de llevar su equipaje. Era estupendo poder salir del barco y dar un simple paseo. Tapauá tenía calles asfaltadas, algunas docenas de autos y una pista de aterrizaje. Gerson nos informó de que también tenía teléfono, por si queríamos llamar a casa.

—¿En serio? Hoy es 20 de agosto, el cumpleaños de Josephine, ¿crees que podría llamarla? —Me parecía fatal saltarme su cumpleaños tras solo seis meses de matrimonio.

—Claro, ¿por qué no? —respondió Gerson.

Estaba emocionado, a Josephine le encantaría oírme decir que la quería; una llamada sorpresa realizada desde el corazón de la selva supondría un regalo de cumpleaños difícil de olvidar. Caminamos diez minutos hasta un pequeño edificio de ladrillo en cuyo muro alguien había pintado, con gigantescas letras, el nombre de la compañía: TELEAMAZON. Había una larga cola de personas esperando su turno para llamar. La persona que llamaba se sentaba junto a un mostrador y hablaba por un viejo micrófono.

—Mira, el teléfono es en realidad una radio —dijo Calvin con una risita— y todo el mundo puede escuchar la conversación. ¡Qué divertido!

Todd también rió entre dientes, pero yo no lo hice, ya que comprendí que tardaría una hora o dos en poder hacer la llamada. Gerson llegó a la misma conclusión y se medio vuelta. Desanimado, decidí seguirlo. Caminamos hasta una casa que tenía una zona de cafetería, donde ahogué mis penas en guaraná y rodajas de banana muy fritas. Mientras tanto, Gerson nos describió Tapauá como el típico pueblo rural de Brasil.

—La mayoría de los habitantes del medio rural de la Amazonia se identifican a sí mismas como *ribeirinhos* —dijo—. En el Amazonas hay diez veces más *ribeirinhos* que miembros de tribus indígenas.

—¿Son brasileños los *ribeirinhos*? —preguntó Calvin.

—Claro, pero son diferentes.

Gerson nos explicó que, a mediados del siglo XIX, miles de portugueses habían marchado a la Amazonia con la intención de hacerse ricos con el cultivo del caucho. A aquellos que se quedaron después de 1912, tras el colapso del precio del caucho y el fin de la época dorada de Manaos, se les llamó *ribeirinhos*, porque se establecieron en las llanuras inundables de las riberas del Amazonas y sus muchos afluentes.

—A los *ribeirinhos* podría también llamárseles «la gente del río» —continuó diciendo Gerson—. Son como la población de habla francesa que vive en los pantanos del Misisipi, cerca de Nueva Orleans.

—¿Los cajunes? —sugirió Todd.

—Sí, los cajunes. La gente del río se parece mucho a los cajunes: son pescadores, cazadores y granjeros de subsistencia que viven en un mundo dominado por el agua y la selva.

—Entonces, ¿son los ribeirinhos un grupo étnico dentro de Brasil, como los cajunes en Estados Unidos? —preguntó Todd.

—Exactamente —afirmó Gerson—. No son indígenas, pero tampoco son como los brasileños modernos. Cientos de denominaciones cristianas se centran en los brasileños de las ciudades y pueblos, mientras que docenas de agencias misioneras se dedican a las tribus indígenas. Pero, que yo sepa, solo una agencia misionera, llamada Proyecto Amazonas, se centra en la gente del río. Si Dios quiere, algún día JUCUM será la segunda.

Largamos amarras a media tarde. Me sorprendió ver que Alcír se quedaba en el barco. Como era el líder del equipo de Tapauá supuse que permanecería en la ciudad, pero como Baia y Edilberto hablaban un mejor inglés que Alcír, ellos se encargaron del equipo estadounidense. Gerson dijo que él y Alcír se encargarían de gobernar la nave por la noche, mientras que el Capitán Joe y Marjory harían el turno de día.

El séptimo día desperté con la familiar vista del muro de árboles. Me informaron de que durante la noche habíamos salido del Purús y virado hacia el oeste por el río Tapauá, otra arteria líquida que nos llevaría a profundizar todavía más en el corazón de la selva.

Avanzada la mañana del octavo día, Alcír pasó junto a nosotros peinándose su espesa cabellera negra y frotándose los ojos entre cada bostezo. Solo había podido dormir unas horas. Al rato, Bráulia se presentó con unos cafés brasileños. No solíamos tomar café a mediodía.

—¿Qué ocurre? —preguntó Todd al Capitán Joe.

—Aquí no hay señales que indiquen el camino —respondió Joe con una sonrisa—. No es buena idea perderse en el Amazonas —añadió a continuación con gesto más grave.

Mientras sorbíamos el café fuerte y dulce que contenían las tazas, el Capitán Joe nos explicó que solo Alcír y Bráulia habían estado allí antes.

—El gran lago que estamos cruzando es en realidad la confluencia de los ríos Cunhuá y Tapauá —dijo Joe—. En lugar de dos ríos diferenciados, lo que encontraremos más arriba serán siete canales diferentes. Tres de ellos continúan durante muchos kilómetros, hasta acabar en un callejón sin salida. Acabar en uno de esos canales sería lo peor que podría ocurrirnos.

Agarramos cada uno una esquina del mapa, mientras el Capitán Joe señalaba nuestra situación.

—Tenemos suerte de haber llegado aquí con luz del día —dijo Joe—, porque de noche nos habríamos perdido.

Alcír apagó el motor un par de veces para comprobar así la dirección y la fuerza de la corriente y, un par de horas después, el canal del río Cunhuá se distinguía claramente de los otros seis. El Capitán Joe volvió a mostrarse confiado en cuanto al rumbo de la nave. Cuando cayó la noche, los potentes focos del barco comenzaron a escudriñar a izquierda y derecha, como un helicóptero de la policía, a fin de mantenernos en el centro de la corriente, mientras atravesábamos la oscuridad y rompíamos el silencio de la noche con el fuerte rugido del motor.

La lentitud de los siete días de viaje por el río hizo que nos parecieran semanas. En aquel momento nos encontrábamos en un afluente, de un afluente, de un afluente del Solimões. Estábamos en el tercer mes de los cinco de la estación seca y, a medida que avanzábamos corriente arriba, los ríos se iban volviendo más estrechos y poco profundos. Si encontrábamos el lugar correcto donde desembarcar, al día siguiente podríamos iniciar nuestra caminata hacia el poblado suruwahá. Aunque todos estábamos convencidos de haber escuchado la voz del Señor, la posibilidad de que nos confundieran con una partida de guerra y fuéramos acribillados a flechazos era un pensamiento recurrente. Calvin no quería dejar nada al azar, así que decidió dedicarse al ayuno y oración.

En cuanto a mí, tras desayunar, me uní a Calvin en oración sobre la cubierta de metal del barco. A media mañana, cuando terminamos de orar, Calvin señaló hacia el agua y dijo:

—Vaya, pero si puedo ver el fondo.

Como si le hubiera escuchado, el barco empezó a tambalearse y a perder velocidad. Pude sentir, y luego ver, como la proa del barco se levantaba sobre un banco de arena, mientras el motor seguía rugiendo y esforzándose para que siguiéramos adelante. Al perder el contacto con el agua, el barco perdió flotabilidad y empezó a inclinarse lenta y peligrosamente hacia babor. Instintivamente, todos corrimos a estribor e intentamos extender nuestro peso por la borda, como si navegáramos a bordo de un catamarán. En ese momento, la hélice tocó la arena y, con un fuerte estallido metálico, el motor se detuvo de golpe. El silencio repentino nos dejó anonadados. Nadie se movía, pero la inercia hizo que el barco continuara avanzando como impulsado por una mano invisible. Contuve el aliento mientras la proa empezaba a apuntar ligeramente hacia abajo. El barco crujió y se lamentó como una bestia herida de muerte, lista para tumbarse de lado y morir. Pero entonces, como si hubiera cambiado de planes, se deslizó hacia delante y empezamos de nuevo a flotar.

Tras echar un vistazo alrededor y consultar los mapas, el Capitán Joe se dio cuenta de que habíamos entrado en una bifurcación del río que no nos conducía a ningún lado. Aquello significaba que, de alguna manera, teníamos que retroceder y volver a pasar sobre el banco de arena hasta el río Cunhuá. No tenía ni la menor idea de cómo íbamos a conseguirlo.

Poco después, el Capitán Joe, Gerson y Alcír estaban en el agua. Recorrieron todo el banco de arena en busca de una sección lo suficientemente profunda como para que el barco pudiera pasar, pero tenía la misma escasa profundidad por todos lados. De hecho, el único punto algo más profundo era el canal en forma de V creado por el propio barco al pasar por encima. Era como si hubiéramos perdido los remos en medio de un río. Tras un café y algo de debate, el Capitán Joe anunció que la única forma de salir de allí era hacer retroceder el barco por el mismo lugar por el que habíamos pasado e ir cavando un gran canal mediante el giro inverso de la hélice, así que ordenó encender el motor y grito:

—¡Marcha atrás a toda máquina!

Tal y como esperábamos, la hélice iba lanzando grandes remolinos de arena hacia delante, a medida que iba creando un túnel e impulsándonos hacia atrás. La hélice giró y giró durante casi tres horas, hasta que poco después del almuerzo habíamos conseguido liberarnos y estábamos de nuevo en el río Cunhuá.

El motor del barco tenía ahora que funcionar a media velocidad, a causa de la poca profundidad del río. Los ojos del Capitán pasaban continuamente del indicador del sonar al río que tenía delante, por miedo a desviarse de la zona profunda y chocar con el fondo.

—El nivel del agua desciende rápidamente. Creo que podremos dejarlos al inicio del sendero —dijo Joe—, pero tras su caminata de tres días, no estoy seguro de que podamos acercarnos para recogerlos —añadió jovialmente.

El capitán Joe tenía la curiosa habilidad de transmitir las malas noticias con sorprendente buen humor.

—Manaos está a unos mil seiscientos kilómetros (mil millas) tierra adentro y nos encontramos a casi otros mil seiscientos kilómetros, cuatro ríos arriba de Manaos. Si el río pierde demasiada profundidad nos quedaremos varados hasta Navidad.

Al día siguiente, Gerson nos pidió que tuviéramos preparadas nuestras mochilas, porque en algún momento de la noche llegaríamos al inicio del sendero.

—Eso sería perfecto —dijo—, ya que nos permitiría salir al amanecer y realizar la larga caminata en un solo día.

A medida que anochecía, pude escuchar el chillido de los monos aulladores convocando a los suyos para pasar la noche. Decidí acostarme temprano, ya quería estar descansado y listo para el recorrido que nos esperaba. Comprendí que jamás había caminado cien kilómetros en tres días. Sin embargo, a mis veinticinco años estaba en un momento de máximo esplendor físico, así que permanecí confiado.

Mientras intentaba quedarme dormido, me maravillé con el hecho de que estaba allí, en la selva del Amazonas. No la sobrevolaba, sino que estaba en ella, en su mismo corazón, a más de tres mil kilómetros (dos mil millas) de donde había aterrizado diez días antes. Como decían los libros, era una selva densa, tropical, exótica e infestada de insectos, entrecruzada por cursos de agua rebosantes de peces amistosos, peces asesinos, anguilas eléctricas, caimanes, serpientes y peligros inimaginables. Dentro de unas horas estaría caminando entre esos peligros. Más aún, estaría estableciendo contacto con una tribu primitiva, algo que solo unos pocos seres humanos habían hecho a lo largo de la historia.

Oré a Dios pidiéndole que me ayudara y protegiera. Al cerrar los ojos, recité el versículo que el Señor me había dado para aquella situación: «En Dios he confiado; no temeré; ¿qué puede hacerme el hombre?».

SEGUNDA PARTE

LA GENTE DEL RÍO Y LAS TRIBUS INDÍGENAS

Te alabaré, oh Jehová, entre los pueblos;
A ti cantaré salmos entre las naciones.
Salmos 108:3

SIETE

EN LA SELVA

Me desperté antes del amanecer. Los primeros rayos de sol apenas resultaban visibles a nuestra espalda mientras avanzábamos hacia el oeste, penetrando en la oscuridad. Alcír se había quedado solo al timón, para que Gerson pudiera tener toda una noche de descanso antes de la ardua caminata. Con el motor a media marcha se podía escuchar el sonido de la proa cortando las aguas del estrecho río. Poco a poco, los demás también se fueron despertando. El desayuno fue el habitual: café fuerte con galletas saladas, cubiertas con una fina capa de margarina. Todos comimos excepto Calvin, que quiso continuar con su ayuno. Al acabar, fui una vez más a orar con él. Debido a la diferencia horaria, deduje que nuestra iglesia en Australia, la Iglesia Bautista Parkside, debía de haber estado orando por mí unas seis horas antes. Dentro de otras seis horas, mi iglesia madre, la Iglesia Luterana del Redentor, se pondría a orar por mí, y unas dos horas después de ella, Josephine y nuestra iglesia en Los Ángeles harían lo mismo.

Pasaron algunas horas, y el abrasador sol ecuatorial ya estaba alto en el cielo. Un par de guacamayos azules y amarillos chillaron estruendosamente al pasar volando sobre nuestras cabezas. Justo en ese momento, el sonido del motor se transformó en un rumor apagado.

—Hemos llegado —anunció Bráulia.

En aquel punto el río era de la misma anchura que nuestra nave y quizá solo cerca de medio metro (dos pies) más profundo que el calado del barco. Un rápido examen nos confirmó que no era posible acercarnos más al poblado de los suruwahá, así que el capitán guió lentamente el São Mateus hacia la orilla. Gerson trepó por la ventanilla de la sala principal y descendió desde allí al banco de arena. Yo sugerí que comiéramos algo rápidamente antes de partir, pero Gerson ya gritaba sus órdenes:

—¡Pongámonos en marcha! Si nos damos prisa aún puede que consigamos hacer todo el camino de ida en un solo día.

Agarré mis barritas caseras de cereales variados, que mi sabia esposa me había preparado para el camino, y las puse en la mochila. Un minuto después estábamos sobre la arenosa orilla, sonriendo para una foto.

El capitán Joe le comunicó a Gerson que permanecería allí una o dos horas realizando labores de mantenimiento en la nave, antes de continuar por el río para visitar a una familia que Alcír había conocido durante su último viaje por la zona.

—Nos encontraremos aquí dentro de tres días —añadió—. Que Dios les bendiga —dijeron Joe y Marjory al unísono.

Tras despedirnos, les dimos la espalda e iniciamos nuestra marcha hacia el territorio de los suruwahá. Empezamos a caminar a un ritmo rápido. Gerson abría la marcha, Bráulia le seguía de cerca con Tisha a su lado. Después iban Todd y Calvin, y yo cerraba el grupo. En aquella selva había jabalíes, serpientes, panteras, jaguares y otros animales peligrosos. Gerson me había explicado en una de las reuniones de nuestro equipo que la persona situada en vanguardia debía llevar la escopeta, mientras que la persona que cerrara la marcha llevaría un machete, ya que los jaguares solían atacar por la espalda. Yo, que en ese momento me encontraba en la retaguardia blandiendo un cuchillo de hoja insignificante, pensé: «¿No debería ser yo el que llevara la escopeta?».

Cada uno de nosotros cargaba con una mochila pequeña que contenía sopa instantánea, dos botellas de agua, una sábana de dormir y algo de ropa seca, ya que sabíamos que pasaríamos mucho calor y acabaríamos muy sudados, en medio de la brutal humedad de la jungla. Atadas por fuera de las mochilas llevábamos nuestras hamacas y unas cuerdas. La sencilla hamaca brasileña que había comprado en Manaos pesaba poco más de dos kilos (cinco libras), pero las hamacas especiales para la selva que habían comprado Calvin y Todd en una tienda de artículos militares de Los Ángeles, tenían mosquiteras a los lados y un techo totalmente impermeabilizado, y debían de pesar unos nueve kilos (veinte libras). Todd ató la suya encima de la mochila, mientras que Calvin se la colocó debajo. Con cada paso que daba, los nueve kilos de su mochila se balanceaban golpeando contra el final de su espalda. Al cabo de veinte minutos no pudo soportarlo más y tuvo que detenerse a atarla mejor. Diez minutos después, tuvo que parar para atarla de nuevo. Al cabo de otros diez minutos la soltó por completo y la abandonó al borde del camino.

—Pesa demasiado —dijo—. Dormiré en el suelo.

Tras caminar enérgicamente durante cerca de una hora, llegamos a un gran claro hecho por los trabajadores del gobierno brasileño para delimitar el territorio de los suruwahá. Era un claro porque no tenía árboles, pero no estaba en absoluto despejado, sino repleto de todo tipo de vegetación baja. El camino desembocaba directamente en ese matorral enmarañado, sin ninguna salida a la vista. En medio de la espesura se levantaba una cabaña abandonada, que había perdido su techo de hojas de palmera, así que nos dirigimos allí. Pero todo el mundo quedó tan enmarañado en la vegetación que, literalmente, nos quedamos atascados.

—Voy intentar rodear esta zona —grité a los demás.

—Adelante —respondió Calvin—. El sendero tiene que continuar por algún sitio.

Para desenredarme, tiré de mi brazo que estaba atascado en una masa de hierba alta que se había adherido a mi piel como el tentáculo de un pulpo. Al retirar el brazo de la, aparentemente inocua, hierba verde, esta desgarró completamente mi piel, dejándome ensangrentado, como si me hubiera arañado un gato. A continuación, cada una de las cuatro marcas alargadas que me había dejado en el brazo empezó a arderme, como si alguien hubiera puesto sal en las heridas. Al escuchar que me quejaba, Bráulia vio que me había metido en un lío y advirtió a los demás:

—Cuidado con las enredaderas de fuego.

Justo en ese momento, Todd grito de dolor, pues se le había enganchado una planta de espinas en una oreja. Al pasar caminando, un aguijón de la planta se le clavó, desgarrando la parte superior de su pabellón auricular. En cuanto a mí, continué retrocediendo, me enredé una segunda vez y salí de allí con los pantalones rasgados por dos sitios diferentes. Gerson también retrocedió, pero los otros cuatro se quedaron atrapados entre las ruinas de la cabaña abandonada. Gerson les pidió que esperaran allí y mientras tanto, él y yo hicimos varias incursiones por la selva en busca del sendero, pero sin éxito. Finalmente, Gerson se me acercó:

—El capitán Joe me dijo que tenía intención de quedarse unas horas donde desembarcamos. Creo que si corres hacia el río podrás alcanzar el barco antes de que parta y decirle a Alcír que venga, ya que es probable que él recuerde el camino. ¿Crees que podrías hacerlo?

El sendero se distinguía bien y era fácil de seguir, así que dije:

—Sin problemas, claro que puedo hacerlo.

—Estupendo, entonces date prisa.

A la ida no había prestado mucha atención al sendero, ya que iba en retaguardia, siguiendo a todos los que me precedían. Sabía que el río estaba al norte, pero el sol estaba tan alto en el horizonte que no podía distinguir el este del oeste. Pronto empecé a sentirme inseguro, pero de todos modos seguí corriendo. Unos treinta minutos después me alegré de llegar al río, pero sufrí una decepción al comprobar que allí no había nadie. El barco había partido.

Como estaba tan acalorado y sudado, me quité los pantalones cortos y me sumergí en el agua fresca. Tome un gran trago directamente de las refrescantes aguas del río, pero no tenía tiempo que perder; el resto del equipo me esperaba. Entonces me di cuenta de que me sangraba el brazo, por lo que podían atacarme pirañas, caimanes, una anaconda o solo Dios sabe qué otro bicho. Salí del río a toda prisa.

Mi estupidez al meterme en el río sangrando dio inicio a una cadena de pensamientos pavorosos. El primero de ellos fue que una anaconda podía salir del agua y perseguirme, así que me vestí lejos de la orilla. Unos momentos después, mientras corría de nuevo por el camino, pensé que un jaguar podía atacarme, por lo que no dejé de mirar hacia atrás de vez en cuando mientras avanzaba. Estaba enojado conmigo mismo por no haber llevado el machete, aunque dudo que me hubiera ayudado mucho contra un jaguar. Entonces empecé a temer haberme perdido. Cada giro en el camino exigía tomar una decisión y pronto el sendero dejó de resultarme familiar. Cuando uno está solo, empieza a dudar de sí mismo. En ese momento recordé las solemnes palabras del capitán Joe: «No es buena idea perderse en el Amazonas».

Tras cuarenta minutos de ansiedad, pero sin contratiempos, logré regresar donde estaban los demás.

—Lo siento, chicos, el barco ya se había ido.

—No te preocupes, Kent. Seguro que todo sale bien —dijo Todd.

Me senté a la sombra y cerré los ojos, dejando que la ansiedad producida por el riesgo de perderme se fuera disipando. Tras recuperar la compostura, pregunté:

—¿Dónde está Gerson?

—Sigue buscando el sendero. Ha dicho que nos limitemos a esperar —respondió Bráulia.

Era la una de la tarde y apenas habíamos avanzado una hora por el camino, pero por dentro no estaba preocupado, ya que estaba muy feliz de encontrarme de nuevo junto a mi equipo, en lugar de estar perdido en la selva.

Poco después de las dos de la tarde, Gerson regresó con el anuncio de que había encontrado el sendero, así que partimos de nuevo a paso ligero. Yo me había dado un refrescante chapuzón en el río, pero los cuatro que se habían quedado sentados bajo el ardiente sol tropical durante casi dos horas tenían la piel quemada, y se encontraban débiles y cansados debido al calor.

El sendero nos llevó de nuevo a la sombra, pero todavía hacía un calor terrible. Numerosos árboles caídos atravesaban el sendero, algunos tan monstruosamente gruesos que los pinos rojos americanos de Minesota, en comparación, parecían arbustos. A veces teníamos, literalmente, que auparnos unos a otros hasta la parte superior del tronco del árbol y después deslizarnos hacia abajo al otro lado.

Tras cuatro horas de caminata, empezó a oscurecer. En el ecuador, el sol sale a las seis de la mañana y se pone a las seis de la noche, y nosotros nos encontrábamos a tan solo seis grados al sur de la línea del ecuador. Al llegar a un espacio abierto natural, junto a una corriente de agua, Gerson anunció que pasaríamos allí la noche.

—Preparen sus hamacas —dijo—. Pronto oscurecerá.

Para montar el campamento, buscamos alrededor del borde del claro árboles robustos a los que atar nuestras hamacas. Todd y yo fuimos a buscar leña seca. Cuando regresamos, Tisha y Bráulia habían excavado un hoyo para encender una hoguera. Gerson intentó encender una cerilla contra el frotador del lateral de la caja, solo para contemplar desanimado como la cabeza del fósforo se deshacía sin remedio. Habían absorbido la transpiración de Gerson a través de la mochila y estaban inservibles.

—Supongo que deberíamos haber pedido prestado el hornillo de butano del barco —dijo Todd con cierta brusquedad.

—Bueno, ahora ya es demasiado tarde —respondió Gerson entre dientes.

Nuestras ropas estaban empapadas de sudor, así que todos corrimos a cambiarlas por ropa seca con la que poder dormir; todos, excepto Calvin, que tenía un terrible dolor de cabeza y había abandonado su hamaca, por lo que, simplemente, se derrumbó en el suelo, confiando en que una buena noche de sueño acabara con sus males. Pero sus males no habían hecho más que empezar. Las hormigas le encontraron rápidamente y se abalanzaron a miles sobre su cuerpo caliente y sudoroso, como si fuera un bocado exquisito de un picnic gigante. Calvin se levantó de un salto y se arrancó la camiseta. Los demás nos limitamos a contemplar impotentes cómo trataba de limpiarse el cuerpo a manotazos de aquellas pequeñas y feroces hormigas mordedoras.

—Se parece a la danza de las palmadas que aprendió cuando era misionero en Samoa —dijo Todd bromeando.

Intentamos no hacerlo, pero no pudimos evitar reírnos a carcajadas mientras Calvin corría frenéticamente hacia el arroyo más próximo, al tiempo que se azotaba el cuerpo con las palmas de las manos. Cuando volvió, las dos chicas le ofrecieron una de sus hamacas para que pudiera dormir, explicándole que ellas dormirían juntas en la otra. Sus caballerosos esfuerzos por rechazar la oferta duraron unos cinco segundos, y luego aceptó encantado.

La cena consistió en una sopa instantánea insípida, mal disuelta, que flotaba sobre el agua sin calentar.

Cuando estábamos en el barco, Gerson nos había dicho que los animales de la selva no nos molestarían durante la noche por miedo al fuego. Como no pudimos hacer fuego la conclusión era obvia. A medida que descendió la oscuridad, la selva se llenó de gorjeos, chirridos, aullidos y berridos. Gerson nos tranquilizó diciéndonos que la escopeta estaba cargada y que él nos protegería de cualquier intruso nocturno. Me mantuve despierto durante un rato intentando imaginar cómo nos defendería Gerson, en medio de la negrura de la noche y con nuestras cinco hamacas esparcidas alrededor de un gran claro. Llegué a la conclusión de que había más posibilidades de morir debido a un disparo accidental de Gerson que por culpa del ataque de un animal salvaje, pero estaba tan cansado que ni siquiera el miedo y la adrenalina pudieron mantenerme despierto. Dormí profundamente toda la noche.

OCHO

LAS DIFICULTADES DEL SENDERO

Salimos del campamento hacia las 7 de la mañana. Bráulia dijo que nos encontrábamos aproximadamente a medio camino, lo que me pareció alentador. Sin embargo, nos advirtió de que la segunda parte del sendero era algo accidentada. Pronto descubrí que simplemente «accidentada» no era la forma correcta de describirla. Quizá fuera por causa de su inglés limitado; pero pronto me sentí como si estuviera escalando laderas de montañas. Una y otra vez había primero que subir gateando por una escarpada pendiente, luego descender por el otro lado y, finalmente, cruzar la corriente que había en el fondo. El calor y la humedad sofocantes hacían la caminata más difícil de lo que habíamos esperado.

Nos encontramos con muchos arroyos, la mayoría de los cuales habían cavado cauces profundos, creando terraplenes de entre metro y medio y tres metros, por los que era difícil subir. Siempre que podíamos, salvábamos los cauces por medio de troncos caídos que nos ayudaban a cubrir la distancia entre orillas. Uno de aquellos troncos estaba tan resbaladizo, debido a la abundancia de moho, que Todd decidió cruzarlo a gatas en lugar de andando. A mitad de camino, el tronco podrido cedió debido a su peso, dejándolo caer al arroyo que había debajo. Fue un milagro que el tronco no lo aplastara o que no se partiera algún hueso en la caída.

Unos treinta kilómetros (veinte millas) después de partir, se hizo evidente que Calvin estaba al borde de la extenuación. Se paraba a beber y descansar tras cruzar cada corriente, después descansaba a mitad de cada colina y luego hacía lo mismo al llegar a la cima. La distancia entre los tres que iban delante y los tres que los seguíamos había aumentado considerablemente. Al llegar a otro arroyo, Todd y yo trepamos por el terraplén excavado por su cauce, pero Calvin no lo consiguió. Caminó un trecho corriente arriba hasta encontrar una zona menos escarpada y lo volvió a intentar, pero el suelo se hundió bajo sus pies y cayó pesadamente hacia atrás sobre el barro.

—¡No puedo! —exclamó con rabia.

Todd y yo corrimos de vuelta al terraplén donde se encontraba. Allí le oímos repetir: «No puedo», pero esta vez en un tono de absoluta derrota. Calvin se encontraba tumbado de espaldas, y Todd y yo nos miramos con la esperanza de que el otro supiera qué hacer. Retroceder significaba volver a recorrer los treinta kilómetros que nos separaban del río, algo que era evidente que Calvin no estaba en condiciones de hacer, pero tampoco podía seguir adelante. Calvin se encontraba fuera de combate y, tras unos momentos, me ofrecí voluntario para ir y alcanzar a los tres de delante, que no eran conscientes del problema que se nos había presentado.

—Ve —dijo Todd.

Tardé por lo menos treinta minutos en alcanzarlos, ya que las pendientes eran demasiado inclinadas como para subirlas corriendo. Cuando, finalmente, logré llegar hasta ellos les expliqué la situación. Decidimos que Todd y yo debíamos ayudar a Calvin a llegar hasta un claro por el que yo acababa de pasar. Allí descansaríamos y, más tarde, decidiríamos qué hacer. Volví, mitad corriendo mitad caminando, hasta donde se encontraban Todd y Calvin y encontré a este último tumbado en el arroyo, dejando que el agua fresca se deslizara sobre él. Tras transmitirles el plan, Calvin se mostró inflexible: no podía continuar. Su único deseo era permanecer allí, tumbado en el agua fresca.

—Ánimo, Calvin, el claro está ahí delante —le expliqué.

Todd encontró una forma más fácil de subir por el terraplén e intentó convencer a Calvin de que podía conseguirlo, pero este permaneció tumbado. Tras una ansiosa espera de unos minutos, al fin se levantó.

—La cabeza me late con fuerza —nos dijo—, pero al menos ya no estoy mareado. No debería haber ayunado.

Tras recuperar fuerzas con una barrita de cereales, los tres continuamos la caminata lentamente. Cuando llegamos al claro, Gerson, Bráulia y Tisha llevaban allí esperando algo más de una hora; ya era casi la una de la tarde. Calvin nos anunció que no podía continuar. Se disculpó con todo el mundo y se ofreció a quedarse allí solo en la selva. Todd quiso quedarse con él, pero Calvin rechazó la posibilidad. Al final, Todd cedió, pero con la condición de que Calvin se quedara con su hamaca y con la escopeta. Gerson estuvo de acuerdo.

—Estaremos de regreso en veinticuatro horas —dijo Gerson.

—Por entonces ya me encontraré bien —respondió Calvin mientras se dejaba caer rendido en la hamaca.

—Necesitamos llegar a la tribu esta noche —dijo Gerson. Sin más, reanudamos nuestra caminata a paso ligero.

—¡No os olvidéis de regresar aquí! —nos gritó Calvin aterrorizado al ver que desaparecíamos por el sendero.

A las cinco de la tarde supimos que estábamos cerca. El sendero se había ensanchado y se notaba que estaba mucho más transitado. Bráulia se detuvo y nos recordó que los suruwahá serían extremadamente curiosos, y es posible que nos quitaran cualquier cosa que tuviéramos, así que nos recomendó que no lleváramos con nosotros nada que no estuviéramos dispuestos a perder o a que se nos rompiera. Yo llevaba una grabadora para registrar su idioma. Decidí quedarme con ella y con las demás cosas que llevaba en mi mochila. En cambio, Todd decidió dejar sus gafas. Temía no ser capaz de hacer el camino de vuelta por la selva si se las quitaban, así que las dejó en el suelo, al pie de un árbol, junto con la cámara que le había prestado su suegro. Señalizamos el lugar haciendo marcas con el machete en los árboles situados a cada lado del camino.

No tardamos en llegar a un gran claro que, según Bráulia, se correspondía con los terrenos de cultivo de los suruwahá. Nos detuvimos al borde. Ella iría primero, para que la tribu la reconociera; nosotros la seguiríamos tras escuchar el alboroto que produciría el encuentro. Nada más partir Bráulia, Todd empezó a orar y yo puse en marcha mi grabadora y registré unas palabras de introducción: *«Hoy es lunes, 26 de agosto, y son aproximadamente las cinco de la tarde. Estamos a punto de entrar en el poblado suruwahá. Hemos hecho unas dieciséis horas de camino durante los últimos dos días. Esperamos que el Señor nos permita tener un encuentro agradable con esta tribu primitiva y oramos por ello. Si no es así... bueno... te amo, Josephine».*

Unos instantes después, Bráulia comenzó a gritar saludos en lengua suruwahá. Como respuesta, escuchamos gritos y alboroto. No pude distinguir si los gritos eran amistosos u hostiles, ya que eran distintos a cualquier cosa que hubiera escuchado.

Tisha había oído por casualidad mi grabación y me miró alarmada. Hasta ese momento se había mostrado imperturbable, pero ahora el miedo se apoderó de ella. Me sentí mal, porque pensé que no habíamos preparado a aquella jovencita para lo que estábamos a punto de experimentar.

Yo tampoco estaba seguro de estar preparado.

NUEVE

PRIMER CONTACTO CON LOS INDÍGENAS

Tras penetrar unos pocos pasos en sus cultivos, lo primero que vi fue una enorme estructura cónica que se alzaba sobre los bananeros. Era la *maloca*, el impresionante hogar comunal de la tribu. Al acercarme más, pude escuchar que los gritos que venían más allá de los bananeros se entremezclaban con risas. Unos treinta metros (100 pies) más adelante vi a mi primer suruwahá, un hombre de piel brillante y bronceada que nos miraba fijamente. Medía aproximadamente un metro setenta (cinco pies y medio) y tenía una constitución fuerte y robusta. Su cabello era negro como el azabache y estaba cortado en un peculiar estilo con forma de tazón. A medida que nos adentramos en el poblado, hombres, mujeres y niños suruwahá se fueron arremolinando alrededor de cada uno de nosotros.

Para ellos constituíamos un espectáculo muy inusual. Gerson y Todd llamaban la atención a causa de su altura, y los indios no tardaron en hacer turnos para tocar la piel oscura de Gerson y su pelo estilo afro. Pero fue el cabello rubio, casi resplandeciente, de Tisha lo que les resultó más llamativo. Su curiosidad resultaba abrumadora y examinaron todo lo que vestíamos y llevábamos. Intentaron abrir mi mochila, pero no entendían el funcionamiento de la cremallera, por lo que yo mismo la abrí, provocando el asombro y las risas de todos los presentes. Instantes después, todo el contenido de mi mochila se encontraba desparramado en el suelo. Mis chicles sin azúcar fueron descubiertos y probados por primera vez en la historia de los suruwahá; pareció gustarles. Lo siguiente que probaron fueron las deliciosas barritas caseras de cereales de mi esposa, pero reaccionaron como si fueran lo más asqueroso que habían comido jamás, escupiendo hasta el último trocito de semilla.

Los suruwahá se habían congregado alrededor nuestro formando grupos. No estaba muy claro cuáles eran sus intenciones, pero evidentemente nos consideraban graciosos. Nos señalaban y se morían de risa, así que yo tampoco pude evitar reírme. Muchos de los jóvenes parecían haberse congregado en torno a mí, con sus padres observando en segundo plano. Todo aquello podría haber ocurrido en un campamento juvenil o de iglesia, excepto por el hecho de que todos estaban desnudos. Bueno, en realidad un noventa por ciento desnudos. Los hombres llevaban un taparrabos, mientras que las mujeres llevaban alrededor de la cintura una pequeña colección de cuerdas con borlas que formaban algo que se asemejaba un poco a una falda, aunque no mucho.

Me señalé varias veces con el dedo mientras decía «Kent», hasta que comprendieron que ese era mi nombre. Los suruwahá tenían dificultades para pronunciarlo, y les salía algo parecido a «Kets». A mí también me costaba pronunciar sus nombres, ya que su lengua me parecía un balbuceo incomprensible. Cuando intenté repetir el nombre de un joven, se rieron y me señalaron al tiempo que repetían: «*Danyzy, danyzy*». Le pregunté a Bráulia qué quería decir eso y me respondió que significaba «estúpido».

Uno de los jóvenes examinó mi botella de agua, poniéndola boca abajo, y cuando salieron las últimas gotas le dijo a su amigo: «*Baaumi*». Yo repetí la palabra *baau-mi* y moví mi mano como si fuera a beber agua. Un par de chicos jóvenes fueron enviados a toda prisa a la maloca y rápidamente regresaron con calabazas llenas de agua. Aprovechando que había descubierto la palabra para agua, compartí mi hallazgo con Tisha, Todd y Gerson, y pronto todos bebíamos baau-mi de unas calabazas.

A continuación hice un movimiento en dirección a mi estómago como si tuviera hambre. Una vez más, el lenguaje corporal funcionó a la perfección. Poco después un grupo de chicos adolescentes regreso de la maloca con una gran vasija de arcilla, que debían cargar dos personas. Invité a Todd y a Gerson a acercarse y comer, pero prefirieron dirigirse a la maloca.

Me senté en un tronco, dispuesto a comer, mientras me llenaban la calabaza en la que me habían traido agua con un potaje tibio de bananas. Pero, en lugar de dármelo, uno de los adultos jóvenes levantó la calabaza sobre mí y empezó a derramar el contenido sobre mi boca abierta, sin detenerse hasta que se desbordó y empezó a caer banana sobre mi pecho. Todo el mundo se rió, pero, mientras me limpiaba, vi que Todd y Gerson corrían asustados.

—¡Bráulia! —gritó Gerson, cambiando de dirección y corriendo hacia ella.

Todd corrió hacia mí. Lo miré con asombro mientras un guerrero suruwahá surgía de la maloca con un arco y unas flechas en la mano. Percibí el tono de urgencia en la voz de Gerson mientras llamaba a Bráulia una segunda vez. Todd intentó actuar con calma, introduciéndose entre la multitud que me rodeaba, pero su cara evidenciaba su temor de que algo horrible estuviera a punto de ocurrir.

—Nos han disparado una flecha —susurró Todd.

Repentinamente pude sentir cada uno de los latidos de mi corazón. Había leído demasiadas historias de mártires misioneros como para sentirme optimista en ese momento.

El guerrero había puesto una flecha de un metro ochenta en su arco y corría hacia nosotros como si estuviera dando caza a un animal. Miró con intensidad a Bráulia y gritó algo. Esperamos ansiosos la traducción de Bráulia, pero ella negó con la cabeza para transmitir que no había entendido nada. Cuando el guerrero dirigió de nuevo su atención hacia Todd y hacia mí, sentí que un escalofrío me recorría el cuerpo. Sin saber qué estaba sucediendo, los grandes ojos verdes de Tisha pasaban velozmente de uno a otro de nosotros, como queriendo saber si sucedía algo malo.

La multitud guardó un silencio absoluto; pero, de repente, como si alguien les hubiera dado una señal, todos estallaron en una gran carcajada. El guerrero soltó su arma y se transformó en la versión suruwahá de alguien muerto de risa.

Notablemente aliviado, Todd murmuró:

—Pensé que iban a matarnos.

—¿Qué ha ocurrido? —preguntó acercándose Tisha, pensando que se había perdido un gran chiste.

—Un guerrero volvía de cazar justo cuando Gerson y yo entramos en la maloca —nos contó Todd—. Cuando nuestros ojos consiguieron acostumbrarse a la oscuridad, lo vimos a nuestro alrededor con un aspecto frenético. De repente, levantó su arco y nos disparó una flecha que pasó justo entre nuestras cabezas. Yo retrocedí a toda prisa en línea recta y Gerson salió corriendo a buscar a Bráulia. El guerrero nos persiguió y pensé que íbamos a morir.

La cara adolescente de Tisha se congeló, con la mano tapando su boca abierta y las cejas totalmente levantadas. Creo que no sabía si gritar de horror o celebrar nuestra buena suerte. Tras haber experimentado emociones tan turbulentas y confusas, yo mismo me encontraba atrapado entre esos mismos extremos. Pero las risas de los suruwahá me daban esperanzas de que estaríamos a salvo con ellos.

DIEZ

LA MALOCA

Una vez pasada la conmoción del encuentro inicial, todos nos trasladamos a la casa comunal de la tribu. Los brasileños la llaman *maloca*, pero el nombre que le daban los suruwahá era *uda*. Era redonda y calculé que debía de tener unos veinticinco metros (setenta y cinco pies) de ancho por veinticinco de alto. Allí vivían los 119 suruwahá. Me quedé impresionado de que pudieran construir una estructura tan grande sin martillos ni clavos. De hecho, me pareció asombroso que no necesitaran una grúa para alzar las cuatro grandes vigas sobre las que se sostenía la techumbre. El tejado estaba formado por miles de hojas de palmera perfectamente dobladas y ensambladas, con cada hoja superpuesta unos tres centímetros a un lado y encima de la siguiente, hasta formar una cubierta compacta y ligera, capaz de soportar los fuertes vientos y las más pesadas tormentas tropicales.

Cuando entré no sabía qué esperar. Dentro estaba oscuro y cargado de humo. Todo el mundo vivía alrededor de las paredes, mientras que el centro permanecía vacío. El interior estaba dispuesto en nueve grandes secciones formadas por estructuras cuadradas de postes. Cada poste media aproximadamente un metro ochenta (seis pies) de alto y servía para colgar hamacas. Cada familia cocinaba en su propio hogar de leña, y nos alimentaron con el mismo potaje de bananas que nos habían dado en el exterior. Tenía un delicioso sabor a natillas tibias de banana y saciaba bastante bien el hambre. Una de las familias compartió con nosotros algo de carne de ave, mientras que otra nos ofreció carne de cerdo. Nos alimentaron hasta que no pudimos más. Yo estaba deshidratado después de la caminata y, una vez más, la palabra que había aprendido para pedir agua resultó sumamente efectiva, así que pude beber abundante baau-mi.

Las hamacas de los suruwahá eran muy suaves y Bráulia nos contó que estaban hechas con fibras de palma, tejidas conforme a una trama muy intrincada. La hamaca de los maridos medía más de 3 metros (diez pies) de largo, mientras que la de las esposas, colgada justo debajo de la de sus maridos, era algo menor. Las pequeñas hamacas de los niños colgaban aun más abajo, a no ser que se tratara de bebés, en cuyo caso las diminutas hamacas se colgaban justo al lado de la de la madre.

A Todd y a mí nos alojaron cerca de una familia joven. Yo colgué mi hamaca, pero Calvin se había quedado con la hamaca especial para la jungla propiedad de Todd, así que este no tenía dónde dormir. Bráulia intentó explicar que Todd necesitaba una hamaca, pero esto pareció crear un problema. Un grupo de hombres suruwahá se reunió en el centro para deliberar.

—¿Qué dicen? —preguntó Todd.

—No tienen hamacas de sobra. Se tardan meses en confeccionar una, así que solo tienen tantas hamacas como personas hay en la tribu —respondió Bráulia.

Finalmente, una familia puso a dos de sus niños en una sola hamaca, con lo que quedó una libre para Todd. Aunque era una hamaca infantil, resultó lo suficientemente fuerte como para sostenerlo. Cuando Todd se metió en ella, junto a mi gran hamaca de adulto, los suruwahá lo señalaron y rieron a carcajadas.

Para dormir, sacamos nuestras sábanas para cubrirnos. Yo tenía una simple sábana blanca, pero la de Todd tenía un atrevido diseño de bandas rojas, blancas, azules y amarillas. Pronto una multitud se congregó para tocar el tejido de la sábana de Todd. De repente, uno de los jóvenes se alejó de forma brusca llevándose la sábana. Mientras Todd intentaba obtener ayuda de Bráulia, el hombre que le había llevado a Todd la hamaca la descolgó y también se marchó con ella. Todd se había quedado sin sábana y sin hamaca.

Cinco minutos después un grupo de hombres vino desde el otro lado de la maloca y desplegó la sábana de Todd, que ahora tenía en cada esquina cuerdas hechas con tiras de enredadera. Ataron la sábana a los postes y transformaron la sábana de Todd en una hamaca más grande y confortable. Concluido el incidente, nos preparamos para irnos pronto a dormir, pero vimos que no iba a ser así cuando Bráulia asomó la cabeza entre nuestras hamacas y dijo:

—Los suruwahá quieren que bailemos.

—Espero que estés bromeando —señaló Todd—. Ahora sí que van a dispararnos.

Bráulia nos condujo hasta el centro de la maloca, donde muchos suruwahá formaron un gran círculo alrededor de nosotros. Sin embargo, ninguno de nosotros se sentía capacitado para bailar.

—Cantemos algunas canciones de alabanza —sugirió Todd.

—¡Sí, eso podemos hacerlo! —fue la respuesta unánime.

Empezamos a cantar bastante alto algunas canciones de alabanza y, cuando terminamos, Gerson oró en voz alta al tiempo que seguía cantando, como si se tratara de otra estrofa de la canción. Bráulia siguió su ejemplo, y lo mismo hicimos todos por turno. Cantamos oraciones por los suruwahá: oramos para que fueran espiritualmente bendecidos, oramos para que los misioneros pudieran trabajar allí, oramos para que pudiéramos aprender su lengua lo suficientemente bien como para predicar el evangelio. Sentí que era significativo que pidiéramos esas cosas allí, justo en medio de ellos, en su propio hogar. Estábamos alabando al Señor entre los pueblos, cantándolo entre las naciones (Salmos 108.3).

Cuando terminamos de cantar, los suruwahá parecían contentos y agradecidos. Fue tan bueno poder tumbarme en la hamaca otra vez. Respiré varias veces de forma larga y pausada, y pude sentir el reconfortante calorcito de la pequeña hoguera que había cerca. Tras una serie de largos y satisfactorios bostezos, cerré los ojos y dejé que el sueño se apoderara de mí.

Unos instantes después, un grito de socorro me despertó de golpe.

—¡Bráulia, socorro!

—¿Qué ocurre, Tisha? —preguntó Bráulia.

—¡Diles que me dejen en paz! —suplicó Tisha.

Me senté en mi hamaca para ver lo que estaba sucediendo, pero la única luz provenía de las hogueras, así que no pude averiguar qué

pasaba. De repente, Tisha pegó un alarido. Salí disparado de mi hamaca y vi a un joven con un cuchillo al lado de Tisha. El miedo me
golpeó de nuevo. Los adolescentes suruwahá se dispersaron cuando
los cuatro llegamos hasta Tisha. Esta se cubría la cara firmemente
con la hamaca y sollozaba, diciendo:

—¡Querían cortarme el pelo!

Obviamente, la larga cabellera dorada de Tisha constituía una
tentación demasiado grande para algunos de los chicos y chicas de la
tribu, que querían un souvenir. Al punto, pudimos oír a los padres y
madres suruwahá que regañaban a sus hijos.

—Probablemente solo ha sido una travesura adolescente —dijo
Todd.

Y eso parecía, así que volvimos a nuestras hamacas. Me sentía
tan exhausto que apenas podía esperar para cerrar los ojos. Recordé
unas palabras de Salmos 62, el salmo que había leído la mañana que
llegamos al sendero, y me dije a mí mismo: «Sí, mi alma puede descansar en Dios».

Al cerrar los ojos musité una oración de protección por mi compañero Calvin, solo en la selva. Después agradecí a Dios que hubiera
protegido nuestras vidas y sido fiel a su palabra en Salmos 56: «¿Qué
puede hacerme el hombre?».

ONCE

SOLO EN LA SELVA

Dormir en aquel refugio impresionante fue muy cómodo, pero el ronquido de los cerdos y el excesivo piar de los pájaros indicaban que había amanecido. Los suruwahá no se daban prisa en levantarse. Tras haber repuesto la noche anterior mi deshidratado cuerpo con abundante agua, tenía urgencia por ir al baño, pero no estaba seguro de adónde dirigirme. Finalmente, algunos hombres comenzaron a salir de la maloca, y Todd y yo ya habíamos decidido seguir al primero que saliera. Pronto descubrimos que el servicio masculino era el borde de un gran árbol caído, a uno de cuyos lados los hombres se detenían a «regar» las plantas, mientras que en el otro había pequeños árboles suaves, que le permitían a uno tener algo a lo que agarrarse mientras permanecía en cuclillas. Todo estaba organizado de forma muy higiénica.

Tras nuestra visita al baño, nos llevaron hasta el río, donde pudimos lavarnos y refrescarnos. De regreso al poblado suruwahá vimos a un jovencito que cazaba con una cerbatana de unos dos metros (siete pies) de largo y docenas de dardos afilados metidos en un pequeño carcaj. Los dardos tenían una longitud de un palmo y eran finos como palillos de dientes. Pude verlo poner un dardo en la cerbatana y escudriñar el cielo en busca de pájaros. Con un fuerte soplido, impulsó una especie de tapón vegetal situado en la base del dardo que hizo que este saliera disparado por encima de las copas de los árboles; un sorprendente despliegue de tecnología amazónica.

Estuvimos con los Suruwahá un total de diecisiete horas. Hacia las diez de la mañana nos preparamos para partir, pero las mujeres de la tribu no querían que Bráulia se fuera. Cada vez que se levantaba para irse tiraban literalmente de ella y le impedían hacerlo. Permanecimos así durante cerca de media hora, mientras Bráulia negociaba con las mujeres las condiciones de su partida.

Durante ese tiempo de espera, Tisha me pidió que la ayudara a vendarse los pies. Cuando se quitó las zapatillas de deporte vi que sus talones estaban cubiertos de sangre. Sus deportivas de lona, de caña alta, eran muy estilosas, pero no estaban hechas para hacer senderismo de verdad, y la lona, demasiado pesada, había rozado sus talones hasta dejarlos en carne viva. Tisha había cortado una tira de tela de su camiseta y yo la ayudé a vendarse con ella ambos talones. Los cincuenta kilómetros (treinta millas) del camino de regreso supondrían para ella una prueba dolorosa.

Al fin, Gerson y Todd tuvieron que arrancar literalmente a Bráulia de las manos de las mujeres y hacia las 10:30 pudimos iniciar el camino. Para mi sorpresa, aproximadamente la mitad de los hombres de la tribu nos siguieron. Cuando llevábamos apenas cinco minutos recorridos vimos al joven de la cerbatana que había cazado un impresionante guacamayo rojo y azul, y lo estaba desplumando al borde del camino. En Estados Unidos, aquellos pájaros exóticos eran muy apreciados, pero para ellos solo eran comida.

Cuando llegamos al lugar donde Todd había dejado sus gafas, su cámara y su reloj ya nos estábamos quedando atrás, pues los suruwahá caminaban muy rápido, así que Todd agarró rápidamente sus cosas y siguió caminando. Los cientos de hormigas que cubrían la cámara se le subieron por las manos y brazos. Tras un momento de desconcierto, exclamó:

—¡La funda de la cámara!

—¿Has olvidado la funda? —pregunté.

—¡No, las hormigas se la han comido!

Todd me pasó su cámara. De ella colgaban dos finos cables que seguían unidos al botón de metal de la parte posterior de la cámara. Dichos cables y el botón eran todo lo que quedaba de la funda protectora de vinilo. Un enjambre de hormigas se había cebado con la funda durante las diecisiete horas en la aldea. Eso hizo que Todd y yo pudieramos apreciar con gratitud la eficiente tarea de limpieza del suelo del bosque que realizan las hormigas.

Una hora después llegamos a una intersección y la mayoría de los suruwahá se desviaron por otro camino. Además de sus arcos y flechas, llevaban cestas y pequeñas lanzas, así que Bráulia nos dijo que probablemente fueran al río a pescar. No obstante, unos ocho hombres siguieron por la misma senda con nosotros.

Casi exactamente veinticuatro horas después de habernos separado de él, al fin llegamos donde se encontraba Calvin. Este tenía buen aspecto y se sentía bien, así que dimos las gracias a Dios por ello. A Calvin le pareció emocionante encontrarse con los suruwahá, y en ese momento nos enteramos de que la razón de que nos acompañaran fue que Bráulia había logrado transmitirles que un hombre había dormido solo en la selva. Los suruwahá deseaban conocer a ese gran guerrero que había sido lo suficientemente valiente como para pasar la noche allí solo, algo que ellos nunca harían. Cuando Calvin se enteró, no pudo reprimir una carcajada.

—No les digan que este gran guerrero se pasó despierto gran parte de la noche, aterrorizado como un niño pequeño.

Tal y como nos había ocurrido a nosotros el día anterior, pudimos ver en Calvin la intensa combinación de miedo y gozosa emoción que producía encontrarse con los suruwahá. Estos se quedaron impresionados al ver el tamaño de Calvin y tomaron lianas de la selva para medir sus muslos y bíceps. Después las guardaron bajo sus taparrabos, sin duda para, de vuelta en la maloca, poder enseñar a los demás lo grande que era el intrépido guerrero.

Sin más tardanza, reanudamos la marcha. Hasta entonces, los ocho suruwahá habían caminado delante, pero cuando Calvin se nos unió, dos suruwahá decidieron escoltarlo, uno delante y otro detrás, dando a entender claramente que lo consideraban alguien especial. Dios había mostrado su fidelidad al hacer que los suruwahá fueran al encuentro de Calvin, en unas circunstancias en las que él no había podido llegar hasta ellos. Esto fue algo que a Calvin no le pasó desapercibido y, en un determinado momento, declaró proféticamente:

—¡Un día los suruwahá recorrerán este sendero alabando a Dios en su lengua!

Ver a Calvin tan animado y recuperado nos dio a todos fuerzas renovadas. Todd y yo compartimos con él lo ocurrido durante las horas que estuvimos entre los suruwahá. Calvin se puso al día y juntos alabamos a Dios y le dimos gracias, mientras continuábamos avanzando por el camino. Afortunadamente, aquel día hacía mucho menos calor que a la ida. Atravesamos la zona de colinas a un ritmo constante, lo que supuso un penoso esfuerzo para todos menos para los suruwahá, que no mostraron ninguna señal de cansancio. A mediodía, cuatro de los ocho suruwahá decidieron regresar a su poblado, mientras que los demás se quedaron con nosotros y sostuvieron todo el día el ritmo de nuestra caminata, haciéndonos llegar a nuestro primer campamento hacia las 6:15 de la tarde.

Era evidente que Alcír había estado esperándonos allí, pues encontramos una hoguera encendida. Seguramente, la tripulación del barco estaba preocupada y había ido a buscarnos, ya que nos habíamos retrasado respecto a la hora a la que debíamos llegar al punto de reunión. Gerson calculó que aún nos faltaban unas tres horas de marcha para llegar al barco y sugirió que continuáramos caminando.

—No me gusta la idea de caminar de noche —dijo Todd.

—Con la ayuda de los suruwahá y de nuestras linternas podemos conseguirlo —aseguró Bráulia.

—Yo no puedo caminar otras tres horas —puntualizó Calvin.

Gerson, Bráulia y Tisha deseaban claramente continuar, mientras que Todd y Calvin habían decidido pasar la noche en la selva. Yo prefería volver a la comodidad y seguridad del barco, pero no quería dejar a Calvin y a Todd. Todo el mundo tenía sus ojos puestos en mí, y al fin decidí quedarme.

Como teníamos la luz de la hoguera, les dimos nuestras linternas. También se llevaron la escopeta. Los cuatro suruwahá no tenían hamacas, así que decidieron irse también al barco, dejando que los tres inexpertos gringos pasaran la noche solos en la selva.

Todd no tardó en envolverse en su hamaca, pero Calvin y yo nos sentamos junto al fuego y bromeamos con la posibilidad de asarnos unos perritos calientes, unos perritos vivos o a cualquier otro bicho que pasara por el campamento. Calvin había ayunado en el barco antes de que iniciáramos el camino, y después se había perdido el banquete que nos habían ofrecido en la maloca. Así que, tras cuatro días sin comer, se encontraba famélico. Yo también estaba hambriento, y nuestra conversación solo hizo que tuviera todavía más hambre.

A pesar de lo que nos habíamos quejado en el barco, ahora echábamos de menos el arroz y los frijoles que el resto del equipo pronto estaría comiendo. Esto nos llevó a echar pestes de Gerson y Bráulia, por habernos dicho que no lleváramos comida a causa del peso. Todd detuvo nuestras quejas recordándonos lo sucedido al pueblo de Israel, cuando echaba de menos los puerros y las cebollas de Egipto y criticaba por ello a Moisés.

—Creo que deberían meterse en sus hamacas, antes de que la tierra se abra y los trague —dijo bromeando.

Aceptamos el consejo de Todd, así que nos arrepentimos y nos fuimos a la hamaca. El problema es que Calvin y yo teníamos que compartirla. Ahora echábamos pestes contra nosotros mismos por no haber pedido a Tisha que nos dejara su hamaca, de forma que cada uno tuviera la suya. Una y otra vez intentamos encontrar un punto de equilibrio, pero las leyes de la física siempre acababan triunfando. Calvin pesaba mucho más que yo, y la diferencia de peso creaba una pendiente por la que me deslizaba hacia él. No importaba lo mucho que intentara reajustar mi posición, siempre acababa cayendo.

Sin embargo, hacia las nueve de la noche la incomodidad se transformó en desdicha absoluta cuando empezó a diluviar. Nuestras finas sábanas no ofrecían prácticamente ninguna protección frente a la tromba tropical de agua que caía. Calvin y yo estábamos empapados. Por el contrario, Todd vio recompensado su esfuerzo de cargar con la hamaca especial para la selva de 9 kilos de peso: permaneció seco y descansó confortablemente. Pasaron quince minutos y una lluvia fría seguía cayendo de forma inmisericorde. Treinta minutos después, empecé a tiritar sin control. Debido a la lluvia, todo lo que quedaba de nuestra hoguera era el débil resplandor de unos rescoldos.

—Calvin, voy a levantarme e intentar reavivar el fuego, de lo contrario nos vamos a congelar —dije.

Por supuesto, lo de que nos íbamos a congelar era una exageración, pero a pesar de haberme criado en uno de los estados más fríos de los Estados Unidos, no podía recordar haber tiritado tanto en mi vida. Me levanté e intenté cubrir la máxima superficie de la hoguera con mi cuerpo, protegiendo los rescoldos e intentando que su calor disipase el frío que sentía. Calvin no tardó en acompañarme.

—Este aguacero es increíble. Y eso que se supone que durante la estación seca no llueve.

Nos turnamos en proteger la hoguera con nuestro cuerpo, como si fuera un techo, e intentamos reavivar las brasas. Luego decidimos desatar nuestra hamaca y sostenerla con estacas sobre el fuego. La hamaca, pesada y húmeda, conservaba el humo y el calor, y también nos servía de techo improvisado. Nuestro plan funcionó, pero una hora más tarde la lluvia continuaba. Nos quedamos adormilados y dejamos que las estacas se cayeran, dejando que la hamaca se derrumbara sobre las llamas, pero estaba demasiado mojada como para prenderse. No conseguíamos permanecer despiertos, pero cada vez que empezábamos a dormirnos, el agua fría en nuestra espalda o el calor de las llamas en nuestras caras nos espabilaba, despertándonos de nuevo.

Cinco horas después, el terreno empezó a no ser capaz de drenar aquel diluvio, así que nos encontramos sentados en un charco frío de agua embarrada. Teníamos que hacer algo, así que decidimos atar nuestra hamaca directamente debajo de la de Todd, que estaba como a un metro (tres pies) del suelo, para que su hamaca con techo nos protegiera a nosotros también de la lluvia torrencial. Atamos la hamaca todo lo tensa que pudimos, pero, tal y como temíamos el peso de ambos hizo que se combase hasta tocar el suelo. Nuestros pies y rodillas regresaron de nuevo al frío fango. No obstante, llegado ese punto estábamos ya demasiado cansados como para que nos importara. La hamaca de Todd nos resguardaba de la lluvia, permitiéndonos dormir, a ratos, durante unas pocas horas.

Hacia las siete de la mañana ya había suficiente luz como para ver. El sendero estaba resbaladizo y pesado, pero la lluvia se había transformado en una llovizna. Hacia las once de la mañana conseguimos llegar al barco.

—Bienvenidos —dijo el capitán Joe—. Hemos estado orando por ustedes.

—Gracias, lo necesitábamos. Ha sido la noche más larga de mi vida —respondí.

Todos los que estaban a bordo se encontraban limpios y descansados, ya que habían pasado la tormenta en la comodidad y seguridad del barco, mientras que nosotros presentábamos un aspecto pálido y enfermizo. Pero la alegría de estar de nuevo a salvo y en compañía de nuestros amigos hizo que no nos importara. Saboreamos el fuerte café brasileño y devoramos una banana como si nunca hubiéramos comido manjares tan exquisitos.

Cuando el motor del *São Mateus* empezó a rugir de nuevo, el único pensamiento que me vino a la mente fue: ¡Menuda excursión! Había sido durísima y nos había colocado al borde del agotamiento físico y mental, pero valió la pena. Completamos una misión que pocas personas habían realizado a lo largo de la historia y que probablemente jamás llevaríamos a cabo de nuevo, a no ser, por supuesto, que Dios decidiera lo contrario.

DOCE

CORRIENTE ABAJO A TRAVÉS DEL TIEMPO

El aguacero caído durante toda la noche había hecho subir tanto el nivel del río que dejó de preocuparnos la posibilidad de quedarnos atascados hasta Navidad. Sin embargo, el trayecto en barco hasta el sendero nos había llevado un día más de lo previsto, y la caminata también había durado más de lo planeado, lo que significaba que ya no había posibilidad de que llegáramos a tiempo de tomar nuestro vuelo de regreso a Estados Unidos, aunque también quería decir que ya no teníamos tanta prisa. Así pues, a la mañana siguiente nos detuvimos a desenterrar de la ribera arenosa algunos huevos de tortuga, que acabaron convertidos en una maravillosa tortilla para el desayuno. Al caer la calurosa tarde, también paramos para darnos un baño, a pesar de las exageradas advertencias de Gerson respecto a las pirañas devoradoras de hombres.

En nuestro segundo día corriente abajo, el capitán Joe realizó una maniobra lateral y atracó hábilmente junto a una balsa de troncos. Sobre aquella plataforma sencilla hecha de madera se levantaba una casa. Tan solo una cuarta parte de los grandes troncos sobresalía del agua, pero esto bastaba para que los habitantes de la casa estuvieran a más de medio metro de distancia de la superficie del río. La balsa se encontraba atada a unos grandes árboles que impedían que flotara río abajo. Dentro, un abuelo, una abuela y una joven madre, que se alternaba en dar el pecho a un recién nacido y a un niño de dos años que, atemorizado, no se separaba de su madre.

A pesar de que aquella balsa era un puesto de comercio y una tienda, el único producto comestible que podían ofrecer eran latas de dulce de leche. Así que, tras haberle comprado todos una lata a la abuela y de haber estrechado la mano del abuelo, salimos por la puerta. Sus largas uñas amarillas y sus gruesos y ásperos callos me hicieron sentir como si estuviera estrechando la zarpa de un oso. Unas horas después de regresar al barco, quise echarme una siesta en mi hamaca, colgada en el salón principal. Intenté dormir, pero solo conseguía pensar en las opciones que tenía ante mí.

En Manaos, Gerson nos había comunicado la necesidad que tenían de establecer allí una base permanente de JUCUM. Más tarde, en Tapauá, nos había hablado de la gente del río, explicándonos que solo había una agencia misionera para alcanzar a más de un millón de personas. Después, visitamos a los suruwahá, para ver si un ministerio orientado a alcanzar a las tribus amazónicas era la decisión adecuada para Josephine y para mí. Aquellas eran nuestras tres opciones de ministerio: una base de JUCUM en Manaos, la gente del río o un ministerio entre las tribus. Todas ellas representaban un gran desafío. Mientras nos deslizábamos veloces corriente abajo, me balancee suavemente en la hamaca y repasé lo ocurrido en los últimos meses.

Dos meses antes, cuando Todd y Calvin compraron sus pasajes para Brasil, decidieron reservarme también un pasaje en el mismo vuelo. Sin embargo, les dije, como ya había hecho antes, que no tenía dinero para el viaje.

—De todas formas ora y escucha la respuesta de Dios —insistieron.

Tal y como me habían pedido, a la mañana siguiente Josephine y yo nos pusimos a orar. Ella se retiró a su dormitorio a buscar la voluntad de Dios y yo me quedé orando en el salón. Unas horas después, Josephine dijo que había terminado y yo me ofrecí voluntario para empezar a compartir.

—No tengo una fuerte convicción en cuanto a si debo o no debo ir, pero el Señor me ha dado dos versículos.

—¿Cuáles son?

—El primero está en Isaías 21, pero tengo algo que explicarte antes. Una noche me quedé hasta tarde viendo un documental en televisión acerca de la minería del oro en el Amazonas. Es algo realmente horrible.

—Nunca me lo habías contado.

—Me pareció tan brutal que me dejó deprimido y sin ganas de ir al Amazonas, así que no quise decírtelo. Pero, esta mañana, de forma totalmente inesperada, leí Isaías 21 y el pasaje describió mis sentimientos de forma tan específica que en seguida supe que era para mí —dije.

—¿Qué dice el texto? —preguntó ella.

—«Visión dura me ha sido mostrada. El prevaricador prevarica, y el destructor destruye. [...] me agobié oyendo, y al ver me he espantado. Se pasmó mi corazón, el horror me ha intimidado»[2].

—¿Qué significa?

—No lo sé. Solo representa cómo me sentí tras ver el programa de televisión. Pero, desde entonces, he tenido que luchar contra el temor de morir en el Amazonas y que todo el mundo me olvidara —dije ruborizándome. Me sentí estúpido al oírme decir aquello, y ahora Josephine no sabía qué decir. Siguió un largo e incómodo silencio.

—Está bien. Ese es el primer versículo, pero dijiste que tenías dos.

Pasé las páginas de la Biblia hasta encontrar el segundo versículo, entonces lo leí en alto:

—«Esta ha hecho lo que podía; porque se ha anticipado a ungir mi cuerpo para la sepultura. De cierto os digo que dondequiera que se predique este evangelio, en todo el mundo, también se contará lo que ésta ha hecho, para memoria de ella».

Josephine miró las páginas de su Biblia y luego exclamó:

—¡A mí también me ha dado Marcos 14!

—No me digas. ¿En serio?

—Sí, Marcos 14, versículos 3 al 9 —me confirmó ella—. El Señor me ha hablado especialmente a través del versículo 3: «vino una mujer con un vaso de alabastro de perfume de nardo puro de mucho precio; y quebrando el vaso de alabastro, se lo derramó sobre su cabeza». —Tras leer esas palabras me miró directo a los ojos y dijo—: El Señor me ha hablado acerca de los aproximadamente 600 dólares del dinero de la boda que estaba ahorrando para comprar una vajilla especial. Creo que deberíamos unirlos a nuestro sostén habitual como misioneros y comprar el billete de 900 dólaresa Brasil.

—Pero aun así, necesitaría otros 300 para pagar el billete de ida y vuelta hasta Miami —dije yo. Josephine asintió—. Y además necesitaría otros 300 para mis gastos durante la estancia en Brasil —Josephine volvió a asentir—. Entonces, si usamos el sostén que nos da la misión para el billete de avión, en lugar de para pagar el alquiler, necesitaremos otros 300 para el alquiler a final de mes —Josephine asintió por tercera vez—. ¡Eso son otros 900! Si los segundos 900 no se materializan de la nada, no podré irme y perderemos los primeros 900.

Ambos permanecimos sentados en silencio mientras meditábamos en las posibles consecuencias de aquella decisión. Significaba dar un paso de fe radical, pero al mismo tiempo parecía lo correcto. El proceso por el que Dios nos había llevado hasta ese punto tampoco era ordinario: buscamos la voluntad de Dios para el futuro y solo conseguimos que el Espíritu Santo nos diera convicción de pecado en cuanto a nuestros miedos y el manejo de nuestras finanzas, ¿cómo podía ser aquello la guía que necesitábamos? No conseguía entenderlo, pero entre los misioneros de JUCUM sucedía con frecuencia que el Señor los guiara de formas extrañas.

—Tienes razón, cariño. Debo ir —dije—, Dios ha hablado claramente.

Así pues, compramos el billete desde Miami hasta el Amazonas. Sin embargo, el mes pasó sin que recibiéramos más dinero.

Estábamos a 31 de julio y el alquiler había vencido. Josephine, que era y es una persona madrugadora, debió de escuchar como me agitaba durante la noche, porque no tardó en entrar en el dormitorio con una sonrisa, un beso y una taza de té.

—Te echaré de menos —dijo mirándome fijamente a los ojos. Siempre conseguía que yo fuera el primero en apartar la mirada cuando nuestros ojos se cruzaban con amor, especialmente si yo estaba muerto de sueño.

—Si hoy mismo no aparece milagrosamente un montón de dinero no me subiré a ese avión y, por lo tanto, tú, señora Kent Truehl, no me echarás de menos —repliqué, mientras daba sorbos a mi taza de té caliente.

Como recién casados, aún estábamos acostumbrándonos el uno al otro. A ella le gustaba que la llamara señora Kent Truehl, supongo que porque así se reafirmaba nuestra unión. A mí me gustaba su apellido de soltera: Tanner. Cuando le pregunté a Dios si Josephine debía ser mi mujer, el Señor me dio Romanos 15:6 para guiarme: «para que unánimes, a una voz, glorifiquéis al Dios y Padre de nuestro Señor Jesucristo». Aquel versículo me habló con mucha fuerza, pero cuando quise asegurarme de la voluntad de Dios, el Señor me confirmó que ella era mediante la frase: «un curtidor*, junto al mar».

Hechos 10:32 trata de la visita que hizo el apóstol Pedro a la casa de Simón el curtidor, pero para mí tenía que ver con la Curtidora o Tanner (Josephine), que vivía en Adelaida, en Australia del Sur (junto al mar). No obstante, aquello había sucedido dieciocho meses antes. Ahora, lo que necesitaba eran 300 dólares para pagar el alquiler, 300 para el billete a Miami y otros 300 para cubrir los gastos de mi estancia en el Amazonas.

—No estés ansioso, cariño —dijo ella.

Tras solo cinco meses de matrimonio podía leer en mi rostro como en un libro abierto. Dándome a entender de forma bastante evidente que necesitaba un tiempo devocional, me entregó la Biblia antes de salir del dormitorio. No quería preocuparme por causa del dinero, pero no podía evitarlo. Mi mente volvía una y otra vez al tema. En cambio, Josephine tenía una gran confianza en que el dinero estaría ahí cuando lo necesitáramos. Quizá tenía más fe que yo, o puede que el hecho de provenir de una familia adinerada le diera una perspectiva diferente. No lo sé. A pesar de nuestros diferentes orígenes, ambos compartíamos una cultura de trabajo duro y ahorro. Mi padre era el paradigma de esas virtudes. Era un camionero y sindicalista que creía que ningún hombre de verdad debía pedir ayuda. El padre de Josephine, John Tanner, tenía un punto de vista similar.

Nada más casarnos nos habíamos mudado al Centro Estadounidense para las Misiones Mundiales, cuya sede estaba en California. Allí nos unimos al equipo que constituyó una delegación de JUCUM en Los Ángeles. Sabía que no podía llamar a mi padre, o al padre de Josephine, para pedirle dinero, ya que ambos se oponían al método que yo había escogido para proveer a la familia. No lograba

---

* N. del t.: en inglés, *tanner*, como el apellido de soltera de Josephine.

imaginar ni en sueños ninguna forma de conseguir los 900 dólares que necesitaba.

Tras el almuerzo, verifiqué el saldo de nuestra cuenta bancaria: seguía siendo cero. Al llegar a casa tras mi visita al banco, mi entusiasta y perceptiva esposa detectó mi melancolía. Agarré un vaso de agua y me senté, y Josephine se acercó a darme un abrazo. Le informé de que no había ningún nuevo depósito en la cuenta y de que el viaje se había cancelado y perderíamos los 900 dólares del pasaje.

—¿Cómo puedes pensar eso? —preguntó ella—. ¡Dios nunca nos ha hablado tan claro como lo ha hecho respecto a este viaje!

—Lo sé, pero necesitamos pagar el alquiler antes de las cinco de la tarde y no tenemos dinero.

—Bueno, vamos a mirar el correo —dijo ella.

Nuestra última oportunidad de recibir un dinero milagroso estaba en el buzón de correo de JUCUM, así que caminamos hasta las oficinas y, entre la pila de cartas, encontramos una que procedía de Minesota, escrita a mano con una bella caligrafía.

—Es de Todd y Terry Owens —dijo Josephine.

Yo había trabajado dos años a tiempo parcial para Todd durante mi tiempo en la universidad. En cambio, Josephine había conocido a los Owens por primera vez seis semanas antes, en Minesota, cuando recibimos a los invitados a nuestra boda.

—¿Te acuerdas de ellos? —le pregunté.

—Por supuesto que sí —dijo ella rasgando el sobre.

Josephine desdobló una única hoja de papel de oficina gris y de inmediato se tapó la boca con la mano para evitar dar un grito en medio de las oficinas de la misión. Agarré la carta y vi un cheque por valor de 915,37 dólares. Josephine salió disparada hacia las puertas de la oficina. Yo sabía que no podía contenerse. Me encontraba justo detrás de ella cuando abrió las puertas de la misión de par en par y soltó un grito de júbilo. Mientras tanto, yo daba saltos por el césped, alzando los puños en señal de victoria y gritando:

—¡Dios, eres maravilloso!

Josephine siguió corriendo, dando brincos por la acera camino de casa. Cuando la alcancé, ambos gritábamos y reíamos al unísono.

—¡Gracias Dios! ¡Gracias Dios!

Una vez en casa, volvimos a mirar el cheque.

—¡Qué cantidad más rara! Novecientos quince dólares y treinta y siete centavos.

—Lee la carta, lee la carta —insistió Josephine.

Respiré hondo para calmarme y empecé a leer:

Queridos Kent y Josephine:

Nos encantó verlos en la recepción que hicieron en su casa y conocer mejor su ministerio con JUCUM. Aquel día, mientras conducíamos de regreso a casa, nos regocijamos por formar parte de tu vida, Kent, y por haber tenido la oportunidad de conocerte, Josephine. Sin embargo, echamos de menos dos cosas: no haber tenido la oportunidad de pasar más tiempo con ustedes y no haber podido apoyar económicamente su ministerio, de alguna manera. Ambos pensamos lo mismo: «Tenemos que ponerlo en oración». Bueno, pues lo hicimos, oramos.

Hace un par de semanas, de forma sorprendente, el gobierno nos envió los intereses del dinero que nos cobraron de más en nuestra declaración de impuestos y que hacía ya seis años que habíamos reclamado. ¿Pueden creerlo? ¡Nosotros no podíamos! No tardamos mucho en darnos cuenta de que Dios nos había hecho llegar ese dinero por algún propósito especial. En ese momento nos acordamos de ustedes. Sabemos que son conscientes de ello, pero les recordamos que este dinero no viene de nosotros, sino del Señor. ¡Cobren este cheque alabándole a Él! ¡Nosotros también lo alabaremos! (el cheque tiene ese montante tan raro porque es la cantidad exacta que nos llegó).

Al día siguiente les mostramos el cheque a Todd y Nancy Kunkler. También se lo mostramos a Calvin, que nos llevó al banco para que pudiéramos depositarlo. Y tal y como Todd y Terry nos habían pedido, ¡lo cobramos alabando a Dios! Desde allí, Calvin nos llevó a la agencia de viajes, donde compramos el billete a Miami. De camino a casa echamos una carta especial de agradecimiento dirigida a Todd y Terry Owens, y después pagamos nuestro alquiler.

Una semana más tarde, tomé el vuelo con 300 dólares para gastos en el bolsillo y, como soy un marido generoso, dejé a Josephine el saldo restante de nuestra cuenta para que pudiera sobrevivir en casa lo que quedaba de agosto: 15 dólares y 37 centavos.

Dios me llevó del desánimo al entusiasmo en un solo día. De paso me enseñó que Él, y no yo, era el proveedor de Josephine. Además, que nos diera el mismo pasaje de las Escrituras de Marcos 14, y ver a Dios proporcionarnos la cantidad exacta de dinero que necesitábamos en el último minuto, nos confirmó sin lugar a dudas que Dios no solo había hablado, sino que realmente nos había llamado a ir al Amazonas.

Me bajé de la cama todavía adormilado por la combinación de tanto pensar, orar y sestear. Acababa de caer la noche, así que hacía el fresco suficiente como para salir a la cubierta de metal.

Allí se me unió Gerson y compartió conmigo la corta conversación que había mantenido con el abuelo de la balsa flotante.

—La mayoría de los ribeirinhos se harían cristianos si hubiera alguien que hablara con ellos —dijo Gerson.

Consideré sus palabras mientras el crepúsculo daba paso a la oscuridad. ¿Sería verdad que lo único que se necesitaba era hablar con la gente? Llegué a la conclusión de que sin duda se presentarían grandes desafíos: el idioma, la cultura y la resistencia universal al cambio, por solo nombrar unos pocos. Pero entonces recordé lo que Gerson me había dicho sobre las numerosas agencias que se dedicaban a trabajar con las tribus indígenas, mientras que solo había una que enviara obreros al millón aproximado de personas que sumaba la gente del río. Tal falta de equilibrio en el esfuerzo misionero no parecía justo.

Gerson anunció que, en algún momento de la noche, pasaríamos por Tapauá de nuevo, y que entonces podría llamar a casa sin importar lo que tuviéramos que esperar. Yo estaba deseando hablar con Josephine. Pero ¿qué iba a decirle? Era imposible resumir en una sola llamada telefónica todo lo que había ocurrido.

Alcanzar a un grupo de personas que nunca hubiera escuchado el evangelio y plantar una iglesia nativa entre ellas era nuestra esperanza y deseo como misioneros. ¿Estaba realmente preparado para asegurar que era la gente del río el grupo en el que enfocaríamos nuestras vidas y esfuerzos?

TRECE

PREPARADOS O NO

Tras haber escuchado el incesante ruido de la sala de máquinas durante varios días, el repentino silencio del motor en reposo me despertó de un sueño profundo. Los sonidos de las voces y el movimiento de personas indicaban que estábamos atracando en el puerto de Tapauá. Serían como las tres de la madrugada. Volví a quedarme dormido, mientras los sonidos del exterior se mezclaban en un extraño sueño. En él vi al abuelo de la balsa flotante. Su risa desdentada se transformó en el rugido de un oso gris gigante cuyas largas zarpas amarillas me sacudían en un intento de convertirme en su desayuno.

—¡Aarg! —grité incorporándome en la hamaca de repente.

—Vaya, cálmate amigo —dijo Calvin.

Calvin me había estado sacudiendo para que me despertara, diciéndome que era la hora de desayunar, luego salió del camarote situado bajo la cabina de mando siguiendo el rastro del olor a café. En cuanto a mí, tras comprender dónde me encontraba y lo que había ocurrido, bajé de la hamaca y caminé como un zombi hacia el fragante aroma del café brasileño.

Después de desayunar, los miembros del equipo estadounidense empezamos uno a uno a regresar con nuestras cosas al barco. El capitán Joe hacía trabajos de mantenimiento, así que era un buen momento para llamar a casa. Al llegar a la oficina de TeleAmazon, Gerson fue directamente al mostrador de atención y regresó con malas noticias: la llamada a Estados Unidos costaba más de tres dólares por minuto. En ese momento, mis esperanzas de mantener una larga conversación con Josephine se desvanecieron, ya que no tenía dinero suficiente.

Josephine contestó la llamada. Su voz de alegría se escuchaba distorsionada por los chasquidos eléctricos de la comunicación. La saludé y le expliqué que se trataba de una radiollamada. Inmediatamente me dijo:

—Quiero contarte algo. Dios me ha hablado tanto de que empecemos a tener hijos que he bordado un vestido de bebé para nuestra hijita.

Allí estaba yo, llamándola desde el corazón de la selva del Amazonas, preparado para contarle que había creído morir a manos de los indios, y ella empezaba a hablarme de bebés.

—¿Qué? —dije. No porque no la hubiera oído, sino a causa de la sorpresa.

En cambio, Josephine, pensó que no la había oído bien, así que gritó al teléfono:

—¡Cariño, ¿podemos tener un bebé?!

Yo no tenía la menor idea de qué responder, así que inquirí:

—¿Lo dices en serio? —La pregunta me proporcionó el tiempo necesario para pensar un instante en las implicaciones de tener un niño.

Antes de casarnos habíamos hablado de tener cuatro hijos, como las familias de dos chicas y dos chicos en las que ambos nos habíamos criado. Sin embargo, tras la boda no volvimos a tocar el tema. No estaba seguro de estar preparado para ser padre. Mi mente hizo una lista de todas las expectativas culturales que rodeaban al hecho de tener hijos: estar asentado en la vida, preferiblemente en una casa bonita; tener ingresos regulares; y normalmente tener planes a largo plazo, o al menos una idea general de nuestro proyecto de vida. No cumplía ninguno de esos requisitos. Pero entonces mi corazón intervino: amaba los niños y siempre había querido tenerlos. Mi espíritu se enardeció con fe y antes de que supiera lo que estaba haciendo me escuché decir:

—¡Sí, tengámoslos!

—¡Oh, cariño, estoy tan contenta! —dijo ella, y siguió hablando muy entusiasmada.

Solo comprendí más o menos la mitad de lo que me decía, pero me encantó su gozo al hablar. Me quedé sentando sonriendo al otro lado del teléfono, mientras pensaba en las consecuencias de todo aquello. Decir sí a tener un bebé me parecía un salto de fe tan arriesgado como aquel viaje al Amazonas.

En algún momento de su torrente de palabras me contó que una amiga mía del colegio había llamado. Nunca lo había hecho antes, pero al enterarse de que Josephine solo tenía 15 dólares y 37 centavos para todo el mes, le envió un cheque de 200 dólares, que llegó justo el día de su cumpleaños. Era otra extraordinaria confirmación de que el proveedor de mi esposa era Dios, y no yo, incluso en momentos especiales como su cumpleaños.

Finalmente, tuve que decirle a Josephine que dejara de hablar, porque temía arruinarme. Le expliqué que iba a perder el vuelo de regreso y que llegaría a casa unos días después de lo previsto. Tras una larga y cariñosa despedida, colgué al fin. No le había contado nada a Josephine sobre el largo viaje, la caminata por la selva, el temor que sentí de morir a manos de los suruwahá o acerca de la gente del río. Todo eso tendría que esperar.

Tras otros tres días corriente abajo, llegamos de nuevo a Manaos. Cada uno de nosotros tomó su propio camino, y Todd, Calvin y yo nos quedamos en un decadente hotel cerca del viejo puerto, sin nada que hacer excepto esperar el vuelo de regreso y procesar nuestra reciente experiencia. La caminata y el encuentro con la tribu primitiva de los suruwahá había demandado más de nosotros, en términos físicos, espirituales y emocionales, de lo que habríamos podido imaginar. Pero, gracias a Dios, lo habíamos conseguido. Yo estaba sumamente feliz de haber realizado ese viaje exploratorio; sin él, no habría podido saber lo que nos esperaba. Solo desde allí, Dios podía revelarme las exigencias que planteaba el reto de querer alcanzar a los pueblos no evangelizados del mundo.

TERCERA PARTE

SU HOGAR, MI HOGAR, NUESTRO HOGAR

He aquí, nosotros lo hemos dejado todo, y te hemos seguido;
¿qué, pues, tendremos?

Mateo 19:27

CATORCE

NUESTRO FUTURO

Al llegar a casa estreché a Josephine entre mis brazos, eso me hizo sentirme centrado de nuevo. Tras el almuerzo y una ducha en nuestro apartamento del Centro Estadounidense para las Misiones Mundiales, ambos nos sentimos demasiado agotados para hablar.

A la mañana siguiente, mientras hacía té, Josephine preguntó:

—¿Qué te ha mostrado Dios en Brasil?

En nuestros pocos meses de matrimonio me había dado cuenta de que Josephine era una persona tan enfocada en las personas que solo se iba a interesar por mí, y no por los sucesos y las cosas que desconocía.

—Pues bien, cuando me pidieron que orara acerca de si debía emprender el camino para llegar hasta los suruwahá, volví a temer por mi vida; pero, además del pasaje que el Señor nos dio en Marcos 14, esta vez Dios me dio Salmos 56: «En Dios he confiado; no temeré; ¿qué puede hacerme el hombre?».

—Yo oraba todos los días para que el Señor te protegiera —dijo Josephine.

—Gracias, sin duda lo necesitábamos, porque al segundo día de caminata, no era ni el mediodía cuando ya pensé que Calvin iba a morir. Y, tan solo unas seis horas más tarde, ya pensaba que no solo Calvin, sino todos íbamos a morir. Un guerrero suruwahá le había disparado una flecha a Gerson y a Todd.

Josephine abrió mucho los ojos y se cubrió instintivamente la boca con las manos.

—Después supimos que no había disparado a matar, pero en aquel momento temimos por nuestras vidas.

—Oh, cariño...

—Sin embargo, cuando el guerrero vio a Bráulia todo se solucionó, y después se tronchó de risa al ver que nos había dado un susto de muerte.

Durante más de una hora compartí con ella mis pensamientos, emociones y todo lo ocurrido durante el viaje. Terminé exponiéndole con detalle cada una de nuestras opciones: comenzar una base de JUCUM en Manaos, trabajar entre los ribeirinhos o ministrar a una tribu indígena. Le fui exponiendo de manera pormenorizada todos los aspectos de cada opción, olvidando que en realidad a ella solo le interesaba yo. Josephine no tardó en perder interés por lo que le decía, y desapareció en la cocina, dejándome solo en mi mundo de posibilidades teóricas y hablando en voz alta conmigo mismo.

El almuerzo y un tiempo de oración nos reunió de nuevo. Josephine volvió a preguntarme:

—¿Qué te dijo Dios cuando estabas en el Amazonas?

—Dios me confirmó nuestro llamado a servir allí, pero... —dije pensativo— no nos veo viviendo en una tribu. No pienso que ese sea el lugar adecuado para nuestros dones y talentos.

Aunque dije eso, tras algún debate, acordamos que ambos valorábamos mucho el trabajo entre las tribus indígenas y deseábamos apoyar a los que lo hacían. Después, discutimos la posibilidad de ir a Manaos. Le expliqué el valor estratégico de adquirir una propiedad junto al río, que sirviera como centro para ministrar en la ciudad y como base de apoyo logístico para los equipos de JUCUM que trabajaban con las tribus indias.

—¿Así que lo correcto es ir a Manaos? —Al ver que mi cara denotaba incertidumbre, añadió rápidamente—, ¿o es alguna otra cosa?

—Bueno, Gerson dijo que la mayoría de los ribeirinhos se harían cristianos si simplemente hubiera alguien que hablara con ellos. Dijo que solo había una misión trabajando para una población que sumaba más de un millón de personas. Aquellos dos comentarios me tocaron de verdad el corazón.

—Entonces, ¿debemos evangelizar a los ribeirinhos? —inquirió Josephine.

—Sí, creo que sí. Llegar hasta ciertas comunidades de ribeirinhos y vivir entre ellas puede suponer un desafío tan grande como
llegar hasta una tribu y vivir con ella —dije.

—Es emocionante saber que están dispuestos a escuchar el
evangelio, pero descorazonador comprobar que casi nadie se dedica
a ellos —musitó Josephine.

—Creo que JUCUM Amazonas y JUCUM Los Ángeles podrían
cambiar esa situación —dije con fe—. Quizá deberíamos abrir primero la base de JUCUM en Manaos y, después, ministrar entre los
ribeirinhos.

Tan pronto como dije aquello, me pareció que era la forma
correcta de actuar. Proseguí describiendo Manaos como un lugar
estratégico para el éxito del propósito de llegar tanto a las tribus indígenas como a la gente del río. Los misioneros que trabajaran en la
región necesitarían un punto de salida y llegada, y una base donde
realizar preparativos y aprovisionarse. Lo lógico es que la base permanente estuviera a orillas del río, de manera que los barcos que lo
recorrían pudieran atracar y realizar tareas de mantenimiento.

Establecer la base de JUCUM en Manaos, apoyar la obra entre
las tribus y llegar a la gente del río. Nuestro llamamiento no era a hacer una de estas tres cosas, ¡sino las tres! De repente, nuestro futuro
parecía estar perfectamente claro.

Josephine y yo queríamos ser como el apóstol Pablo y no edificar
sobre fundamento ajeno. Basados en Salmos 2:8: «Pídeme, y te daré
por herencia las naciones», habíamos pedido a Dios que nos guiará
a un pueblo no alcanzado.

Pedimos, y Dios, en su fidelidad, nos dio a la gente del río en el
Amazonas.

QUINCE

AUSTRALIA

Como primera medida, nos inscribimos en el curso de fundación de iglesias de JUCUM Pasadena; sin embargo, tuvo que cancelarse por falta de inscritos, así que decidimos unirnos a una campaña nacional llamada «Noche de misiones». Durante un mes, nuestro equipo recorrió Estados Unidos en una furgoneta, haciendo campaña en numerosas ciudades a favor de las misiones. Cuando estábamos en Corning, Nueva York, el padre de Josephine nos sorprendió con una llamada telefónica. De alguna forma, había logrado averiguar el teléfono de la familia que nos alojaba. Tras los saludos iníciales, pude escuchar cómo le decía a Josephine: «Cariño, necesitas volver a casa rápidamente. Tu madre no se encuentra bien».

Regresamos a Los Ángeles de inmediato. Tan solo unos meses antes, le habían descubierto a June, la madre de Josephine, unos nódulos en el cuello. Supimos que se le había diagnosticado un cáncer, pero ahora nos sorprendió enterarnos de que se le había extendido a los pulmones y de que tenía que respirar con ayuda de una bombona de oxigeno. Tardamos varios días en encontrar pasajes a Australia, conseguirme un visado y hacer las maletas. Después, ya de camino, nuestro avión se averió y no conseguimos despegar de Honolulu.

—¿No hay nada que podamos hacer para llegar antes a Australia? —suplicó Josephine al personal de la línea aérea, que se mostró comprensivo.

—Lo sentimos muchísimo, señora, pero no hay nada que podamos hacer hasta que no lleguen más aviones desde el territorio continental.

Tras esperar treinta y seis frustrantes horas, pudimos reanudar nuestro viaje. Entonces, a medio camino sobre el Pacífico, Josephine comenzó a sollozar, abrumada por la pena. Unas horas después, al llegar a Adelaida, nos recibió su padre, que le dijo sin rodeos:

—Josephine, cariño, tu madre falleció durante la noche.

Josephine se derrumbó en sus brazos y derramó abundantes lágrimas de tristeza y pesar.

Tan solo diez meses antes nos habíamos alojado en casa de June para preparar nuestra boda. Ahora estábamos de nuevo en su casa, y los recuerdos de ella lo inundaban todo. En medio de nuestro abatimiento, cuestionamos a Dios: «¿Por qué tuvo que averiarse el avión? ¿Por qué no hemos podido verla y despedirnos de ella?». Mientras luchábamos con estas preguntas, caímos en la cuenta de que la pena inmensa que se había apoderado de Josephine durante el vuelo, había coincidido con el momento de la muerte de su madre. Dios había preparado a Josephine para ese trance tan terrible.

La hermana y los dos hermanos de Josephine se encargaron de todo y nos indicaron lo que debíamos hacer. Durante las siguientes seis semanas todo el mundo hizo lo que pudo con sus compromisos laborales para que la casa de June estuviera lista para su venta. Yo encontré empleo en un negocio de tapicería de automóviles y Josephine se puso a trabajar de enfermera. A mediados de diciembre, la casa se puso en venta. Unos amigos nos prestaron gratuitamente una casita en la ciudad. A pesar del cariño demostrado con ese préstamo y todas las demás cosas con que nos ayudaron, fueron unas primeras navidades tristes.

Poco después de empezar el nuevo año, nuestra tristeza se vio sacudida por una inyección de ánimo, gracias a la noticia de que nuestro primer hijo estaba de camino. A Josephine le encantó compartir con todo el mundo que estaba embarazada. Unos días más tarde, fuimos a un congreso cristiano donde el conferenciante habló sobre la oración. Me quedé tan impresionado con el mensaje que compré su libro y dediqué toda la mañana del día siguiente a la lectura. Decía: «Antes de comenzar Su ministerio público, pasó un tiempo con el Padre en oración»[3] Cuando comprobé la referencia en el capítulo 1 de Marcos vi que se refería a los cuarenta días de ayuno de Jesús en el desierto, antes de volver a su ciudad natal y anunciar su ministerio público.

Pensé en ayunar durante cuarenta días, algo que no me resultaba natural, pues hasta entonces había evitado deliberadamente el ayuno. Sin embargo, no conseguía quitarme ese reto de la cabeza. Leí y releí aquellos versículos de la Escritura hasta convencerme de que Dios me decía que ayunara y orara durante cuarenta días, antes de comenzar mi ministerio público.

Como misioneros que nos preparábamos para ir al Amazonas, debíamos atender a un montón de compromisos, y muchos de ellos eran barbacoas los fines de semana o invitaciones a cenar en hogares. No comer durante esos eventos se habría considerado antisocial. También me asustaba el hecho de que jamás había ayunado durante más de tres días. Entonces tomé el calendario y, saltándome los fines de semana, marqué cinco días laborables de ayuno durante ocho semanas, y me comprometí con el Señor: ayunaría y oraría cada mañana durante cuarenta días laborables para poner un fundamento espiritual a nuestro ministerio en el Amazonas.

Cada día laborable acudía a una universidad bíblica local y me quedaba allí orando toda la mañana. Veinte días después, mi diario estaba repleto de pensamientos y versículos de la Biblia que me confirmaban en la intención de hacer las mismas tres cosas que Jesús había hecho antes de empezar su ministerio público: Primero, Jesús salió del desierto, después presentó su ministerio público en su ciudad natal y, finalmente, se mudó a la ciudad de Capernaum, que se transformó en la base de operaciones de su ministerio. Para mí, aquellas tres cosas significaban, primero, dejar el desértico estado de Australia del Sur. A continuación, anunciar mi ministerio en mi ciudad natal, en Fridley, Minesota. Finalmente, mudarnos a la ciudad que habría de ser la base de operaciones de nuestro ministerio público: Manaos, en el estado de Amazonas, Brasil.

Además de estas cosas, el Señor me había estado hablando a través del libro de Daniel acerca de la importancia de la guerra espiritual. Sentí que debíamos inaugurar el ministerio de JUCUM Manaos con veintiún días de guerra espiritual y lo llamé Operación Daniel. También sentí que debía empezar a contar un año a partir de aquel día, el 1 de febrero. Fue emocionante recibir de parte de Dios una dirección tan completa y detallada.

Lo compartí todo con Josephine y, durante los siguientes veinte días, consideramos en oración las implicaciones que todo ello
tenía. En primer lugar, implicaba dejar Adelaida pronto. Yo sentía
que debíamos regresar rápidamente a Los Ángeles para comenzar el
impresionante desafío de inaugurar la sede de JUCUM Manaos en
solo doce meses, pero Josephine deseaba que tuviéramos a nuestro
primer hijo en su ciudad natal.

—¿No podemos esperar, y tener al niño aquí?

Tener a nuestro primogénito en Adelaida, cerca de la familia y los
amigos, tenía mucho sentido, especialmente debido a que la Seguridad
Social australiana cubriría todos los gastos médicos. Tener un bebé
en Estados Unidos, sin seguro médico, podía costar miles de dólares
en caso de parto normal y decenas de miles si había complicaciones.
Aquello parecía una irresponsabilidad, no una cuestión de fe.

No obstante, a pesar de nuestra genuina decepción porque Josephine no pudiera dar a luz en Adelaida, el Señor nos confirmó
que debíamos hacer las mismas tres cosas que había hecho Jesús, in-
cluyendo salir del desierto tan pronto como terminara los cuarenta
días de oración y ayuno. Cuando dejamos Adelaida había siete grupos comprometidos en orar por nosotros de forma regular. Además,
nuestra amiga Anthea empezó a colaborar con nosotros haciendo
labores de secretaria.

Tom Hallas, director de JUCUM Australia, nos invitó a asistir a
las reuniones de liderazgo nacional que iban a tener lugar en Canberra la primera semana de marzo. Así que fijamos el 9 de marzo,
nuestro primer aniversario, como la fecha en que debíamos dejar
Australia. El último día de las reuniones Tom nos adoptó como parte
del equipo de JUCUM Australia, habló proféticamente sobre nosotros y nos comisionó a ir a Brasil, todo en una sola oración.

El 8 de marzo subimos a un automóvil rumbo a Sidney, pero
solo cuarenta minutos después de abandonar Canberra se encendió
el indicador de exceso de temperatura. Para evitar una avería mayor,
el conductor se desvió hacia la sede de JUCUM en Goulburn, donde
un mecánico encontró el problema.

—No tardaré mucho en arreglarlo, pero la pieza que necesito no
llegará hasta el lunes —nos dijo.

—¡Oh, no! —repliqué—. Nuestro vuelo a Estados Unidos sale mañana.

Localizamos a la recepcionista para que nos abriera las oficinas y así poder encontrar otra forma de llegar a Sidney. Justo en ese momento sonó el teléfono. La recepcionista atendió la llamada, aunque la oficina siempre estaba cerrada los sábados. Tras unos momentos, me tendió el teléfono y dijo:

—Creo que es para usted.

—¿Quién podría llamarme? Nadie sabe que estoy aquí... ¿Diga?

—Buenos días. Me llamo Bruce Ferguson. Voy a salir hacia Sidney y he sentido del Señor que debía llamar a JUCUM por si alguien necesitaba transporte.

—¿En serio? Mi esposa y yo necesitamos que alguien nos lleve.

—Estupendo, estaré allí en cinco minutos.

—No puedo creer lo que acaba de ocurrir —le dije a la recepcionista—. ¡Ya tenemos quien nos lleve a Sidney!

Corrí a decirle a Josephine que necesitábamos sacar nuestras maletas a la entrada. Antes de que pudiera decirle lo que había pasado, un viejo pero inmaculado automóvil se detuvo ante la puerta, y de él bajó Bruce. Era un hombre de unos sesenta años, con entradas en el cabello, unas grandes gafas, y elegantemente vestido con un jersey de punto y un pañuelo de seda, como los que había visto en las películas de James Bond. Nos explicó que, desde su jubilación como tesorero de la ciudad, se dedicaba a compartir el evangelio con presidiarios a los que visitaba regularmente en el penal de Goulburn. Este conjunto impresionante de circunstancias me hizo pensar que aquel misterioso Bruce podía ser en realidad un ángel.

Al subir al auto, le susurré a Josephine:

—Bruce acaba de sentir del Señor... que debía llamar a JUCUM... para ver si alguien necesitaba... ¡ir a Sidney!

Josephine no captó mi indirecta de que podía tratarse de un ángel, así que exclamó:

—¡Bruce, que fantástica manera de ser usado por el Señor!

Josephine le hizo un montón de preguntas y ambos estuvieron de broma todo el camino hasta nuestro destino. Bruce tenía un fuerte acento australiano, algo que me pareció gracioso tratándose de un ángel.

Nos contó que había sido marino de guerra y que nunca se había casado. Por entonces vivía solo en la misma casa donde había crecido.

Mientras yo intentaba discernir las implicaciones teológicas de que los ángeles pudieran embaucar a ingenuos mortales con historias falsas de una vida en la tierra, Bruce, dejándose arrastrar por la conversación, nos describió su dolorosa infancia. También nos contó que había sido alcohólico durante treinta años, y que había llevado una vida desperdiciada y solitaria hasta los cincuenta, cuando finalmente conoció a Dios.

Ya estábamos entrando en el tráfico de Sidney cuando Bruce se ofreció a añadirnos a su lista de oración de misioneros.

—Oh, por favor, hágalo —dijo Josephine—. ¡Nosotros también oraremos por usted!

Bruce nos escogió un hotel y condujo directamente hasta allí. Después nos explicó qué tren debíamos tomar aquella noche para ir al centro de la ciudad a celebrar nuestro primer aniversario de boda, en el bello puerto de Sidney.

Mientras Bruce se alejaba en su automóvil me acordé de los ángeles que atendieron a Jesús cuando salió del desierto.

—¡Gracias, Señor! —dije, y el pensamiento de que un ángel nos hubiera atendido tan bien puso una sonrisa en mis labios.

DIECISEIS

PREPARACIÓN Y PROVISIÓN

Volvimos a Los Ángeles desde Australia a tiempo de participar en el curso de Misiones Fronterizas de la Escuela de JUCUM Pasadena. Durante las primeras semanas, el Señor nos puso en el corazón la necesidad de un barco fluvial con el que plantar iglesias entre los ribeirinhos, además de fundar la base en Manaos y dar apoyo al ministerio de la organización en el Amazonas entre las tribus indígenas.

Una noche, durante nuestra estancia en la escuela, Gerson pasó por allí de camino de regreso a Brasil, tras un viaje al extranjero. Pudimos revivir algunas de las aventuras y contratiempos de nuestro viaje juntos y Gerson nos habló de los proyectos en marcha para alcanzar a los pueblos indígenas y a los ribeirinhos, en particular a una comunidad de la gente del río establecida en las márgenes del río Purús, cerca de la ciudad de Lábrea, en el estado de Amazonas.

—Quién sabe, tal vez ministremos en ese lugar algún día —dijo Josephine.

—Tengo muchas ganas de verlos a los dos en Brasil, es decir, a los tres —comentó Gerson.

—Se supone que daré a luz en agosto, así que planeamos mudarnos a Manaos en noviembre —añadió Josephine.

—¿Qué te parece la idea de inaugurar la base de JUCUM Manaos el 1 de febrero del año que viene? —pregunté.

—Esa fecha sería perfecta —respondió Gerson.

Unos días después, estábamos por la noche en la sección de frutas y verduras de un supermercado local, cuando Josephine oyó por casualidad a alguien que hablaba con un fuerte acento australiano:

—Oye, Silly Sally, ¿qué tal si compramos piña?

—¿Son ustedes de Australia? —preguntó Josephine.

—Desde luego. Me llamo Mike y ella es Silly Sally, aunque también puedes llamarla Celia.

—Vaya, ¿estás embarazada? —preguntó Josephine mirando a Celia— ¡Yo también!

—Sí, se te nota —dijo Celia con una sonrisa—. Creo que estás del mismo tiempo que yo, ¿seis meses?

Cuando llegamos a la caja, Josephine ya había averiguado que aquella pareja australiana llevaba cinco años viviendo en California, que Mike se había doctorado en Ciencias por el Instituto Tecnológico, que Celia trabajaba como enfermera y que se habían convertido al cristianismo en Los Ángeles. Nos invitaron a su casa a tomar una taza de té, congeniamos con ellos y nos hicimos amigos.

A la semana siguiente les devolvimos su hospitalidad invitando a Mike y a Celia a escuchar al profesor John Dawson en nuestra escuela. Tras la reunión, Mike nos explicó que en su clase de Escuela dominical los habían retado a colaborar económicamente con las misiones. Deseaban hacerlo y se sintieron animados por el Señor a apoyar a un misionero australiano.

—Pensamos que al volver a Australia encontraríamos a un misionero al que apoyar, pero te hemos encontrado a ti aquí, Josephine. ¿Podemos apoyarte como nuestra misionera australiana?

—¡Por supuesto! —exclamó Josephine—. Sería todo un honor para mí.

Josephine dio un gran abrazo a Celia y pronto estaban riendo y charlando.

—Gracias, Mike —dije—. Tu decisión nos anima mucho.

Antes de que acabara la escuela de entrenamiento diseñé un folleto enfocado en los tres aspectos de nuestro ministerio: ayudar en el establecimiento de una base misionera en Manaos, apoyar a los ministerios entre las tribus indígenas y fundar iglesias entre los ribeirinhos. Con la intención de que el folleto nos ayudara a conseguir más apoyo financiero, pensé en llamar a las tres primeras personas que habían decidido sostenerme en mi ministerio: mi hermana Wanda y su marido David, y mi buen amigo Dave Meissner.

Primero llamé a Dave, que era el líder de jóvenes de mi iglesia madre. Conversamos sobre la posibilidad de anunciar nuestro ministerio en mi ciudad natal y acerca de la necesidad que tenía de recaudar dinero para comprar un barco fluvial. Me propuso realizar una campaña de recaudación de fondos a lo largo de todo el verano, con el nombre «Respalda el barco».

—Dave, eso sería fantástico. ¿De verdad puedes hacerlo?

—Ya lo creo, a los jóvenes les encantará. Necesitan aprender acerca de la importancia de ofrendar y, además, pondrá en primer plano el tema de las misiones.

Tras esa inyección de ánimo llamé a mi hermana Wanda y le pregunté si podría conseguir que su antiguo coro de gospel volviera a juntarse para dar un concierto. Le entusiasmó la idea.

—¡Cuenta conmigo —me dijo—, yo encargo de reunirlas a todas!

A finales de junio llegamos a mi pueblo. Me había fijado el objetivo de recaudar 15.000 dólares para comprar el barco fluvial. Para alcanzarlo, y para anunciar nuestro ministerio, distribuí nuestro folleto y fui entrevistado por dos periódicos y una cadena de radio cristiana. También me uní a las actividades de la campaña «Respalda el barco» que promovía el grupo de jóvenes, y que incluía lavar autos, un espectáculo de variedades y un concierto de rock, llamado «Apoya el Amazonas[*]».

Como futuro progenitor, también acompañé a Josephine a las clases de preparación al parto. Una noche, el profesor nos sugirió que consideráramos la posibilidad de que Josephine diera a luz en el Hospital del Condado. No me gustó la idea, porque estaba en un barrio problemático de la ciudad. Sin embargo, cuando fuimos a visitarlo descubrimos que se trataba de un edificio recién estrenado. Las habitaciones y su equipamiento eran de lo mejor que una matrona con experiencia, como Josephine, había visto nunca. Se llenó de gozo. Además, debido a nuestros bajos ingresos, nos correspondía recibir una subvención sanitaria por parte del estado, lo que suponía un costo máximo de 1.050 dólares, incluso en caso de que hubiera complicaciones.

---

[*] N. del t.: Jam On for the Amazon, lit. «Aprieta por el Amazonas».

—Cuando Dios te guía a algún lugar, también provee para que puedas llegar allí** —dije yo.

El 7 de agosto, la fecha prevista para el parto, llegó y pasó sin novedad. Sin embargo, tres días después Josephine se despertó en medio de la noche con contracciones y a las tres de la madrugada del 11 de agosto nació nuestro primer hijo, una preciosa niña a la que llamamos Sasha Bethany.

A finales de ese mes, Dave, el líder de jóvenes, me dio un cheque por el importe de lo recaudado durante la campaña «Respalda el barco»: 5.000 dólares. Más tarde, el 7 de septiembre, unas 450 personas asistieron al concierto musical de alabanza por el Amazonas que mi hermana y su coro gospel habían organizado. En el entreacto presenté nuestro ministerio a los asistentes y les dije que nuestro primer paso sería mudarnos a Manaos. Tras el anuncio, se recogió una ofrenda que recaudó 10.300 dólares. Junto con los 5.000 del grupo de jóvenes habíamos alcanzado de sobra nuestro objetivo de 15.000 dólares.

Al salir de la iglesia aquella emocionante noche se nos acercó una señora anciana de la congregación y le preguntó a Josephine:

—¿Cómo vas a llevarte ese dulce bebé al Amazonas?

Josephine reflexionó un instante y sintió que la respuesta le venía a la mente:

—Mi bebé está más seguro en las manos de Dios que en cualquier otro lugar.

Yo también confiaba en que estaríamos seguros. Caminábamos en obediencia a lo que el Señor nos había dicho en oración. Primero, dejamos el estado desértico de Australia del Sur; luego, anunciamos nuestro ministerio público en mi iglesia natal. Ya teníamos el dinero para comprar el barco y a nuestro alrededor se estaba formando un grupo de personas dispuestas a apoyarnos financieramente y en oración. Solo quedaba el tercer y último paso: trasladarnos a la base de nuestro ministerio público, la ciudad de Manaos.

** N. del t.: Refrán en el original: Where God guides, He provides.

DIECISIETE

CAMBIO DE PAÍS Y DE CULTURA

«Bienvenidos a Manaos, Amazonas, Brasil».

A las 2:30 de la madrugada del 25 de noviembre, el anuncio del pronto aterrizaje de nuestro vuelo sirvió para despertar a los pasajeros. Unos minutos después, Josephine y yo avanzábamos con esfuerzo a través del pasillo del avión, tirando de nuestro equipaje de mano, del bolso del bebé, del carrito del bebé y, por supuesto, cargando con el bebé. Nada más salir de la cabina del avión notamos que habíamos llegado a la selva. El calor pegajoso del Amazonas provocaba una sudoración tan abundante que antes de llegar a la terminal nuestras ropas ya estaban empapadas. Una vez dentro, el personal del aeropuerto parecía igual de dormido que nosotros. Dispuestos como una barrera humana, bloqueaban uno de los pasillos, haciendo que la pequeña multitud que había descendido del avión cambiara de dirección a la vez, como un banco de peces, hasta llegar a las ventanillas de inmigración. Parecíamos turistas, y eso era exactamente lo que decían nuestros visados. Una mirada fija, un sello, un garabato y ya estábamos oficialmente en Brasil.

A continuación, dejé a Josephine y a Sasha en la cola de las aduanas con un carrito para maletas cargado con las cosas del bebé y nuestro equipaje de mano, y yo me fui a la cinta transportadora a buscar las maletas que habíamos facturado.

—¡Bem-vindo ao Brasil!

Levanté la vista y vi la media sonrisa de Dave Warner. Él y su esposa Elizabeth también habían seguido el curso de JUCUM

Pasadena de misiones fronterizas y habían llegado antes que nosotros a Manaos.

—Dave, me alegro de verte —respondí.

Salimos del aeropuerto y, tras el trayecto en automóvil, fueron necesarios tres viajes para subir nuestro equipaje por las escaleras hasta el pequeño apartamento de Dave y Elizabeth, situado en una tercera planta. Al terminar estábamos literalmente cubiertos de sudor. Cinco breves horas después, mientras desayunábamos unos rollitos de pan y un café lo suficientemente fuerte como sacar a cualquiera de su sopor, Dave y Elizabeth nos anunciaron que nuestra primera actividad sería celebrar el día de Acción de gracias.

—¿En serio?

Sabían que no esperábamos seguir en Brasil las costumbres estadounidenses, pero defendieron su decisión explicándonos que se trataba de un gesto de cortesía hacia el pastor estadounidense que nos había recogido en medio de la noche. Exactamente a mediodía, el inconfundible sonido de la bocina de una furgoneta Volkswagen sonó abajo en la calle.

—El pastor ha llegado —dijo Elizabeth, indicándonos que bajáramos por las escaleras.

El almuerzo estadounidense de acción de gracias incluía el pavo y todos sus acompañamientos. Tras las presentaciones, nuestros anfitriones nos sentaron, sirvieron la comida, oraron dando las gracias y el pastor, con su fuerte acento del sur de los Estados Unidos, nos hizo una pregunta desconcertante que nos dejó perplejos:

—¿Se puede saber que extraño propósito les ha traído a esta tierra dejada de la mano de Dios?

Casi me atraganto con el bocado de pastel de boniato con malvavisco que acababa de meterme en la boca.

—Como saben, Estados Unidos es un crisol de pueblos cristianos, pero Brasil no es así —dijo el pastor.

—¿Y eso por qué? —pregunté.

—Los negros del nordeste de Brasil practican ritos vudú africanos, los indios del Amazonas tienen médicos hechiceros que consultan a espíritus malignos y los brasileños de ascendencia europea se han hecho espiritistas. Sin embargo, todos ellos se llaman a sí mismos católicos. Es un caos espiritual.

Aquello prosiguió toda la tarde: una historia tras otra acerca de las absurdas leyes brasileñas, los corruptos políticos brasileños y los ridículos programas de la televisión brasileña. Algunas horas después, tras probar la tarta de calabaza y tomarnos un café, fui yo quien le preguntó a nuestro anfitrión algo parecido a «¿Se puede saber qué extraño propósito le mantiene aún aquí?».

—Oh, ya nos vamos —dijo—. Mi mujer ha apuntado a los niños en un colegio que empieza a finales de agosto, y yo he conseguido un empleo en una ferretería del pueblo.

Me sentí tan aliviado de que se fueran de Brasil que no pude evitar animarles a poner en práctica sus planes.

—Me alegro por ustedes. Parece que se han ganado a pulso un tiempo de descanso —dije.

—Sí, pero no es un tiempo de descanso —dijo el pastor—. Llevamos doce años en este lugar apartado, y eso es más de lo que puede exigírsele a cualquiera.

—Sasha necesita una siesta —anunció Josephine, lanzándome una mirada entre suplicante y asesina.

—Si, creo que ya es hora de irnos —dije, pero sin darme cuenta pronuncié esas palabras de forma arrastrada, al modo sureño. Parecía como si estuviera burlándome del pastor.

Dave desvió la atención de mi comentario iniciando de inmediato las formalidades de la despedida. Cuando llegamos al apartamento de Dave y Elizabeth, estuvimos de acuerdo en que aquel almuerzo había sido todo un cursillo de lo que no se debe hacer en tu primer día en un país extranjero.

—No creo que en su seminario teológico les hayan impartido ningún tipo de enseñanza sobre misiones interculturales —dijo Dave.

—Creo que con los años las diferencias culturales han podido con ellos —añadió Elizabeth—, pero lo que ha dicho respecto al vudú, los hechiceros y el espiritismo es bastante exacto.

—Bueno, razón de más para que seamos misioneros en Brasil —concluyó Josephine.

En nuestro segundo día en Manaos nos mudamos a la casa que nos había prestado Luke Huber, el fundador de la misión Proyecto

Amazonas, dedicada a plantar iglesias entre la gente del río. Luke nos había advertido de que la casa estaba ocupada por unas personas que se negaban a pagar el alquiler y tampoco querían irse. Cuando llegamos allí, los ocupantes nos dijeron que necesitaban un mes o dos para encontrar otro lugar donde vivir. Habíamos bajado nuestra montaña de equipaje por las escaleras desde la casa de Dave y Elizabeth, así que no estábamos dispuestos a rendirnos sin más.

Tras echar un breve vistazo a la casa y conocer a los ocupantes, pedí a Elizabeth que me tradujera:

—Diles que nos instalamos aquí, y que ellos pueden permanecer en la planta baja.

Dicho esto, procedimos a meter nuestras cosas. Era una casa pequeña, de dos dormitorios y un baño, que daba a una calle transitada. Al instalarnos en la primera planta, forzamos a los ocupantes a trasladarse a la planta baja, que carecía de pared por uno de sus lados. Durante dos días fue raro compartir el baño y la cocina con unos auténticos extraños, pero al tercer día dejaron la casa.

Para aprender portugués, pusimos en práctica el Método Práctico de Aprendizaje del Idioma (LAMP*, según su sigla en inglés) que nos habían enseñado. Dicho método exige un auxiliar bilingüe, así que lo primero que hicimos fue poner un anuncio en la universidad que decía en inglés: «Si puedes leer esto, necesitamos tu ayuda».

Al día siguiente por la tarde sonó el teléfono. Al otro lado de la línea estaba Aylton, quien nos explicó que su esposa había visto nuestro anuncio. Josephine le dijo que éramos misioneros, a lo que él respondió:

—Nosotros también hemos tenido una bonita experiencia con Dios.

Veinticuatro horas después disfrutábamos de un té en compañía de Aylton y Antonia, que al partir nos dijeron:

—Ahora nuestros amigos son también sus amigos.

Empezábamos con buen pie.

La inflación se había desbocado en Brasil y, con el objetivo de contenerla, el gobierno había congelado los precios. Sin embargo, esto provocó la escasez de muchos productos, especialmente de

---

* N. del t.: Es decir, en inglés, «lampara».

electrodomésticos grandes. Oramos por los aparatos que tanto necesitábamos, pero a pesar de nuestras numerosas visitas al centro de la ciudad, pasadas tres semanas seguíamos sin ver ningún horno o frigorífico a la venta. Un día que estábamos en el centro de Manaos, Josephine aprovechó para comprobar si nos había llegado algo al apartado de correos. Además de felicitaciones de Navidad, había una carta del fundador de JUCUM, Loren Cunnigham, confirmándonos que hablaría en la inauguración de la base misionera de Manaos. Mientras Josephine leía esta fantástica noticia, vio por casualidad un camión que abría sus puertas traseras para descargar. Dentro había hornos, frigoríficos y congeladores. Sin pensarlo dos veces, se subió a la trasera del camión. A pesar de las quejas de los que iban a descargar, escogió un electrodoméstico de cada tipo y, tras dejar a una amiga vigilándolos, entró en la tienda, los pagó e hizo que los enviaran a nuestra casa.

Josephine y yo estudiábamos portugués todos los días y después paseábamos por el vecindario para usar las frases que habíamos aprendido. Hicimos docenas de amistades en unas pocas semanas, todas a poca distancia de nuestra casa. Un día conocimos a un hombre que, aprovechando la escasez producida por la congelación de precios, había acaparado lavadoras y las vendía en su garaje. Tras lavar pañales a mano durante un mes, decidí que pagar algo más merecía totalmente la pena, así que compré una lavadora para darle una sorpresa a Josephine en Navidad.

Pensamos que íbamos a pasar las navidades solos y sin mucha animación, así que nos emocionó que una familia de nuestro programa de aprendizaje de portugués nos invitara a pasar la Nochebuena en su hogar. Aquel detalle confirmó la filosofía de que visitar a la comunidad local tras llegar a un nuevo país es lo correcto, y de que el aprendizaje del idioma es una manera excelente de hacer amigos.

Las personas del programa de aprendizaje sonreían o se reían abiertamente al oírnos pronunciar nuestras frases cortas y simples en portugués. Se trata de una experiencia común en el proceso de aprendizaje de un idioma. Sin embargo, en un momento dado descubrí que la gente no se reía conmigo, sino de mí, por causa de mi nombre. En portugués, Kent se pronuncia Kent-chi, exactamente igual que la palabra brasileña quente, que significa «caliente». Desafortunadamente, la palabra caliente tiene connotaciones sexuales, lo que significaba que yo iba por el barrio diciendo: «Hola, soy 'caliente', ¿y tú, cómo te llamas?».

Esto hizo que decidiera escoger un nombre brasileño. Nuestro libro de nombres para el bebé decía que el nombre Kent procedía de una raíz que significaba «blanco». El día que conocí al pastor de la iglesia que se ofreció a albergar la ceremonia de inauguración de JUCUM Manaos, le pregunté qué quería decir su nombre, Caio.

—Caio es solo un nombre —dijo—, pero proviene de la misma raíz que el verbo portugués caiar, que significa «pintar de blanco».

—Blanco, igual que mi nombre —respondí.

Entonces le expliqué el problema que tenía con «Kent». Se rió tanto que su cara enrojeció de risa lo mismo que la mía de vergüenza.

—¿Te importa que adopte tu nombre? —le pregunté—. Aunque yo lo escribiría con K, es decir, Kaio.

—Por supuesto que no, misionero Kaio —dijo soltando otra carcajada—. ¡Misionero blanco! ¡Sí, encaja contigo!

DIECIOCHO

PRIMEROS PASOS Y PRIMEROS TROPIEZOS

En enero, se celebraba cada año la conferencia de JU-CUM Amazonas en la ciudad de Belém. Como era nuestra primera conferencia estábamos ansiosos por conocer a nuestros nuevos colaboradores en el ministerio y, por supuesto, los demás también estaban deseando conocernos. Además, esperábamos tener un tiempo muy importante de oración y debate sobre la colaboración entre JUCUM Los Ángeles y JUCUM Belém.

Cuando se acercó la fecha, compramos un vuelo que incluía una escala temporal de dos días en una ciudad, a medio camino entre Manaos y Belém, donde tenía su sede el Proyecto Amazonas. Queríamos conocer la obra y agradecer personalmente a Luke Huber el habernos dejado gratis la casa que ocupábamos en Manaos.

—Luke, nos gustaría mucho que asistieras a la inauguración de JUCUM Manaos. Puedo ofrecerte una habitación en una casa estupenda, donde podrías alojarte.

—¿En serio? —dijo con una sonrisa burlona—. Pues si es así, entonces iré.

—Gracias por dejarnos usar la casa con tanta generosidad —dijo Josephine.

—No hay de qué. Soy yo el que debería agradeceros haber conseguido echar a los ocupantes sin necesidad de que interviniera la policía o un tribunal. ¡Llevaba más de un año intentando echarlos!

Tras una visita a la base del Proyecto Amazonas y a su nuevo barco fluvial, nos encontramos por casualidad con el capitán Joe y con Marjory.

—¿Qué hacen aquí? Pensé que los veríamos en la Conferencia de JUCUM —dije.

—Hemos dejado JUCUM y nos hemos unido al Proyecto Amazonas. Ahora soy el capitán del barco grande y bonito que acabas de visitar —dijo Joe. Era evidente que aquello le hacía muy feliz.

Tras presentarles a Josephine y a Sasha nos tomamos un té y nos entretuvimos recordando las anécdotas del viaje hasta los suruwahá.

Una vez en el aeropuerto, cuando ya estábamos listos para proseguir nuestro viaje hasta Belém, el personal de tierra nos informó de que no estábamos en la lista de embarque.

—¿Cómo es posible que no estemos en la lista de embarque? Tengo en mi mano los billetes que hemos pagado —dije.

—¿Confirmó usted el vuelo llamando a la aerolínea con veinticuatro horas de antelación?

—Volamos desde Manaos hasta aquí utilizando la primera mitad del billete, ¿acaso no es eso una confirmación?

—Lo siento. Si usted no llamó para confirmar su vuelo, sus asientos se le entregaron a otras personas —respondió la funcionaria, y mirando por encima de mí, dijo—: ¿Quién es el siguiente?

Permanecimos atónitos, con nuestros billetes en una mano y nuestro bebé en la otra. A la mañana siguiente, fuimos al aeropuerto y pusimos nuestros nombres en la lista de espera, y lo mismo hicimos al día siguiente, y al otro. Además, justo cuando me encontraba en medio de un laberinto emocional, pensando esto no me puede estar pasando a mí, me di cuenta de que nuestro billete de regreso era un vuelo directo desde Belém, lo que significaba que tampoco teníamos una reserva para ir desde la ciudad donde estábamos hasta nuestro hogar en Manaos. Aterrorizado, corrí al mostrador de la aerolínea para cambiar nuestros billetes.

—Lo siento, pero no nos quedan asientos disponibles —fue la esperada, pero temida respuesta.

Justo en ese momento debió de cumplirse para alguien el momento mágico de «usted no ha confirmado el vuelo veinticuatro horas antes», porque de repente apareció como disponible un asiento en el vuelo supuestamente completo del día siguiente.

—¡Me lo quedo!

Metí a Josephine y a Sasha en ese vuelo hacia Manaos y, con el importe de la cancelación de mi billete, compré un pasaje para regresar en barco; un trayecto que duró tres días. Al llegar, estaba contento de encontrarme finalmente en nuestro hogar de Manaos, pero muy decepcionado de que nos hubiéramos perdido nuestra primera conferencia de JUCUM Amazonas. Solo esperaba que nuestro mensaje de disculpas a Gerson le hubiera llegado bien.

Apenas llevaba unos días de vuelta en casa, cuando una chica alta y de piel morena, llamó a la ventana delantera de nuestra casa, preguntando:

—¿JOCUM?

—Sí, somos JOCUM —respondió Josephine acercándose rápidamente a saludarla.

JOCUM es el acrónimo portugués de Juventud Con Una Misión, pero como no habíamos puesto ningún cartel, no teníamos ni idea de cómo sabía que estábamos allí. Cuando me uní a Josephine en la ventana delantera de la casa, vi a un hombre todavía más alto, que esperaba a un lado custodiando el equipaje de ambos. Parecían mochileros europeos. Tras invitarlos a entrar, comunicándonos a través de gestos y de una confusa mezcla de inglés y portugués, descubrimos que no eran turistas europeos que hubieran confundido Juventud Con Una Misión con un hostal para jóvenes, sino que eran miembros del equipo de JUCUM Amazonas que acababan de llegar en avión, procedentes de Belém.

Daniel y Fátima se quedaron en el cuarto de invitados algunos días. Fátima enseñó portugués a Josephine y ayudó con Sasha y en la cocina. Daniel iba al centro de Manaos cada mañana y volvía en taxi por la tarde con más compras de las que podía cargar. Nuestro garaje vacío no tardó en llenarse de bombonas de gas y cajas de provisiones en cantidad suficiente como para que pudieran quedarse a vivir con una tribu indígena el resto del año.

Entonces, tan inesperadamente como habían venido, anunciaron que pensaban marcharse al día siguiente por la mañana. Nos explicaron que el *São Mateus* había llegado desde Belém y en aquel momento se encontraba en el puerto de Manaos. A la mañana siguiente, apareció una furgoneta VW para llevarse al barco de

JUCUM a los jóvenes y todas sus provisiones y equipo. Nos encantó haber sido hospitalarios y nos sentimos satisfechos de haber contribuido un poquito a la obra misionera de nuestros colegas.

No obstante, al ver que había un asiento libre en la furgoneta, decidí acompañarlos al puerto. El capitán del *São Mateus* era ahora un joven miembro del equipo de JUCUM, llamado Chico*. A bordo también viajaban Bráulia, Hulda y un brasileño de origen japonés, de nombre Suzuki. Los tres se dirigían a proseguir la obra entre los suruwahá. También viajaba una chica negra de Rio llamada Márcia, cuyo aspecto tan elegante y femenino contrastaba con su labor de liderar a dos jóvenes en su búsqueda de una tribu perdida, la Arimadi. Daniel y Fátima iban a visitar a la tribu Baniwá, mientras que la misión de otros dos chicos, Paulo y Jorge, consistía en realizar obras de desarrollo comunitario entre los ribeirinhos. Todos iban a trabajar en las difíciles condiciones de la selva. Me quedé impresionado de que aquellos jóvenes, que tenían poco más de veinte años, igual que yo, llevaran a cabo unos ministerios tan técnicos, exigentes y audaces entre las tribus índigenas, y de que colaborasen en el desarrollo de la comunidad. Mientras les decía adiós desde el puerto, me enorgullecí de formar parte de JOCUM.

Más tarde, aquel mismo día, recibí una llamada de teléfono de Anabel, también de JOCUM, que vivía en Belém.

—Me preguntaba si podría ir y alojarme con ustedes algunos días —dijo ella.

—Por supuesto, Anabel, nos encantaría volver a verte.

—Voy a dirigir una campaña de la EDE** y, en realidad, quería saber si podíamos quedarnos todos con ustedes.

—¿Cuándo vendrían?

—Ahora —respondió ella.

—¿Te refieres a hoy?

—Sí, llegamos ayer desde Belém, a bordo del *São Mateus*.

—Vaya, precisamente estuve de visita en el barco esta mañana. ¿Cuántos sois?

—Siete, cinco chicas y dos chicos.

---

*   N. del t.: En portugués, diminutivo de Francisco.
**   N. del t.: Siglas de la Escuela de Discipulado y Entrenamiento.

—Solo tengo un cuarto de invitados, Anabel, y difícilmente podría alojar a siete personas. Además, voy a necesitar la habitación dentro de unos diez días, para los invitados de la Operación Daniel. —Pensé que eso pondría fin a nuestra conversación.

—No necesitamos el cuarto de invitados —replicó ella—. Los dos chicos pueden dormir en el sótano y las cinco chicas podemos dormir en el suelo, en la habitación de la parte delantera.

—¿En serio, Anabel? ¿Han venido a realizar una campaña evangelística y no han previsto ningún lugar donde pueda alojarse el equipo? Tú eres de Manaos, así que seguro que tienes otras opciones, como tu iglesia o tu familia.

—Por supuesto que tengo otras opciones, pero como son de JOCUM, en realidad son nuestra familia, así que pienso que deberíamos quedarnos con ustedes.

—Anabel, ahora mismo estoy muy ocupado organizando la Operación Daniel, no puedo alojar a un equipo de siete personas. Por favor, intenta solucionarlo con tus otras opciones.

A la mañana siguiente, el teléfono sonó de nuevo. Me sorprendió escuchar la voz de Pari Rickards. Josephine y yo lo habíamos conocido durante nuestra visita al Centro Estadounidense para las Misiones Mundiales. Ahora era el director de un buque de la organización Naves de Esperanza.

—Hola, Kent, ¿puedo ir a hacerte una visita a la selva?

—Bromeas, ¿verdad?

—En absoluto. Necesito preparar las cosas para cuando vaya el barco.

—¿Me estás diciendo que quieres traer el barco hasta aquí, a Manaos?

—En efecto, es lo que hemos sentido en oración. De Florida a Belém, y después corriente arriba por el Amazonas hasta Manaos.

—Vaya. Eso sería fantástico. ¿Cuándo vendran?

—Me gustaría ir la semana que viene, pero el barco atracaría allí en mayo, durante cinco días.

—Va a ser estupendo, Pari. El barco nos hará más publicidad en cinco días que lo que nosotros podríamos lograr en cinco años. Por favor, ven.

Confiaba en que estábamos entrando en una época de bendiciones. Josephine me lo confirmó con un anuncio inesperado:

—Nuestros dos primeros hijos van a llevarse once meses. ¡Estoy embarazada otra vez!

Con esa noticia, comenzó la Operación Daniel. Además de la campaña de la EDE de Belém, liderada por Anabel, había allí ministrando un equipo brasileño de Verano de Servicio, un equipo de una iglesia de California, unas pocas personas de mi iglesia madre y un equipo de JUCUM Los Ángeles en el que participaban Todd y Calvin; cincuenta y cuatro personas en total. Jim Stier, el fundador de JUCUM Brasil, se encargó de traducirme mientras explicaba cómo, un año antes, durante un tiempo de oración y ayuno, me había sentido guiado por Dios a inaugurar el ministerio de JUCUM en Manaos con veintiún días de guerra espiritual. Dedicamos las mañanas a la oración y la alabanza, seguidas de un estudio liderado por Jim Stier. Durante las tardes y las noches, los equipos hacían evangelismo callejero y ministraban en las iglesias.

A la semana siguiente, Jim fue sustituido por Gerson y Alcír, que llegaron para liderar la enseñanza. También se nos unió Luke Huber, del Proyecto Amazonas, tal y como había prometido. Una noche vi que él y Gerson estaban hablando en la habitación delantera, y percibí que el tono era tenso. Intenté escuchar lo que decían y pude oír que se mencionaba mi nombre, el de Joe y el de Marjory, más de una vez.

La inauguración oficial de JUCUM Manaos tendría lugar, con la participación de Loren Cunningham, el sábado 14 de febrero. Esa misma mañana recibí una llamada de Loren desde un aeropuerto del sur de Brasil.

—Me es imposible llegar a Manaos —dijo disculpándose—; me han echado de mi vuelo. Al parecer, tenía que haberle confirmado mi presencia a la aerolínea con veinticuatro horas de antelación.

—Oh, no —me lamenté, incapaz de contener mi decepción.

—Lo siento muchísimo —respondió Loren.

Entonces, con más autocontrol, respondí:

—Entiendo la situación, Loren. A mí me ocurrió lo mismo hace poco. Gracias por avisar.

Dicho esto, Loren oró conmigo a través del teléfono por la inauguración de JUCUM Manaos.

Debido a la ausencia de Loren, fue Todd Kunkler quien predicó en la ceremonia, traducido por Gerson. Después, él y Gerson declararon oficialmente inaugurado el centro misionero de Manaos. A la mañana siguiente, Gerson me llevó a mí, y no a Loren como estaba previsto, a un encuentro en la residencia privada del gobernador del Estado de Amazonas. Le explicamos al gobernador lo que era JUCUM y el propósito de la base en Manaos, y le invitamos a asistir a la recepción de autoridades que tendría lugar a bordo del barco de Naves de Esperanza, que tendría lugar en mayo. Además, tal y como Pari nos había pedido, le solicitamos una exención de las tasas de atraque durante el tiempo que estuviera el barco en el puerto.

Tras la reunión, volvimos a casa, donde encontramos a Alcír esperándonos. Durante algunos minutos, Alcír divagó diciendo que él y yo no éramos simples colegas que se intercambiaran favores, ni tampoco «colaboradores» que compartieran responsabilidades mutuas. Yo no estaba seguro de lo que intentaba decirme, pero sentía que algo no marchaba bien. Finalmente, le pregunté:

—¿Qué ocurre, Alcír? —A esto le siguió una larga pausa.

—JUCUM es una familia, y cuando la familia viene de visita uno lo deja todo y se dispone a recibirla. No puedes decir «no tengo espacio» o «estamos demasiado ocupados». —Evidentemente se refería a Anabel y su equipo.

—Tienes razón, Alcír —confesé sin dudar.

—Perdóname por ser tan franco —añadió Alcír—, pero no puedes poner tu trabajo por encima de tu familia.

—Esta bien, lo entiendo. Siento mucho lo sucedido. Por favor, perdóname.

Entonces Gerson se volvió hacia mí y me dijo:

—Solo tenemos una reunión de equipo al año y no te puedes permitir perdértela.

—La aerolínea nos echó del avión, como le ha sucedido a Loren.

—Tan pronto como finalice la Operación Daniel, quiero que tú y Josephine le devuelvan la casa al Proyecto Amazonas y se muden a Belém. Quiero que vivan en la base con nosotros, como parte de la familia.

Me quedé estupefacto. Las decisiones unilaterales no eran algo que yo esperara entre colaboradores en el ministerio. Sentí como brotaba un sentimiento de rebeldía en mi mente, que creaba una lista de razones para no hacer lo que me pedían.

—He nombrado a Zezinho y a Fran directores interinos de JUCUM Manaos —dijo Gerson.

Mi concepto estadounidense de colaboración, que no tenía nada que ver con el concepto brasileño de familia, había ocasionado un dolor evidente. Me recordé a mí mismo que JUCUM Manaos era la visión de Gerson, y yo solo había sido invitado a ayudar, así que realmente no tenía motivos para sentirme enfadado o rebelde. Además, sentía un profundo respeto por él, así que decidí que necesitaba confiar en Dios en todo este asunto.

Gerson y Alcír estaban a la espera de que dijese algo. Justo entonces recordé unas palabras de sabiduría que John Dawson compartió en cierta ocasión: «Ningún ser humano puede torcer los planes de Dios para tu vida». Con eso en mente, respondí:

—Allí estaremos en el plazo de un mes.

DIECINUEVE

GANAR Y PERDER

Aylton, que me había ayudado a organizar la operación Daniel y a conseguir la cita con el gobernador, me ayudó de nuevo a encontrar una casa grande en alquiler, que tuviera cuatro dormitorios. Zezinho y Fran, los líderes provisionales de JUCUM Manaos, se mudaron el mismo día que nosotros. JUCUM utilizaría nuestros muebles y otras pertenencias de la casa durante el tiempo que estuviéramos en Belém.

—Sustituir una casa que no nos costaba nada, situada junto a la línea de autobús, y cerca de todas las cosas, por otra que sí nos cuesta un alquiler y que además está alejada de todo, es un cambio que no me esperaba —dije refunfuñando.

Josephine frunció el ceño ante mi sarcasmo.

—Lo único que quiere Gerson es que los miembros de YWAM* sean recibidos por JOCUM, y no por el Proyecto Amazonas, o por cualquier otra misión estadounidense.

Un mes más tarde llegamos a Belém, donde fuimos cariñosamente recibidos. Nuestra primera labor consistió en hacer amistades y servir en la base. Nos instalamos en un pequeño cuarto, bajo el techo del edificio principal, y compartimos con los demás un baño, una pequeña cocina y una gran zona comunitaria abierta. La zona comunitaria solía hervir de gente, ya que servía de lugar de reunión y era donde se celebraban las fiestas, se cantaba y se oraba. Sasha hacías las delicias de todos, deslizándose por el suelo de madera en su andador infantil.

---

* Acrónimo de YWAM (Youth With a Mission). Traducido generalmente por JUCUM para la versión en español.

Josephine y yo servíamos en la cocina y cuidábamos de los niños en edad preescolar. También aprovechamos para realizar los trámites burocráticos para la obtención de nuestro visados permanentes de residencia. El Departamento de inmigración brasileño nos informó de que se demorarían seis meses y solo se entregaban fuera de Brasil. Lo último que deseábamos hacer era mudarnos de nuevo, pero no parecíamos tener otra opción. Pusimos el tema en oración y sentimos que Australia era el lugar adecuado para esperar nuestros visados y tener a nuestro segundo hijo.

A principios de mayo, el navío *Buen Samaritano* atracó en el puerto de Belém, y Josephine y yo recibimos a Pari y Diane con grandes abrazos, y dimos a ellos y a su tripulación la bienvenida a Brasil.

—Bienvenidos a Belém, la puerta de entrada al Amazonas —dijo Gerson—. Gracias por venir.

—Estamos encantados de estar aquí —respondió Pari.

Prácticamente todas las personas de la base colaboraron con el ministerio de Naves de Esperanza. A lo largo de una semana, cientos de personas recibieron atención médica gratuita y escucharon el mensaje del evangelio. Gerson estaba muy contento. Como nuestros visados turísticos de seis meses iban a expirar, y nuestros billetes decían que debíamos tomar el avión en Manaos, Pari y Gerson nos autorizaron a viajar a bordo del *Buen Samaritano* remontando el Amazonas desde Belém a Manaos. Sasha dio sus primeros pasos en nuestro pequeña cabina a bordo del barco.

En Manaos, el barco proporcionó más publicidad a JUCUM de la que habríamos conseguido en años. Era el primer navío médico cristiano que visitaba la ciudad, así que atrajo la atención de toda la ciudad. Tal y como esperábamos, cientos de personas visitaron el barco a diario y se familiarizaron con el ministerio de JUCUM Manaos. Una vez más, todos los equipos trabajaron incansablemente, organizando seminarios, recepciones y salidas evangelísticas, en las que muchos recibieron no solo el evangelio, sino también cuidados médicos o dentales.

Una semana después, Josephine y yo nos despedimos de Pari, Diane y de la tripulación del barco, y este emprendió el camino de regreso a Estados Unidos, pasando de nuevo por Belém. También nos despedimos de Anabel, Alcír y Gerson, agradeciéndoles sus consejos, apoyo y guía durante nuestros primeros seis meses en Brasil. Unos días después volamos hacia Australia.

Tras pasar por tres continentes y dos hemisferios, llegamos a Adelaida sintiendo que nuestras fuerzas se desvanecían como la marea cuando baja. No eran solo las cuarenta horas de viaje y el jet-lag, también sufríamos el desgaste físico, emocional y espiritual de seis meses muy intensos, debido a la vida en un nuevo país, una nueva cultura y una nueva lengua. A pesar de que encontramos un apartamento por el que pedían un alquiler pequeño, no teníamos los recursos necesarios para mudarnos de nuevo, y el padre de Josephine decidió ayudarnos, pero nos decía:

—El dinero pagado por un alquiler es dinero desperdiciado, Josephine. El mercado inmobiliario está en un buen momento para comprar, aprovechen la oportunidad.

Acabábamos de recibir la herencia de la parte que le correspondía a Josephine por la venta de la casa de su madre, y habíamos invertido el dinero en acciones, así que la idea de comprar una casa no nos pareció descabellada. Decidimos empezar a buscar y a orar.

El domingo 12 de julio íbamos a celebrar mi cumpleaños con un almuerzo en casa de mi suegro. Sin embargo, Josephine empezó a tener contracciones desde por la mañana temprano, y estas se intensificaron entre el final del culto y la hora del almuerzo. Tras gemir a causa de otra fuerte contracción, me dijo:

—Lo siento, cariño, pero creo que debemos posponer tu fiesta de cumpleaños.

—No me importa. A partir de hoy mi cumpleaños será todavía más interesante.

Corrimos al hospital y solo tres horas después nacía nuestra pequeña niña, a la que llamamos Chloe Christiana. Era muy hermosa y, una vez más, nos sentimos sobrecogidos por el impresionante milagro del nacimiento, así como por la nueva responsabilidad que llevábamos en nuestros brazos.

Un mes más tarde, nos sentíamos física, emocional y espiritualmente renovados, lo cual coincidió con la llegada de nuestros visados para volver a Brasil. Al abrir nuestros pasaportes, sentí que el

Señor me movía a que dejara de tomar decisiones a corto plazo, y empezara a pensar con una perspectiva temporal más dilatada. Sentí que estas dos inquietudes espirituales —la de comprar una casa y la de tomar decisiones a largo plazo sobre Brasil— convergían de repente: ¡no compraríamos una casa en Australia, sino en Brasil!

Hablé con Josephine sobre este asunto y oramos juntos. Dos años atrás, Josephine había renunciado a su dinero especial de boda para dedicarlo a mi viaje a Brasil, y ahora sentía que le estaba pidiendo que dedicase también a Brasil el dinero de su herencia australiana.

—¿Qué quieres hacer? —pregunté vacilante.

—Es nuestro dinero de la herencia, cariño, así que la decisión es nuestra, no solo mía.

Tras algunos días de meditarlo en oración, volvimos a hablar. Josephine se sentía confiada:

—Creo que debemos dedicarlo todo a la obra. El Señor me ha dado Mateo 19:29, que dice: «Y cualquiera que haya dejado casas, o hermanos, o hermanas, o padre, o madre, o mujer, o hijos, o tierras, por mi nombre, recibirá cien veces más, y heredará la vida eterna».

—Mientras oraba, sentí que Dios nos confirmaba eso en relación con Brasil, debemos tomar decisiones a largo plazo en todos los aspectos: espirituales, emocionales, físicos y financieros —dije.

Con este entendimiento y convicción espiritual, el 25 de agosto fui al rascacielos del centro de la ciudad donde estaba la sede de nuestra compañía de bolsa. Allí, una elegante recepcionista abrió unas pesadas puertas de madera y me condujo hasta uno de los agentes de bolsa senior, que se sentaba tras una mesa de despacho gigante, situada frente a una ventana que dominaba toda la línea del horizonte de la ciudad.

—¿Qué puedo hacer por usted? —dijo con tono profesional.

Reuní todo mi valor y respondí:

—Quiero vender todas mis acciones.

—¿Por qué?

—Nos mudamos a Brasil y queremos comprar una casa cuando lleguemos allí.

—¿Y eso cuándo será?

—Dentro de dos o tres meses.

—En primer lugar, estamos en medio de una de las mayores corrientes alcistas de toda la historia del mercado de valores. La compañía está aconsejando a todos sus clientes que mantengan sus inversiones.

Abrió la documentación de mi cartera de acciones, echó un vistazo rápido y continuó diciendo:

—Sus inversiones están en acciones de bajo riesgo de compañías solventes y se han revalorizado un 15%.

Mi convicción espiritual era que debía venderlo todo, pero no sabía cómo explicárselo a aquel agente de bolsa experto, así que intenté abordar el asunto de forma racional.

—Sí, las inversiones han ido muy bien, gracias a usted. Esa es la razón de que quiera vender ahora y dejarlo mientras voy ganando, como suele decirse.

—Sería una tontería vender ahora. Perdería todas las ganancias potenciales de los seis meses que necesitará para encontrar la vivienda adecuada. No se preocupe, cuando encuentre la casa, venderé sus acciones y le transferiré el dinero a la cuenta que desee.

De repente me sentí sin fuerzas, y mi convicción espiritual se redujo a simples cenizas. Quizá él tuviera razón. Al fin y al cabo era un profesional. Mientras lamentaba mi tendencia a ceder ante las personalidades fuertes, en lugar de reafirmarme en lo que sentía o deseaba, el agente de bolsa me sacó bruscamente de mis cavilaciones.

—¿Eso es todo por hoy?

—No —dije armándome de valor—. Necesito algún dinero ahora para nuestros gastos y nuestro billete de regreso a Brasil.

Decía la verdad, pero también representaba una cesión. Era cierto que necesitábamos algún dinero ahora; pero no estaba vendiendo todo, tal y como sentía en mi espíritu que debía hacer.

Seis semanas después, nos llegó el visado permanente de Chloe y volamos hacia Los Ángeles. En octubre fuimos a Minesota a visitar a mi familia y a conseguir más apoyo económico. Poco después de llegar, escuchamos en la TV una noticia sorprendente: el mercado de acciones había sufrido una caída del 22,6% desde su índice más alto el 25 de agosto.

—Josephine, ¿has oído lo que dicen las noticias? ¡El 25 de agosto fue el día en el que visité a la compañía de agentes de Bolsa y les dije que vendieran todo!

Las malas noticias continuaron con frases como: «La mayor caída del mercado de valores desde la Gran Depresión» y «quiebra económica global». Empecé a entrar en pánico. Las siete de la tarde eran las diez y media de la mañana en Australia del Sur, así que decidí llamar a la compañía de inversiones.

—¿Por qué no habría vendido todo, tal y como se suponía que debía hacer?

Marqué con fuerza los números en el teléfono y saltó una grabación: «La bolsa de valores australiana ha caído un 30% durante la noche. Si vende sus acciones en este momento confirmará todas las pérdidas que haya sufrido. La empresa le recomienda que permanezca firme y no venda nada. Si, a pesar de ello, quiere hablar con su consejero personal de inversiones, por favor, marque 1».

Me quedé estupefacto. Una bajada del 30% representaba una gran pérdida. Colgué el teléfono completamente desconsolado.

—¿Malas noticias, cariño? —dijo Josephine con una mueca de preocupación.

—Malísimas.

Estaba muy enfadado conmigo mismo por haber permitido que aquel agente de bolsa me intimidara. Había dejado que el temor al ser humano entrara en mi vida, y eso me había conducido a comprometer mi fidelidad al Señor, lo que, sencillamente, representaba desobedecer la voz del Espíritu de Dios a mi espíritu.

Los mercados continuaron desplomándose. Cuando regresamos a Manaos a finales de noviembre habíamos ganado unos pocos cientos de dólares mensuales de apoyo económico, pero habíamos perdido casi el 40% de nuestra herencia.

VEINTE

INVERTIRLO TODO

Tratamos de olvidar aquella dolorosa perdida y fuimos recibidos calurosamente en Manaos por Mario y Jaçiara da Silva, los nuevos líderes de JUCUM Manaos. Nos alojaron en un pequeño cuarto de la casa de alquiler de cuatro dormitorios que habíamos encontrado antes de marcharnos. En la casa de cuatro dormitorios vivían veinte adultos y tres niños.

Preguntamos a Mario y Jaçiara cómo podíamos ayudar, y que oportunidades de servicio o necesidades podíamos cubrir.

—Bueno, JUCUM Manaos podría hacer mucho más si tuviéramos un automóvil —dijo Mario.

—Tal vez podamos ayudar con eso —respondí.

—¿Tienen un automóvil? —preguntó Jaçiara con cara de sorpresa.

—No, pero hemos estado orando acerca de conseguir uno. ¿Podrían ayudarnos a encontrarlo?

—Seguro —respondieron al unísono.

Examinaron minuciosamente los anuncios clasificados e hicieron llamadas en nuestro nombre, y no tardaron en encontrar una pequeña furgoneta Ford que podíamos comprar, con el dinero que nos quedaba tras haber adquirido nuestros billetes de regreso a Brasil. La pareja que nos vendió el automóvil lo había comprado en São Paulo, y transferir su propiedad se transformó en una pesadilla burocrática. Nos llevó tres días conseguir los papeles provisionales de transferencia.

Pero ahí no acabó todo. Pocas noches después, uno de los miembros de JUCUM nos pidió que lo lleváramos al puerto.

—Por supuesto, vamos.

Subimos en la furgoneta y nos introdujimos directamente en el intenso tráfico del sábado por la noche. Logré encontrar el camino al puerto, pero tras dejar a mi pasajero, me introduje sin querer en un carril reservado a los autobuses. Un oficial de la policía lo vio e hizo sonar su silbato. El corazón me dio un vuelco. Tener un encontronazo con la policía en un país extranjero era una de mis peores pesadillas. Obedientemente, paré de inmediato. Sin embargo, una larga fila de autobuses comenzó a hacer sonar sus bocinas detrás de mí, ya que mi presencia taponaba el paso hacia la estación municipal de autobuses. Mi única opción era seguir adelante, así que me puse en marcha para que los autobuses pudieran avanzar. Pensé que el policía podía interpretarlo como un intento de evitar el arresto, pero permanecí tranquilo y me detuve de nuevo. Fue entonces cuando me di cuenta de que me había dejado en casa la cartera.

—¡Oh, Señor! —me lamenté, mientras el policía se acercaba gritando órdenes en portugués. Súbitamente olvidé todo el portugués que había aprendido hasta entonces.

—Por favor —rogué—, permiso de conducir en casa.

Justo en ese momento, el pastor Francisco me saludó desde un autobús que pasaba. Nos habíamos conocido unos meses antes, durante la visita del buque *Buen Samaritano*.

—¡Ayúdeme, pastor! —grité.

—¡Pare el autobús! ¡Pare el autobús! —exclamó él.

El autobús se detuvo bruscamente y el pastor bajó de un salto. Poco después el policía se subió con nosotros en la furgoneta y me ordenó conducir hasta casa, a recuperar mi permiso de conducir. El policía nunca había visto algo parecido, ya que era la traducción de mi permiso estadounidense. Tampoco había visto nunca una documentación provisional de transferencia, o un automóvil con matrícula de São Paulo. Debió de pensar que todo aquello era sospechoso.

—Vayamos a la comisaría de la policía —nos ordenó, así que nos metimos de nuevo en la furgoneta. Zezinho, un miembro de nuestra organización, decidió acompañarnos con los bolsillos llenos de tratados evangelísticos. En la comisaria de policía, el capitán que estaba de servicio aprobó rápidamente la traducción de mi permiso de conducir, pero tampoco había visto nunca en Manaos un vehículo matriculado en São Paulo o una documentación provisional de transferencia.

—Necesito hacer algunas averiguaciones —dijo, y se introdujo en su despacho.

El pastor Francisco y Zezinho aprovecharon para sacar los tratados evangelísticos y enseñárselos a algunos policías que se habían acercado al mostrador. Media hora después, el hombre de negocios que me había vendido el automóvil y su elegante mujer entraron en la comisaria.

—No saben cuánto lo siento —les dije a medida que entraban.

—No se preocupen —respondieron.

El capitán de policía volvió al mostrador y durante casi media hora aquello se transformó en un espectáculo de debate, examen de documentos y entrega de tratados evangelísticos. Poco después de la medianoche todo había terminado. En una esquina, el pastor Francisco oraba con un joven recluta de la policía, pero todos los demás reíamos y nos dábamos la mano como viejos amigos. En cuanto a mí, ni siquiera me pusieron una multa.

—Lleve al oficial hasta su casa —me ordenó el capitán—. Su turno ha terminado.

De vuelta en la sede misionera, vivir con otros dieciocho adultos era complicado, y Mario y Jaçiara no tenían ninguna función para nosotros. Nos sugirieron la posibilidad de alquilar algo para nosotros, y algunos días después, solo unas semanas antes de Navidad, condujimos hasta una cercana calle de un distrito residencial, donde encontramos una bonita casa que se ofrecía en alquiler. Basados en la palabra del Señor de que tomáramos decisiones a largo plazo y lo invirtiéramos todo en Brasil, preguntamos al Señor si debíamos comprarla. Tras orar mucho durante las siguientes dos semanas, sentimos claramente de parte del Señor que debíamos dar un paso de fe y comprar la casa, a pesar de que esta costaba más que el dinero que nos quedaba de la herencia.

En la conferencia de JUCUM de enero en Belém, aprovechamos para compartir nuestros planes para el año que viene e informamos a nuestros colegas de que íbamos a comprar una casa, de que

practicaríamos el portugués todas las mañanas en nuestro vecindario y de que recibiríamos clases todas las tardes. Nuestros colaboradores brasileños quedaron muy sorprendidos por nuestras noticias.

A mediados de enero, ya de regreso en Manaos, dimos instrucciones a nuestra compañía de inversiones para que vendiera las acciones y nos transfiriera todo lo que teníamos. También tomamos
prestados 3.600 dólares de un buen amigo de casa, para cubrir la
cantidad que nos faltaba.

La ingrata tarea de mudarnos se transformó en algo extremadamente embarazoso, porque significaba retirar de la base el frigorífico, el congelador, la lavadora y nuestros muebles, objetos que todo
el mundo estaba usando. La situación se hizo aún más dolorosa al
llevarnos el único vehículo disponible, la furgoneta. Nuestros colaboradores en el ministerio observaron todo el proceso con una expresión absolutamente gélida.

Tras doblar la esquina, dije:

—Esto no está saliendo bien. ¿Cómo puede dar tan malos resultados la palabra del Señor?

—Cariño, no digas eso. Si Dios lo ha dicho, debemos creerlo y
actuar en consecuencia. Debes quebrantar en tu vida el temor al ser
humano. No puedes dejar que la opinión de nuestros colegas brasileños o de cualquier otro nos sustituya en la toma de decisiones
—dijo Josephine.

—Sencillamente, no sé cómo reconciliar lo que nos ha dicho el
Señor con el lío intercultural que se está organizando.

—Corazón, no hay nada malo en que nuestra familia tenga su
propio espacio y viva conforme a sus propias necesidades. Lo único
es que tendremos que hacer un esfuerzo extra para no aislarnos de
nuestros colegas.

—Estoy absolutamente de acuerdo. Ya me he ofrecido para conducir y ayudar en todo lo que pueda. No obstante, aprender el idioma es una prioridad, si no estaremos aislados para siempre. Como
misioneros, creo que lo entenderán.

—Y como misioneros entenderán también que alcanzar a los
perdidos significa no dedicar todo tu tiempo a los hermanos en
Cristo —añadió Josephine.

Pocos días después de mudarnos a la nueva casa, nuestro compromiso con el aprendizaje del idioma y con la integración en la comunidad empezaron a rendir frutos. Mientras estaba fuera con Sasha me encontré con una vecina que paseaba a su hija por el barrio en un carrito. Viendo que ambos teníamos niñas de una edad similar, nos presentamos.

—Me llamo Cleide, y esta es mi hija Cinthia. Vivimos unas cuantas puertas más allá.

—Hola, me llamo Kaio, y esta es mi hija Sasha.

Descubrimos que nuestras hijas habían nacido el mismo día.

—Supongo que están destinadas a ser amigas —dijo Cleide.

Cleide se transformó en la ayudante de Josephine con el idioma. Tras algunas semanas en las que su amistad se fue haciendo más profunda, decidió abrir su corazón y le contó a Josephine que su marido la maltrataba. Esto dio lugar a muchas conversaciones significativas. Su marido trabajaba para otro todo el día y luego, por las noches, dirigía su propio negocio. Por lo visto, este consistía en un local donde emborracharse e ir de fiesta con mujeres, mientras Cleide cuidaba de los cinco niños y trabajaba a tiempo completo como maestra.

Josephine oró varias veces con Cleide y la invitó a que nos acompañara con sus hijos a la iglesia, pero esto era algo que ella no quería hacer.

Un domingo por la tarde, uno de los hijos de Cleide vino corriendo.

—¡Mamá se ha quemado! —gritó presa del pánico.

Mientras Josephine corría a buscar la pomada para las quemaduras que habíamos traído de Australia, el niño nos dijo que su mamá había tenido dificultades a la hora de encender el horno, por lo que el gas acumulado había estallado en llamas, quemándole los antebrazos, el cuello y la cara. Corrimos a su casa y Josephine le aplicó la pomada y oró para que Dios la sanase. A la semana siguiente, Cleide nos acompañó a la iglesia con su marido y sus hijos. Y un domingo después asistieron de nuevo, pero esta vez sin el marido. Durante aquel culto, Cleide entregó su vida a Cristo.

En cuanto a mí, compraba pan a diario en la panadería local, propiedad de un tipo muy hablador, llamado Leonardo, quien me dijo que la mayoría de los días tenía tiempo libre desde última hora de la mañana hasta media tarde, y se ofreció a ayudarme con el idioma. Un sábado por la tarde, Josephine y yo fuimos a hacerle a él, a su esposa y a su hija una visita de cortesía. Cuando llegamos, la esposa de Leonardo, Val, nos recibió con toda solemnidad. Había macetas destrozadas por todo el porche y Leonardo, que estaba borracho, se había quedado dormido en el sofá. Val nos invitó a pasar y nos dijo que estaba haciendo las maletas para marcharse.

—Dios puede traer sanidad a su matrimonio. El evangelio son buenas noticias para todas las áreas de la vida —dijimos.

Nos llevó algunas horas, pero Josephine y yo fuimos capaces de persuadirla a quedarse y dar una oportunidad a su relación y a Dios. A la mañana siguiente, cuando estaba comprando el pan, Leonardo me llevó a un lado y se disculpó. A continuación, me preguntó si él y Val podían acompañarnos a la iglesia esa misma noche.

Durante las siguientes semanas, casi todas las preguntas de Val durante nuestra clase de portugués fueron acerca de la fe. Unos meses después, tras muchas discusiones, Leonardo y Val aceptaron a Cristo durante un culto de la iglesia. Varios meses más tarde, durante un culto dominical, Leonardo puso un manojo de llaves en la ofrenda de la iglesia. No me habría enterado si no hubiera sido porque estaba en medio de una clase de portugués con él, cuando recibió una llamada telefónica del pastor. Leonardo le explicó que las llaves eran de una panadería que había tratado de vender sin éxito. Quería donar a la iglesia el edificio de tres plantas, situado en la calle principal de la ciudad, de manera que pudiera utilizarse para la Escuela bíblica y el seminario por el cual habían estado orando.

Cuando le conté a Josephine lo que había hecho Leonardo, exclamó con gozo:

—Esto es lo que significa ser misioneros. Cleide y Leonardo, sus vidas y la vida de sus familias, han cambiado para toda la eternidad.

PARTE CUATRO

FUNDAMENTOS DEL MINISTERIO

Conforme a la gracia de Dios que me ha sido dada, yo como perito arquitecto puse el fundamento, y otro edifica encima.

1 Corintios 3:10

VEINTIUNO

DINERO Y MINISTERIO

El año transcurrió feliz en nuestro hogar familiar, ocupados en el aprendizaje del idioma y en hacer amistad con nuestros vecinos. Sasha y Chloe jugaban alegremente todos los días en nuestro gran patio trasero. Les gustaba especialmente encontrar aguacates y mangos bajo los muchos árboles frutales. Cuando llovía, aparcaba la furgoneta en la calle, de forma que pudieran jugar en el cobertizo donde solía estacionarla. Además, allí no hacía tanto calor como dentro de la casa. Un día, después de que las niñas hubieran estado jugando allí un rato, yo las llevé a dormir la siesta y Josephine se quedó recogiendo los juguetes esparcidos por el suelo. De repente, escuché a Josephine soltar un grito. Volví corriendo y alcancé a ver una bella, pero mortífera, serpiente coral, de color naranja y negro, que salía rápidamente del cobertizo. Juntos, agradecimos al Señor su protección, ya que hacía pocos instantes que las niñas habían estado allí.

Desde el tiempo de mi visita a los suruwahá, Bráulia se había casado con un graduado del seminario bíblico bautista de São Paulo, llamado Reinaldo. Como líder de JUCUM, su carácter jovial y tranquilo ayudaba a moderar la urgencia de Gerson y la apasionada intensidad de Bráulia. Su habilidad para gastar bromas y su capacidad para hacer de abogado del diablo suponían un gran contraste con la cultura de «agentes de las fuerzas especiales» que prevalecía en el centro misionero. Nuestro primer encuentro con él fue en Belém, en la conferencia anual en la que se anunció que el ministerio entre las tribus pasaría a ser dirigido por Reinaldo y Bráulia. En la ceremonia en la que se les comisionó compartieron su visión del ministerio, que ahora incluía barcos, ya que Naves de Esperanza les había hecho una ofrenda de 6.000 dólares para que compraran un barco fluvial que les sirviera para ir y venir del territorio de los suruwahá. Después, Dave y Elizabeth, y Josephine y yo compartimos nuestro interés en conseguir barcos con los que plantar iglesias entre la gente del río.

—Nuestra esperanza es construir un gran barco que pueda llevar río arriba a equipos evangelísticos —dijo Dave.

—Nos vendría muy bien —añadió Reinaldo—. Además, los barcos que sirvan entre los ribeirinhos deberían ayudar también a la obra del ministerio entre las tribus.

—Nosotros también queremos construir un barco. Hace dos años nos donaron dinero para conseguir uno —dije yo.

—¿Cuánto? —preguntó Reinaldo directamente.

La pregunta me pilló de sorpresa, porque, según mi experiencia, los brasileños eran directos en todo menos en cuestiones de dinero.

—Tenemos 15.000 dólares —dije tímidamente.

A mediados de año, recibí la visita de Reinaldo y Bráulia. Llevaban meses buscando un barco en Belém que se adecuara a sus propósitos, pero sin éxito, así que decidieron intentarlo en Manaos.

—Vaya, qué automóvil más lujoso —dijo Reinaldo cuando fui a buscarlos al aeropuerto.

—¿Te refieres a este? Una pequeña furgoneta Ford difícilmente puede considerarse un automóvil lujoso, Reinaldo.

—Para mí, cualquier automóvil es un lujo.

Bráulia se dio cuenta de que yo no sabía cómo responder.

—Basta ya, Reinaldo —dijo ella—. No le hagas caso —añadió dirigiéndose a mí—, bromea con todo el mundo.

Disfrutamos de la compañía mutua y compartimos muchas risas. Fue estupendo conocer mejor a Reinaldo y Bráulia. Reinaldo era muy gracioso, y un excelente comunicador, pero, en términos interculturales, su intrincado uso de los juegos de palabras y las indirectas nos resultaba difícil de captar. Josephine y yo teníamos que repasar nuestras conversaciones con él e intentar determinar si nos estaba elogiando o más bien nos retaba; aunque la mayoría de las veces no estábamos seguros.

Un día, Mario y Jaçiara vinieron a visitarnos con Reinaldo y Bráulia. Mientras les ofrecíamos algo frío que beber, Reinaldo nos anunció que habían comprado un barco.

—¡Oh, eso es estupendo! —dijimos Josephine y yo al unísono.

—Y todavía tengo noticias mejores —dijo Bráulia—. Naves de Esperanza ha contactado con Gerson y harán una segunda visita al Amazonas en Octubre.

Jaçiara apretó los ojos y los puños con fuerza y, con su tierna voz, dijo:

—Gracias, Jesús.

—¡Fantástico! —exclamé—. Dos visitas en dos años, qué tremenda bendición.

—El *Buen Samaritano* pasará una semana en Belém y otra en Manaos, como la última vez —dijo Bráulia para finalizar.

Mientras comentábamos lo fructífera para el ministerio que había resultado la primera visita del *Buen Samaritano*, Reinaldo nos interrumpió.

—Alto. Aún tenemos más noticias.

—En serio, ¿de qué se trata ahora? —preguntó Jaçiara sin poder contener la curiosidad.

—Hemos encontrado una gran propiedad, no muy lejos del aeropuerto, por un precio realmente bueno.

—¿Cuánto piden? —preguntó Mario.

—Está en una ensenada del Río Negro y linda 90 metros (300 pies) con la ribera del río. Es el lugar perfecto para JUCUM Manaos.

—¿Cuánto dinero piden? —insistió Mario.

—Es extremadamente barato, Mario, pero el motivo de ello es que no tiene edificios ni infraestructuras; no tiene electricidad, ni teléfono, ni alcantarillas, ni agua.

—Reinaldo, dime cuánto —exigió Mario.

—Treinta mil dólares —respondió Bráulia, poniendo fin al suspense creado por Reinaldo.

—Todo el mundo miró a Mario para ver su reacción. Sus ojos miraban al techo pero sus labios se movían. Era obvio que calculaba cuánto era eso en moneda brasileña.

—Se trata de un precio excelente —dijo Bráulia—. El terreno es grande y hermoso. Justo al lado del río.

—Es un buen precio para una propiedad que da al río, pero aun así es un montón de dinero que no tenemos.

—El propietario quiere 15.000 dólares ahora y otros 15.000 a los treinta días —dijo Reinaldo.

Mario hizo una mueca.

—Va a ser muy difícil reunir tanto dinero tan rápido.

—No resultará difícil. Simplemente pídeselo a Kaio —soltó de repente Reinaldo—. ¡Hace dos años que tiene 15.000 dólares de JUCUM muertos de risa en su cuenta bancaria!

Todo el mundo me miró asombrado. A continuación, todos miraron a la vez a Reinaldo para ver si bromeaba.

—¡Los tiene! Él mismo me lo ha dicho.

—Son para un barco —me defendí.

—Bueno, tú folleto tiene el logotipo de JUCUM Manaos en la portada, y una fotografía de una tribu en su interior, así que puede que la mitad del dinero fuera para JUCUM Manaos, y la otra mitad para el ministerio entre las tribus —dijo Reinaldo.

Les señalé que el folleto era una herramienta personal en la que explicábamos nuestra intención de ayudar a fundar JUCUM Manaos y echar una mano al ministerio entre las tribus. También les informé de que la campaña de recaudación de fondos se había llamado «Respalda el barco». Desafortunadamente, mi explicación no logró convencer a Reinaldo ni a Mario.

Reinaldo insinuó que era prácticamente inmoral tener 15.000 dólares ociosos en el banco, mientras los equipos del ministerio tenían necesidades tan urgentes.

—Dime, Reinaldo, ¿cuáles son las necesidades urgentes a las que te refieres?

Mientras Reinaldo pensaba, Mario preguntó si podíamos donar o prestar el dinero para ayudar a comprar el terreno que daba al río.

—Creo que no —respondí.

Finalmente, Reinaldo pensó en algunas necesidades.

—Daniel y Fátima necesitan un pequeño bote a motor para ir a visitar a los baniwá.

—Los botes pequeños son muy útiles para cientos de cosas —confirmó Mario—. Si tuviera uno en el *São Mateus* podría sacarle mucho provecho.

—JUCUM Belém también necesita un bote para el barco hospital que está construyendo —dijo Reinaldo, y a continuación añadió—, vaya, y yo acabo de comprar un barco fluvial. También me vendría muy bien tener un bote.

—¿Cuánto cuesta un bote? —pregunté.

—Lo miré hace un par de meses —dijo Mario—. Un bote nuevo de cuatro metros y medio de eslora y casco de aluminio, con un motor fueraborda de quince caballos, cuesta más de 5.000 dólares.

—Así que si comprara tres botes a motor gastaría todo el dinero que tengo. Entonces, ¿qué usaría yo para plantar iglesias entre la gente del río?

Ni Reinaldo ni Mario tuvieron nada que comentar al respecto.

Mario no conseguía entender cómo había abierto una cuenta bancaria en nombre de JUCUM Manaos sin su autorización o la de Gerson. Él y Reinaldo coincidían en que solo ellos, Alcír y Gerson podían controlar las finanzas de JUCUM, y era evidente que yo no estaba en esa lista de líderes. Josephine, Jaçiara y Bráulia pusieron un ansiado fin a nuestra conversación al traernos unos sandwiches.

Una semana después, Mario y Jaçiara reunieron al equipo de Manaos para que orásemos fervientemente pidiendo dirección al Señor, sobre la compra del terreno junto al río que Reinaldo y Bráulia habían encontrado. Mario entró en contacto con otras cuatro bases de JUCUM en Brasil, diferentes iglesias y donantes potenciales, y les planteó la posibilidad de ayudar con la compra.

Como el *Buen Samaritano* venía para realizar una segunda visita, llamamos a mis padres en Estados Unidos para que Josephine pudiera transmitirles su idea de que la Iglesia Luterana del Redentor, en Minesota, adquiriera algunos productos que necesitábamos, para así aprovechar el viaje del barco desde Florida hasta JUCUM Amazonas.

—Buena idea. Seguro que la gente prefiere entregar sus cosas viejas a los misioneros en lugar de tomarse la molestia de ponerlas a la venta en un mercadillo —dijo mamá.

—¿Y cómo haremos llegar las cosas a Florida? —preguntó papá desde el teléfono del dormitorio.

—No lo sé, pero no puede ser tan difícil, ¿verdad? —respondió Josephine, sin percatarse de las dificultades que imponía la geografía estadounidense.

—¡Qué dices, pero si Florida está en la otra punta de Estados Unidos!

Al escuchar la réplica indignada de papá, Josephine me miró en busca de ayuda. Rápidamente agarré el teléfono y dije:

—Solo era una idea, papá. No te preocupes. Lo consultaré con el comité de misiones y ya veré qué me dicen. Mientras tanto, ¿podrías hacerme un favor y ver lo que cuesta un bote de pesca de unos cuatro metros y medio de eslora (quince pies) y con un motor fueraborda de quince caballos?

Antes de nuestra siguiente llamada, recibimos una larga carta de mi madre. Nos contaba que mi padre decía que no valía la pena preguntar al comité de misiones de la iglesia si podían hacer donativos, si luego no había forma de que estos llegaran al barco. Entonces nos dijo que mi padre había decidido tomarse un tiempo de vacaciones para llevar él mismo los donativos hasta Florida. También nos dijo que mi padre había encontrado cuatro botes de pesca usados, con casco de aluminio, por solo 300 dólares cada uno, el 10 por ciento del precio de un bote nuevo en Brasil. También había encontrado una oferta de motores fueraborda nuevos de 10 caballos de potencia. Dichos motores costaban la mitad que un motor fueraborda similar en Manaos.

Tras ponerlo en oración con Josephine, llamé a mi padre a casa y le dije que comprara los cuatro botes de pesca usados y los motores fueraborda nuevos. En total gastaríamos 6.000 de los 15.300 dólares del dinero para el barco. Después llamé a mi iglesia madre, y esta nos donó equipamiento de oficina, mesas de despacho, archivadores, aparatos de aire acondicionado, herramientas eléctricas, montañas de platos, cazuelas y sartenes, cubiertos y otros utensilios de cocina, e incluso algunos hornos y frigoríficos.

La gran cantidad de objetos donados hizo necesario que mis padres alquilaran un gran camión de mudanzas. Tras los cuatro días de viaje entre Minesota y Florida, los donativos fueron subidos a bordo del *Buen Samaritano*. Finalmente, pedí a mi madre que etiquetara los botes y motores, un bote y un motor para el barco hospital de JUCUM Belém; otro bote y otro motor para el *São Mateus*, que ahora estaba en Manaos con Mario y Jaçiara; un bote y otro motor más para Daniel y Fátima, del ministerio entre las tribus; y, finalmente, el último bote y motor para Paulo y Jorge, del ministerio de desarrollo de la comunidad.

VEINTIDÓS

FE Y PROVISIÓN

A principios de septiembre, Mario anunció que JUCUM Manaos compraría la propiedad situada junto al río. El pequeño equipo de Manaos dio un ejemplo de generosidad, y en la primera ofrenda que recogimos, una de las parejas entregó sus anillos de oro de compromiso. JUCUM Belém y las otras cuatro bases de en Brasil también contribuyeron significativamente. Esperábamos poder recaudar directamente los 30.000 dólares, pero la situación económica de Brasil era muy difícil, y a mediados de septiembre solo había entrado la mitad del dinero que necesitábamos. No obstante, tras otra sesión de oración que se prolongó toda una mañana, el equipo de Manaos tuvo la convicción unánime de que debíamos seguir adelante por fe. En consecuencia, Mario y Jaçiara pagaron los 15.000 dólares de depósito y pusieron en marcha el reloj. Ahora teníamos treinta días para conseguir los restantes 15.000 dólares, o perderíamos el anticipo y el terreno volvería a salir a la venta. Sentí una tremenda admiración por Mario y Jaçiara, por dar ese inmenso paso de fe.

La segunda visita del *Buen Samaritano* fue de tanta bendición como la primera. Todos los bienes donados por mi iglesia y conducidos hasta Florida por mis padres fueron recibidos con alegría, en especial los cuatro botes con sus motores. A pesar de estas bendiciones, los ánimos en Manaos estaban muy bajos. Faltaban pocos días para que se perdiera el terreno y el anticipo de 15.000 dólares.

Mario me convocó como contable y como traductor, para que transmitiera en la reunión del equipo del *Buen Samaritano* la urgente necesidad que existía respecto al terreno. El director del barco simpatizó de inmediato con nuestro aprieto y organizó una ofrenda entre la tripulación. A medida que el cubo en el que se recogía la ofrenda circulaba entre los extranjeros que llenaban la sala, vi como la esperanza iba creciendo en Mario. Tras recoger la ofrenda, se dio por finalizada la reunión y nos dispusimos a contar el dinero. Una sombra de preocupación volvió a instalarse en el rostro de Mario al comprobar que solo había unos cientos de dólares.

Mario, conforme a su carácter vehemente y dado lo desesperado de la situación, acorraló al director y lo presionó en busca de ayuda, o incluso de un préstamo. Yo me sentía abochornado por la franqueza de Mario, pero traduje sus palabras de forma exacta y fiel. Sin embargo, la respuesta del director nos dejó pasmados cuando nos reveló los inmensos desafíos económicos a los que tenía que hacer frente el ministerio de Naves de Esperanza. Al ser un ministerio de fe, dependían de los donativos, exactamente igual que nosotros. Pero, a diferencia de nuestro ministerio, sus necesidades financieras eran mucho mayores que las nuestras, aunque solo fuera para poder regresar a Estados Unidos. Aquello parecía el último clavo en nuestro ataúd; Mario y yo no teníamos a quién acudir.

Más tarde, aquella misma mañana, tanto Mario como yo tuvimos que aparcar cualquier preocupación personal sobre la falta de fondos y ponernos a servir a los demás. Yo impartí un seminario en la cabina de recepción a los líderes de alabanza de las iglesias y, a continuación, Mario dio un seminario a los pastores sénior. Mientras Mario almorzaba con ellos, yo lo hice con el director del barco, quien curiosamente se llamaba Kent y también era de Minesota. Tras el almuerzo, el director nos llevó a Mario y a mí a hablar aparte.

—¿Tienes una cuenta bancaria en Minesota? —preguntó mirándome.

—Sí, la tengo, y también JUCUM Manaos —respondí.

—Un miembro de la tripulación les ofrece un préstamo de 15.000 dólares de su cuenta personal para que JUCUM Manaos pueda comprar el terreno, pero solo a condición de que le devuelvan el dinero en seis meses.

Una vez que le traduje la oferta, Mario no tardó mucho en aceptarla.

A la mañana siguiente llegué a la base con un cheque de 15.000 dólares de la cuenta de JUCUM Manaos en Minesota. Mario se presentó ante los estudiantes y el equipo, cheque en mano, y anunció jovialmente la provisión de Dios y su manera perfecta de obrar, entre expresiones de júbilo y gratitud de todos los presentes. Yo también alabé a Dios.

Otro episodio milagroso ocurrió solo un mes después. Jim Stier y un amigo suyo llamado John, al que apodaban JFK, fueron a visitar a John Dawson a Manaos. Tras recogerlos en el aeropuerto, los llevé directamente al nuevo terreno de JUCUM. Hacía calor, así que decidimos darnos un baño en el río. Luego, mientras charlaba tranquilamente con Jim y JFK, John terminó de preparar el sermón que tendría que dar aquella noche.

En la misma iglesia que había acogido la inauguración de JUCUM Manaos dieciocho meses antes, John predicó un mensaje titulado «La necesidad de discernir las puertas de tu ciudad»[4]. John compartió la revelación que le había dado Dios sobre el «hombre fuerte» que gobernaba la ciudad de Manaos. Mientras describía lo que Dios le había revelado, fue como si alguien retirara un velo de delante de mis ojos y me permitiera ver realidades espirituales anteriormente vedadas. Josephine sentía lo mismo, y asentía con la cabeza a medida que John iba exponiendo su mensaje.

De vuelta a casa, cuando Jim y JFK se retiraron a dormir, Josephine preguntó a John si podíamos hablar un poco más con él. Trajimos unas bebidas y buscamos un sitio fresco donde conversar, en el patio de azulejos del porche.

—Puedo ver con mucha claridad al beligerante y dominador hombre fuerte —dije—, pero tras discernir lo que la Biblia describe como un espíritu territorial, y practicar la oración de guerra espiritual, ¿no queda nada más?, ¿o hay alguna otra cosa que deberíamos hacer?

—Recuperar nuestras ciudades para Dios exige quebrantar fortalezas espirituales —respondió John—. En términos de pasar a la ofensiva, eso significa actuar conforme al espíritu opuesto. En sentido defensivo, consiste en resistir a las tentaciones que estas fuerzas espirituales tenebrosas ponen en nuestro camino, como preocuparse con el futuro, ser crítico con los que están en autoridad y tener relaciones sociales educadas, pero superficiales.

Las observaciones de John nos llenaron la mente con una mezcla de penetrantes percepciones, capaces de hacer volar la imaginación, y de un palpable sentimiento de culpa que nos dejó tambaleando. Le abrimos nuestros corazones, reconociendo que esas tres tentaciones habían caracterizado gran parte de nuestros primeros dos años de ministerio en Brasil. Tras horas de compartir, debatir, orar y arrepentirnos, nos sentimos liberados, renovados y capacitados para continuar nuestro llamamiento.

Mientras me preparaba para irme a la cama, le confesé a Josephine que había considerado la idea de abandonar el ministerio, ya que me sentía desanimado respecto a nuestro futuro en Brasil. En lugar de ver mis luchas como batallas espirituales contra fuerzas de maldad en los lugares celestiales, como dice la Biblia, me había transformado en una persona crítica hacia mis líderes.

Al día siguiente, Mario y Jaçiara nos llevaron a John, Jim, JFK y a mí a una excursión de pesca de 24 horas. Mientras surcábamos las aguas del río Negro, Mario, Jaçiara y yo nos turnamos en contar la breve historia de JUCUM Manaos. Tras escuchar la historia de la provisión de Dios y del préstamo que teníamos que devolver, JFK conversó con Jim Stier y John Dawson, y propuso que si la base Manaos lograba recaudar 7.500 dólares, él completaría con otro tanto la cifra adeudada. Al día siguiente partieron nuestras tres visitas, pero el desafío de JFK permaneció con nosotros. Con nuevas esperanzas y energías, Mario envió a todos los miembros del equipo a sus casas para que pasaran noviembre y diciembre recaudando fondos.

Unas pocas semanas después, Richard Krantz, un arquitecto del sur de California, respondió a una petición realizada en nuestro boletín informativo y vino a pasar una semana en Manaos, ofreciéndonos gratis su tiempo y sus dones. Nos diseñó un bello plan maestro del terreno del río, a tinta y acuarela, que mostraba las futuras instalaciones. Aquella vista panorámica del proyecto nos dio una idea gráfica de la visión que tenían Mario y Jaçiara para el centro misionero.

Durante los meses siguientes anoté el origen e importe de todos los donativos recibidos. Cuando alcanzó la cifra de 7.500 dólares se lo comuniqué a JFK, quien nos envío un donativo por la misma cantidad, lo que nos permitió devolver el préstamo de 15.000 dólares antes de la fecha de vencimiento. Incluso después de alcanzar la cifra de 7.500 dólares, el dinero continuó llegando y recibimos 6.000 dólares adicionales.

Durante los dos primeros años de nuestro compromiso, aprendimos valiosas lecciones sobre la adaptación a una cultura enormemente diferente de nuestro modo de vida australiano y estadounidense. Cometimos importantes errores culturales, pero, a través de ellos, Dios fue formando nuestro carácter y enseñándonos humildad, arrepentimiento y otras lecciones esenciales para la longevidad de nuestro caminar cristiano.

Lo más importante es que el terreno con salida al río, de la visión de Gerson, era ahora realidad. Estaba totalmente pagado, el plan maestro se había completado y los barcos de JUCUM tenían un puerto seguro. Teníamos una sensación de deber cumplido. ¿Habría llegado el momento de empezar a fundar iglesias entre los ribeirinhos?

VEINTITRÉS

UNA INVITACIÓN

Esta vez, la conferencia de enero de JUCUM fue diferente. Nuestra primera conferencia había sido un desastre, ya que nos la perdimos cuando la compañía nos echó del vuelo. Al año siguiente fue horrible, porque nuestro anuncio de que íbamos a comprar una casa y a dedicarnos a aprender el idioma cayó como una bomba. Sin embargo, esta vez nos felicitaron por nuestro portugués y todo el mundo se sorprendió al oír que nuestros dos ayudantes en el aprendizaje de la lengua habían aceptado a Cristo.

En cuanto a lo ocurrido durante el año, teníamos muchos motivos para estar orgullosos: nuestro hogar y nuestro automóvil habían servido a mucha gente, mi iglesia había donado muchas cosas que mis padres habían enviado a través del *Buen Samaritano*, y los cuatro botes con sus respectivos motores fuera de borda habían sido una gran bendición para las bases de Belém y de Manaos, los ministerios entre las tribus y los ministerios de desarrollo comunitario. También habíamos desempeñado un papel en la compra y pago de la nueva base de JUCUM Manaos, además de conseguir que el plan maestro se diseñara y completara. Nuestra lista de logros nos producía una profunda satisfacción, pero lo más importante es que nos sentíamos aceptados en la familia de JUCUM. Si en ese momento hubiéramos querido marcharnos, lo habríamos hecho con honores y buena conciencia. Sin embargo, nos comprometimos con entusiasmo a un nuevo período de dos años para poder llevar a cabo la obra pionera que deseábamos iniciar en el Amazonas: fundar iglesias entre un grupo de personas no alcanzado por el evangelio.

Las sesiones de tarde de la conferencia de Belém se dedicaron a la presentación de informes. Beth y Sandra, dos chicas que trabajaban con la tribu Jarawara, estaban dando un informe. Como hacía tanto calor y nosotros no nos dedicábamos al estudio de la lengua de una tribu me estaba costando prestar atención.

—... un poblado de gente del río ... atención sanitaria ...

Aquellas palabras me sacaron de mi adormilamiento.

—¿Has oído eso? —pregunté a Josephine.

—¿El qué?

—Algo acerca de la atención sanitaria y la gente del río.

—No, me he perdido esa parte —confesó Josephine.

Cuando terminó la reunión buscamos a Beth y a Sandra, quienes nos explicaron que el propietario de un terreno donde se asentaba una comunidad de gente del río, situada de camino al poblado Jarawara, había realizado una invitación general a los misioneros de JUCUM a establecerse en la comunidad, con tal de que les ofrecieran atención sanitaria. Al día siguiente conocimos a Afonso, el tercer miembro del equipo formado por Beth y Sandra. Nos informó de que los jarawara tenían su poblado dentro del territorio del municipio de Lábrea, la misma ciudad que Gerson nos había mencionado casi tres años antes, mientras nos preparábamos en la base de Los Ángeles. Esto nos llamó la atención, porque cuando Gerson nos habló sobre Lábrea, Josephine le había respondido algo en el sentido de que quizá ministráramos allí algún día. En aquel momento no me pareció que su comentario tuviera sentido, pero ahora parecía bastante profético. Tras una conversación que sirvió para confirmarnos y animarnos, hicimos los arreglos para visitar esa comunidad de gente del río, llamada Samauma.

Al regresar a Manaos supimos que Josephine estaba embarazada de nuestro tercer hijo. Esto hizo que nuestras perspectivas para el año entrante fueran todavía más gozosas y emocionantes. A mediados de febrero dejamos a nuestras niñas con una niñera que conocimos en la iglesia y Josephine y yo volamos a Lábrea, para pasar allí cinco días.

Afonso nos recogió en el aeropuerto de Lábrea y nos llevó a la misión holandesa, que estaba en la intersección entre la carretera del aeropuerto y la carretera transamazónica. La transamazónica parecía un camino de barro impracticable para un viaje en vehículo. Lábrea parecía también un lugar bastante poco atractivo. No estaba bien estructurado y no tenía identidad. A pesar de tener 30.000 habitantes, no había ninguna emisora local de radio, ni un periódico, tampoco una gran empresa. Solo había unos pocos negocios pequeños que se limitaban a sobrevivir y unos ochocientos evangélicos que se reunían en cinco iglesias. El nivel de pobreza, la ausencia de industria y de administración civil, la falta de infraestructuras básicas, todo resultaba chocante. Bastaba hablar con la gente para comprobar que la mayoría de los habitantes de Lábrea no querían vivir allí. Afonso nos contó que los ribeirinhos, y un número cada vez mayor de indígenas, se habían visto prácticamente forzados a abandonar sus raíces en las áreas rurales del interior con el fin de tener acceso a la atención sanitaria. En otras palabras, no es que se hubieran ido a la ciudad tratando de probar suerte, sino que vivían allí porque no tenían más remedio.

El día siguiente lo pasamos navegando por el río Purús, más allá de Lábrea. Ninguna de las comunidades por las que pasamos tenía iglesia y Afonso nos informó que de los 220 poblados que había en las zonas rurales del interior del municipio de Lábrea, solo en uno había una iglesia de ribeirinhos. Dicha iglesia, situada mucho más allá río arriba, había sido fundada por la misión holandesa y llevaba unos diez años en funcionamiento. El edificio de la iglesia todavía seguía en pie, pero ya no se hacían cultos allí porque el pastor se había mudado a la ciudad.

—Hasta donde yo sé, se trata de la única iglesia existente en un pueblo del área rural del municipio de Lábrea desde su fundación, en 1871 —nos explicó.

Llegamos a Samauma ya casi de noche. El Senhor Pedro y sus dos hijos menores salieron a recibirnos mientras descendíamos por la pasarela del barco que nos había llevado hasta allí, una nave dedicada al comercio fluvial. Caminamos a la casa del Senhor Pedro, y cuando estábamos cerca, Afonso nos hizo notar seis cruces blancas situadas junto a la valla de la casa, cerca del porche. Como tenía ocupadas las manos nos las señaló con los labios, frunciéndolos en dirección a las cruces. Yo sabía que se trataba de una forma común de señalar algo en Brasil, ya que los brasileños parecen tener siempre las manos ocupadas.

—Tuvieron catorce hijos, pero seis de ellos murieron antes de cumplir los dos años de edad —nos susurró Afonso.

Justo en ese momento, Isabel, la esposa de Pedro, apareció en el umbral de la casa. Nos dio la bienvenida con una gran sonrisa y acto seguido empezó a gritar a los niños, que habían comenzado a pegarse tras dejar nuestro equipaje en el suelo. De inmediato, como si tuviera dos personalidades, se giró hacia nosotros con una gran sonrisa y nos cubrió de halagos.

A continuación nos abrió una habitación para que colgáramos nuestras hamacas y se fue a la cocina a buscarnos algo que beber. El largo y estrecho almacén desprendía un aroma formado por una mezcla nauseabunda de olores, y estaba lleno de aceite, gasolina y alimentos que el Senhor Pedro vendía a los habitantes de la comunidad a precios inflados. También contenía los productos que recibía a cambio, como mandioca, resina de caucho, vainas de cacao, nueces de brasil del tamaño de uvas y monstruosas tiras de siluro salado del tamaño de mi torso.

Isabel nos trajo bebidas en una falsa bandeja de plata y se quedó esperándonos en el porche. Por el color, pensé que era zumo de piña, pero se trataba de un líquido transparente, sin presencia de pulpa de fruta que delatase su condición de zumo. Afonso debió de verme examinar la bebida, porque dijo rápidamente levantando su vaso:

—Llevaba varios meses esperando, bendita seas, agua del Purús —y acto seguido se la echó al gaznate.

Ante la sospecha de que aquella agua hubiera ocasionado la muerte de los seis niños, rechacé la bebida, con el pretexto de que acababa de beber en el barco. Josephine me lanzó una mirada. Yo sabía que ella jamás mentiría, aunque le costara la pena de muerte. Aceptó la bebida con una sonrisa y le pidió a Isabel que nos enseñara la casa. Cuando Isabel se dio la vuelta para entrar, Josephine vació su vaso en el suelo.

La casa del Senhor Pedro e Isabel era la única de Samauma con un tejado de hojalata galvanizado. Las otras diez o doce casas tenían tejados de hojas de palmera y eran mucho más pequeñas. Como otros terratenientes del Amazonas, el Senhor Pedro había conseguido una cierta prosperidad en comparación con sus vecinos, que eran campesinos sin tierra y necesitaban permiso para alquilar o construir. Que el dueño de la tierra viviera en la comunidad parecía ser la opción preferida por los ribeirinhos, ya que el propietario creaba y mantenía con su presencia una buena vida comunitaria, ya que participaba en ella. El Senhor Pedro e Isabel eran un claro ejemplo de ello. La invitación que nos hicieron, trajo la atención sanitaria y otros beneficios no solo a ellos, sino a toda la comunidad.

Al día siguiente nos despedimos de Afonso. Él y los tres hijos mayores del Senhor Pedro, Claudio, Adalcír y João, se fueron remando en dos pequeñas canoas por el Purús hacia un pequeño afluente, en busca de un sendero. Desde allí ayudarían a Afonso a llevar su equipo hasta el poblado de los jarawara.

Solo conocimos a unas pocas familias. Las comunidades eran pequeñas y estaban muy aisladas, así que Josephine y yo nos devanamos los sesos intentando imaginar cómo ocuparíamos nuestro tiempo y nos mantendríamos ocupados en caso de mudarnos allí.

Avanzada la tarde, llegó un fraile católico, que había acordado previamente quedarse a pasar la noche en Samauma. Le preguntamos si podíamos volver con él a Lábrea, a lo cual accedió. Al día siguiente nos despedimos de nuestros anfitriones y subimos al pequeño pero ordenado barco fluvial del fraile. Se pasó todo el día contándonos que había ido a Lábrea desde España como misionero hacía décadas, y nos describió cómo eran las cosas allí por entonces. También nos habló con gran orgullo de la manera en que su país, España, y también Italia, Irlanda y Malta, preparaban y exportaban sacerdotes a todo el mundo. Nos dijo que la Iglesia Católica exportaba ahora sacerdotes nigerianos, indios, vietnamitas y filipinos como misioneros a Estados Unidos y Australia.

Nunca había pensado en los misioneros en términos de *exportación*, como él dijo. Nosotros habíamos ido a Brasil después de buscar y escuchar a Dios, y habíamos recaudado nuestro propio sustento para poder llegar y quedarnos. Me llamó la atención cuán diferente era el modelo de misiones basado en la fe, en comparación con lo que el fraile nos estaba contando.

VEINTICUATRO

NO CONTRA SANGRE Y CARNE

De regreso en Manaos nos reencontramos con nuestras niñas, Sasha, de dos años y medio, y Chloe, de año y medio. Unas semanas después de nuestra visita a Lábrea, mientras yo jugaba con nuestras niñas en el patio, Josephine estaba quitando la ropa seca del tendedero cuando de repente notó que tenía un sangrado. Rápidamente, me pidió que oráramos. Los cuatro pedimos a Dios que el embarazo pudiera continuar y que protegiera la vida del pequeño bebé que estaba «en la barriguita de mamá». Tras la oración, Josephine fue a nuestro dormitorio a tumbarse y yo llamé al médico. Este le dijo a Josephine que guardara reposo en cama durante una semana y le desaconsejó que viajara, especialmente a Samauma, ya que ello podría poner en peligro aún más su embarazo.

Yo sabía que la construcción de un barco llevaba su tiempo y, como teníamos en el banco un dinero reservado para ese propósito, decidí volver a Lábrea solo e iniciar el proceso. Sin embargo, antes de mi partida, Josephine se puso enferma con fiebre alta. Debido a su embarazo, el médico pidió una ecografía. Fue emocionante escuchar por primera vez el latido del corazón de nuestro bebé.

El técnico de la ecografía dijo que el médico necesitaba hablar con nosotros, así que esperamos diez minutos hasta que se presentó.

—La ecografía revela dos cosas —dijo mientras suspiraba profundamente—. La primera es que Josephine está embarazada de gemelos.

Escuchar esa noticia nos dejó boquiabiertos y con los ojos como platos. Inmediatamente el rostro de Josephine se iluminó de gozo; siempre había soñado con tener gemelos.

—Pero esperen —dijo el médico mirando con gravedad a Josephine—, aunque uno de los gemelos parece estar fuerte y saludable, siento informarle de que el otro gemelo ha muerto.

En dos frases, pasamos del júbilo a la devastación; estábamos turbados.

—Lo siento, pero, si Dios quiere, en unos seis meses nacerá un niño sano.

No había necesidad de operar. El gemelo había muerto con menos de diez semanas y era tan pequeño que sería absorbido por el desarrollo del bebé saludable. Salimos de allí lamentando la pérdida del pequeñín al que nunca conoceríamos en esta tierra. Sin embargo, tras considerar cómo había respondido Dios a nuestras oraciones, impidiendo el aborto espontaneo y protegiendo la vida de uno de los niños, pronto pasamos a dar gracias por el pequeño bebé victorioso que aún vivía en el vientre.

Cuando al fin pude partir, viajé primero hasta la sede de los Traductores Bíblicos Wycliffe, en Porto Velho, donde me reuní con Sandra, la misionera a los jarawara, y desde allí volamos a Lábrea. En el puerto, nadie sabía de ningún barco que ese día o el siguiente remontara el río hasta tan lejos como Samauma. Gracias a ese retraso pude reunirme con el constructor de barcos que, por casualidad, se encontraba en la ciudad. Me dijo que la crecida de los ríos se estaba retirando, así que si quería que el casco del barco estuviera listo aquel año tenía que dar la orden ya de traer flotando los árboles desde la selva. Así pues, firmamos un contrato y le entregué 1.500 dólares en depósito para conseguir la madera.

Al tercer día en Lábrea, Sandra y yo recorrimos de nuevo el puerto en busca de alguien que fuera río arriba, pero no lo encontramos. Empecé a sentirme enfermo, así que decidí volver a mi habitación en la misión holandesa. Como treinta horas más tarde Sandra vino a ver cómo estaba. Se sorprendió al saber que apenas me había levantado de la cama en todo ese tiempo. Tras observarme un momento, dijo:

—Creo que deberías ir al hospital.

—¿Por qué dices eso?

—Mírate en el espejo.

Para mi sorpresa, mi piel y el blanco de mis ojos estaban amarillos. En el hospital de Lábrea me diagnosticaron hepatitis y me remitieron al *Instituto de Medicina Tropical do Amazonas*, junto con un pase prioritario para el siguiente vuelo fuera de la ciudad.

Al día siguiente, en Manaos, un especialista en medicina tropical examinó mi historial médico. Le dije que me habían diagnosticado hepatitis en Lábrea.

—Oh, me temo que no son buenas noticias —respondió.

—¿Y eso por qué?

—¿No ha oído usted hablar de la fiebre de Lábrea?

—No —respondí con temor en la voz.

—Es una complicación de la hepatitis y produce la muerte a las veinticuatro horas. —Al ver que me ponía pálido, añadió—: No se preocupe. Supongo que si la tuviera ya estaría usted muerto.

Tenía hepatitis A y se me ordenó una dieta estricta y que guardara cama el resto del mes de mayo. Los amigos que tenía en la zona recogieron las hojas de una planta especial y me prepararon un remedio casero muy eficaz que contribuyó a que me recuperara rápidamente, lo que causó el asombro del médico.

No obstante, la humedad acumulada durante los siete meses de estación de lluvias había transformado nuestros pulmones en un caldo de cultivo para las bacterias, por lo que Josephine y yo caímos enfermos al mismo tiempo con una infección en el pecho. Durante tres días, apenas pudimos levantarnos de la cama y nos poníamos el uno al otro unas inyecciones. Nos desanimamos tanto que empezamos a considerar la posibilidad de marcharnos de Brasil.

Un día, cuando ya nos sentíamos mejor, Reinaldo y Bráulia vinieron a visitarnos. Tuvimos una agradable charla de sobremesa que se transformó en una sería conversación sobre asuntos espirituales. Bráulia, a la que no le gustaba perder el tiempo con nimiedades, fue directa al grano:

—¿Cómo podéis justificar vivir en esta casa, situada en un vecindario tan bonito, mientras el resto de la familia de JUCUM vive en tiendas de campaña en el terreno de la base y casi no tiene con qué alimentarse? El contraste es grotesco.

La forma de hablar de Bráulia solía tener siempre un tono beligerante. Quizá fuera por su educación marxista. En cualquier caso, lo cierto es que su intelecto afilado solía acertar en el blanco, y en este caso no fue una excepción.

—Tienes razón, existe un fuerte contraste, pero la base de Manaos es un terreno vacío, sin agua corriente, electricidad o teléfono —dije.

Reinaldo añadió sin rodeos:

—Ningún miembro de JUCUM Brasil vive fuera de su base.

—¿Estás sugiriendo que deberíamos irnos a vivir con dos niños pequeños a una tienda de campaña? —preguntó Josephine.

—Mario y Jaçiara lo han hecho. Los directores de JUCUM Manaos viven en una tienda de campaña, mientras que ustedes, que son parte de su equipo, viven en esta preciosa casa —replicó Reinaldo.

—Bueno, ellos no tienen dos niños pequeños —afirmó Josephine.

Reinaldo no tardó ni un segundo en responder.

Los fundadores de JUCUM, Loren y Darlene Cunningham, tenían dos niños pequeños cuando se mudaron a un hotel abandonado de Hawái para fundar la Universidad de las Naciones.

Hubo una larga pausa. El año anterior pensamos que nuestros colegas brasileños se habían sentido ofendidos por nuestra decisión de dedicar un año al aprendizaje del idioma, pero entonces nos dimos cuenta de que el mayor punto de fricción tenía que ver con una cuestión económica. Al usar el importe de nuestra herencia en la compra de un automóvil y una casa pensamos que estábamos haciendo el sacrificio de invertirlo todo en Brasil. Sin embargo, los brasileños lo veían justo al revés; lo consideraban una forma de evitarnos incomodidades.

—Para ser misionero uno debe asumir sacrificios —dijo Bráulia—. Jim y Pat Stier, los fundadores de JUCUM Brasil, no buscaron el confort de una casa propia fuera de la base de la organización. Tampoco lo hicieron así Gerson y Elisa, los fundadores de JUCUM Amazonas. Ambas familias se sacrificaron. Nosotros nos sacrificamos. Ustedes necesitan demostrar su compromiso con la familia de JUCUM y sacrificarse también.

—Bien, pues no vamos a sacrificar a nuestros hijos —dijo Jose-phine con firmeza—. Su seguridad es nuestra responsabilidad, no la de ustedes ni la de nadie más. No vamos a mudarnos a la ribera del río, donde nuestros hijos correrían el riesgo de ahogarse.

Josephine me miró en busca de apoyo. Su mirada implicaba algo así como un: *¿Y tú, por qué no dices nada?*

—Queridos Bráulia y Reinaldo —empecé a decir lentamente—, admiramos con sinceridad los grandes sacrificios que han hecho para vivir entre los suruwahá.

—Y también admiramos a Loren y Darlene, a Jim y a Pam, y a todos aquellos que han hecho sacrificios para poder levantar JU-CUM —añadió Josephine.

—También admiramos el sacrificio de los miembros del equipo de JUCUM que viven en tiendas de campaña sobre el terreno de la base —dije yo—, pero... «obedecer es mejor que los sacrificios», eso es lo que dice la Biblia. Vivimos en esta casa en obediencia, porque el Señor nos dijo en oración que la compráramos. Los sacrificios son importantes, y la igualdad entre todos los miembros de la familia, pero yo diría que vivir en obediencia y en el temor del Señor es in-cluso más importante.

—Tomamos nota, pero quizá haya llegado el momento de vender esta casa y ser parte en mayor medida de la familia —dijo Bráulia.

Entonces, en un tono de voz conciliador, Reinaldo añadió:

—Honestamente, solo tratamos de ayudarlos. Da una imagen pésima que ustedes vivan en el confort de esta casa, mientras los demás miembros del equipo de JUCUM viven en la pobreza e inco-modidad de la ribera del río.

—De acuerdo, nos hemos dado cuenta. Gracias por avisarnos, apreciamos que sean sinceros con nosotros. Oraremos para ver si el Señor nos dirige a vender esta casa y mudarnos al terreno de JU-CUM —dije yo.

—Estupendo. La oración es un buen comienzo —dijo Reinaldo para concluir la cuestión.

—En realidad, lo que hemos estado considerando en oración es la posibilidad de mudarnos al interior —dijo Josephine.

—¿De verdad? Eso sería fantástico —nos animó Bráulia.

Compartí con ellos que había encargado la construcción del casco de un barco en Lábrea y les conté acerca de nuestra visita a la comunidad de Samauma y nuestra intención de mudarnos allí.

—Espero que comprendan que vivir aquí es algo a corto plazo, y que tener una casa bonita o un buen estilo de vida no fue nuestra meta ni lo que nos movió a mudarnos al Amazonas —explicó Josephine.

—Ahora nos damos cuenta —reconoció Reinaldo.

—Pero necesito recordarles que, sea justo o injusto, lo cierto es que deberán esforzarse para recuperar la confianza de JUCUM Manaos. No olviden que, como familia, somos su carne y su sangre —concluyó Bráulia.

VEINTICINCO

TIEMPO DE SERVICIO

Éramos conscientes de que no podíamos mudarnos al interior hasta que Josephine hubiera dado a luz al bebé. Además de batallar contra el desánimo, no teníamos ni idea de qué hacer a continuación. Pensar en el resto del año era como poner la mente en blanco. Fue entonces cuando Reinaldo y Bráulia nos sorprendieron con otra visita. Tras nuestra última conversación teníamos dudas acerca de sus intenciones, pero disiparon nuestros temores con una petición asombrosa:

—Nos gustaría que orasen sobre la posibilidad de colaborar con nosotros en el ministerio entre las tribus —dijo Reinaldo.

—¿En serio? —respondió Josephine con evidente sorpresa.

—Pensamos que su llamado a ministrar a los ribeirinhos encaja mejor con el ministerio entre las tribus que con JUCUM Manaos —dijo Bráulia—, pero hasta tener claro cuándo deberían mudarse al interior, podrían seguir sirviendo aquí, como miembros del equipo de JUCUM Manaos. Oren al respecto.

La invitación de Reinaldo y Bráulia nos transmitió tanta aceptación que nuestro desánimo se desvaneció y una nueva esperanza nació dentro de nosotros. Tras algunos días de oración, Dios nos confirmó que debíamos unirnos al ministerio entre las tribus y trabajar bajo el liderazgo de Reinaldo y Bráulia. Mientras orábamos sobre qué hacer el resto del año sentí que debíamos seguir sirviendo en Manaos. Josephine sintió más específicamente que debíamos realizar «trabajo preparatorio». Entonces me vino a la mente el pensamiento de «prepárate a ti mismo». Siempre es bueno escuchar la

dirección de Dios, pero en aquel momento no sabíamos qué significaban aquellas dos frases para nosotros.

Un día, mientras estaba en la base de JUCUM conversando con
Mario sobre finanzas, me dijo que había decidido gastar en una camioneta los 6.000 dólares que teníamos en el banco. Le sugerí firmemente que solo gastara 3.000 dólares en la camioneta, de manera
que pudiéramos dedicar los otros 3.000 a allanar el terreno.

—¿Para qué necesitamos allanarlo?

—Para preparar el terreno conforme a lo previsto en el plan
maestro.

Me miró como si estuviera loco, claramente sin conseguir entender lo que le estaba sugiriendo.

—Mira el terreno, Mario —le dije señalando específicamente los
cientos de tocones de árboles diseminados por la superficie—. Un
bulldozer podría retirarlos con facilidad. También podría realizar
una carretera perimetral en la parte trasera del terreno y un camino
con una suave pendiente que condujera al río desde la entrada a la
parcela. Además, podría crear un tercer camino interior de acceso a
los edificios.

—Podría aplanar el terreno para hacer un campo de fútbol en el
centro —dijo Mario.

—Un campo de fútbol perfectamente nivelado, sin tocones. Podríamos desplazar la tierra sobrante a la parte delantera del terreno
y crear una nueva zona edificable con vistas al río.

—Ese sería un sitio estupendo donde construir una casa —dijo
Mario.

Estaba seguro de que Mario podía ver lo que le decía.

—Sí, allanar el terreno es una buena idea. ¿Por qué no te ocupas
del tema?

—Ya lo he hecho —dije para asombro de Mario—. Hay un
bulldozer trabajando cerca que estará disponible a finales de esta
semana.

Sin embargo, en lugar de dar su conformidad, Mario se echó
para tras de repente.

—No voy a conseguir una buena camioneta por solo 3.000
dólares.

—Quizá no —replique—, pero si queremos preparar el terreno con nuestras propias manos y con palas, necesitaremos unos tres años de trabajo duro para tenerlo terminado. En cambio, si alquilamos el bulldozer, en solo tres días dejaremos todo el terreno limpio, llano y listo para construir.

Mario estuvo de acuerdo en que allanar el terreno era lo más inteligente, así que me pidió que lo llevara a cabo. Después, tras hablarlo un poco más, me pidió que dirigiera también la urbanización del terreno y que cuidara del *São Mateus*.

—De acuerdo, lo pondré todo en oración.

De vuelta a casa compartí con Josephine mi conversación con Mario. Inmediatamente comento:

—Si diriges la urbanización del terreno estarás, literalmente, encargándote del «trabajo preparatorio».

—Vaya, es verdad.

—Hacer el «trabajo preparatorio» significaba llevar a cabo el proyecto de urbanización del terreno de Manaos —dijo Josephine.

—Tiene sentido. Me apetece mucho encargarme de ello.

—¿Y qué pasa con lo de «prepárate a ti mismo»? ¿Qué crees que quiere decir? —preguntó Josephine.

—Bueno, responsabilizarnos del *São Mateus* es como prepararnos para iniciar el ministerio entre la gente del río que vive cerca de la base de Manaos.

Aunque Dios nos había hablado, no comprendimos realmente lo que quería decirnos hasta que no se dieron todas aquellas circunstancias.

A la semana siguiente, el bulldozer hizo un extraordinario trabajo y Mario compró una camioneta no tan buena como él quería. El encargo de llevar a cabo la urbanización del terreno y la responsabilidad sobre el *São Mateus* hicieron que mi motivación aumentara drásticamente. También mejoró mucho mi vida de oración. Un día se me ocurrió utilizar nuestro boletín informativo, para buscar constructores que quisieran dejar el gélido invierno de Minesota y venir a construir la base de JUCUM. Josephine pensó que era una buena idea, pero después de ponerlo en oración sintió que debíamos ir a Estados Unidos a reclutar gente y pedirle por fe a Dios que nos dieran seis equipos. A Mario y Jaçiara les encantó la idea. Parecía algo atrevida, pero también factible.

El 24 de septiembre, tras el culto dominical, fuimos a almorzar a un buen hotel con una gran piscina en la que a Sasha y a Chloe les encantaba nadar. Sin embargo, a mediodía, Josephine empezó a tener dolores de parto, así que pusimos fin a nuestro tiempo de natación y nos dirigimos al hospital. Poco después de medianoche había nacido una niña fuerte y vivaz. Las enfermeras brasileñas la apodaron «tomatito», porque su piel era de un rojo cereza y resplandecía de vitalidad. La llamamos Alexandra Victoria, por su supervivencia victoriosa en el vientre de su madre.

Solo una semana después del nacimiento de Alexandra, Mario y yo volamos a São Paulo. Una iglesia coreana había decidido donar a JUCUM Manaos una furgoneta VW. Fue un maravilloso regalo del Señor, sobre todo después del sacrificio de Mario, que no había podido comprar una camioneta todo lo buena que él hubiera querido. Desde São Paulo, condujimos junto con dos pastores coreanos hasta Brasilia para obtener el pasaporte de Alexandra y el visado de entrada de Josephine en Estados Unidos, con vistas a nuestro viaje de reclutamiento. Allí recogimos a Jaçiara, que acababa de llegar procedente de Manaos, ya que ella y Mario tenían que presentarse en la embajada estadounidense para ser entrevistados. Tras la entrevista, pasamos la noche en un hostal para mochileros, donde esperamos y oramos. Al día siguiente, al ser ciudadano estadounidense pude entrar en la embajada mucho más rápido que los demás, así que recogí los pasaportes y volví a la furgoneta.

—He conseguido el visado —dijo Mario.

—¡Yo también! —exclamó Jaçiara con júbilo.

Habíamos temido que la embajada pudiera denegarle a Jaçiara el visado, así que estábamos muy contentos. Ambos obtuvieron visados de seis meses, así que podrían quedarse a estudiar inglés cuando acabara el programa de reclutamiento. Mientras contemplaba en el pasaporte la hermosa foto de bebé de una semana de mi hija Alexandra, la furgoneta VW arrancó y nos alejamos de la embajada. Entonces abrí el pasaporte de Josephine. Me habían devuelto el formulario del visado con un sello rojo que decía: DENEGADO.

—¡Le han denegado el visado a Josephine! —exclamé.

—¡¿Qué?! —exclamaron Mario y Jaçiara al unísono.

—¡Da la vuelta! —grité, primero en portugués y luego en inglés, al pastor coreano que conducía la furgoneta, pero no me entendió.

Mario, Jaçiara y yo gesticulamos salvajemente hasta que el pastor coreano comprendió lo que queríamos.

De regreso en la embajada, dije:

—Soy un ciudadano estadounidense. ¿Cómo es posible que nieguen a mi esposa el derecho a visitar a su familia en Estados Unidos?

—Su esposa lleva fuera de Estados Unidos más de dos años, así que su tarjeta de residencia permanente ha expirado. Por lo tanto, tiene que volver a solicitar la residencia en Estados Unidos —me explicó el agente consular.

—Eso tarda meses, cuesta miles de dólares y no tiene sentido. Ya no residimos en Estados Unidos, ni planeamos residir allí. Solo vamos a presentar nuestro nuevo bebé a sus abuelos.

—Me limito a explicarle la forma de hacer las cosas. Aquí tiene el formulario para el visado de residencia en Estados Unidos. Su esposa necesita viajar a Río para mantener una entrevista y hacerse exámenes médicos.

—Quédese con el formulario. Me gustaría hablar con su superior.

—Mi superior es el cónsul de Estados Unidos, y él solo habla con aquellos que presentan un recurso de apelación a una de sus decisiones. Así que rellene este otro formulario y escriba en la parte superior: «Apelación».

Rellené otro formulario de solicitud de visado y se lo entregué.

—¿Dónde está la documentación adicional? No tiene sentido registrar una apelación con la misma información que usted nos entregó anteriormente.

—Claro. Gracias por el consejo. Deme su número de fax y esta noche le enviaré la información adicional.

Esa misma noche John Tanner y la Iglesia Baustista Parkside enviaron por fax desde Australia cartas de apoyo, y mis padres y el pastor de la Iglesia Luterana del Redentor en Minesota hicieron lo mismo. En Manaos, Josephine localizó el título de propiedad de nuestro automóvil, el de nuestra casa y la documentación oficial explicativa que le habían entregado al recibir su antiguo permiso de residencia, y los envió también por fax al consulado.

Al día siguiente me reuní con el cónsul de Estados Unidos. Era un estadounidense bajito, de mediana edad y con un leve sobrepeso, y se parecía a un peluquero que me cortaba el pelo cuando era niño. Nos sentamos en una pequeña habitación, justo al lado de la zona de espera de la sección de visados. El cónsul puso mi documentación sobre una mesa pequeña, con mi formulario de apelación justo encima. Ceremoniosamente, abrió una cajita que contenía dos tampones de goma rectangulares, uno con un mango verde y otro con el mango rojo.

—He recibido cartas de apoyo de Australia y de Estados Unidos. Su pastor de Minesota le describe como el apóstol Pablo del Amazonas.

—Creo que sería mejor olvidar esa descripción, es demasiado generosa; digamos que es decididamente «evange-elástica».

—¡Ja, ja! ¡Decididamente evange-elástica! —El cónsul soltó una gran carcajada y repitió la frase—. Vaya, hombre, esa sí que es buena, y creía que ya lo había escuchado todo.

Cuando terminamos de reír, dijo:

—Desafortunadamente, la política del gobierno estadounidense es «una vez se concede un permiso de residencia, siempre se necesita un permiso de residencia».

—¿Puedo preguntarle si ha leído los documentos explicativos del permiso de residencia que mi mujer le ha enviado por fax?

—Oh, sí. Los he visto cientos de veces.

—Perdóneme, pero me gustaría señalar que no hay una sola declaración acerca de una política del gobierno estadounidense, ni hay ninguna otra declaración en el sentido de que haya que retener para siempre la residencia en Estados Unidos para poder tener el derecho a entrar en el país. De hecho, la sección que explica el deber de entregar la tarjeta de residencia si uno ya no reside legalmente en Estados Unidos comunica lo opuesto a la presunta política del gobierno.

—No me había dado cuenta de eso —dijo el cónsul, mientras revisaba los documentos explicativos.

—La documentación que le hemos proporcionado muestra inequívocamente que residimos en Brasil. También hemos comprado pasajes de regreso a Brasil. Por favor, haga una excepción a dicha política en nuestro caso. Yo sé que usted tiene poder para hacerla, como cónsul de Estados Unidos.

—Sabe usted —dijo el cónsul—, conozco personalmente la labor de JUCUM. Yo era cónsul en Atenas, Grecia, cuando Don Stephens y Alan Williams, de Naves de Esperanza, fueron acusados de proselitismo y procesados por el gobierno griego. La embajada de Estados Unidos los apoyó en su batalla legal.

—Eso es estupendo. Uno de los barcos de la flota de Naves de Esperanza ya ha estado en el Amazonas dos veces en los últimos dos años.

—Me alegra saberlo. Siento una gran admiración por Don y Alan, ya que fueron capaces de arriesgar su libertad por cambiar una ley injusta. No obstante, yo no tengo la autoridad para cambiar una política del gobierno estadounidense.

Al escuchar esas palabras, mi esperanza se desvaneció.

—Pero, como usted dice, tengo el poder para hacer una excepción.

Dicho eso, tomó el sello con el mango verde y estampó la palabra APROBADO.

Unas semanas después pudimos viajar a Estados Unidos. Armados con nuestro plan maestro a todo color y un audaz desafío, conseguimos comprometer no a seis equipos, sino a ocho. Como Mario y Jaçiara se quedaron en Estados Unidos para aprender inglés, nos incumbió la responsabilidad de recibir y hospedar a los ocho equipos, y de supervisar la urbanización del terreno de JUCUM durante el resto del año.

El primer equipo estuvo formado por dos parejas que empezaron por levantar un plano del terreno, después situaron y verificaron la localización de los futuros edificios. El segundo equipo tenía entre sus miembros a un celador de líneas de alta tensión, que pudo llevar la electricidad desde la carretera principal a todas las ubicaciones del terreno. El tercer equipo y el cuarto construyeron cuartos de baño para mujeres y para hombres, así como una fosa séptica. También echaron los cimientos del depósito de agua que se alimentaría con el pozo que habíamos excavado. Al llegar abril, la base tenía electricidad, agua corriente y saneamiento.

Durante este período, el propietario de un terreno contiguo ofreció a JUCUM el uso de su cabaña de troncos a cambio de mantener segada la hierba de su propiedad. Ya habíamos empezado a construir una casa sencilla en la base con nuestros propios recursos económicos, de forma que pudiéramos vender nuestra casa en la ciudad. Pero la construcción iba muy lenta. Hasta el momento lo único que había era una gran habitación, que ya se usaba como sala de clases para la EDE. A pesar de que la cabaña de troncos estaba tan infestada de termitas que la pared trasera, que daba a la selva, tenía agujeros, vi en ella potencial para nosotros como familia. Considerando que nuestra casa había cumplido ya su propósito de ayudar a establecernos en el país y que aprendiéramos el idioma, sentimos que había llegado el momento de ponerla en venta. La vendimos inmediatamente, a pesar del precio de salida ridículamente alto que le pusimos. Gracias a ello recuperamos el dinero que habíamos invertido en la casa, más todo el dinero que habíamos perdido durante la crisis financiera global.

Al llegar mayo nos mudamos de nuestra casa en la ciudad a la cabaña de madera contigua al terreno de JUCUM. Antes de instalarnos, apuntalamos las vigas principales para asegurar que la cabaña no se desplomara sobre nosotros, y tapamos con grandes armarios roperos de madera los dos agujeros de la pared posterior. La primera noche, antes de irnos a dormir, vi como salía un gran escorpión negro de un agujero hecho por las termitas, así que decidí inspeccionar cada uno de los agujeros con un martillo y un formón de madera. Como resultado, maté seis grandes escorpiones negros en una hora, mientras Josephine leía cuentos a Sasha, Chloe y Alexandra. Para mantener a los escorpiones lejos de nuestras camas, las movimos al centro de las habitaciones y fijamos firmemente los extremos de las mosquiteras bajo los colchones.

Con el dinero que obtuvimos de la venta de nuestra casa, compré una Toyota Land Cruiser. En un primer momento la camioneta sería útil en la base de Manaos, pero más tarde la usaríamos para nuestro trabajo en Lábrea. Durante al menos cinco meses al año, nos iba a permitir realizar el trayecto de ida y vuelta a Lábrea por carretera, gracias a que la ciudad estaba conectada con Porto Velho por el último tramo de la carretera transamazónica. También decidí comprar la lancha a motor de un misionero que regresaba a casa. Ocasionalmente me sirvió para llevar a la familia y a los amigos a hacer esquí acuático frente a la base misionera, pero su verdadero propósito era servirnos en nuestra futura obra en el interior de la selva. La lancha nos sería útil para trasladar rápidamente a cualquiera que se hubiera puesto seriamente enfermo o estuviera herido, ya que la ciudad estaba muy lejos de cualquier hospital.

Nueve meses después, el trabajo preparatorio de urbanización del terreno frente al río había concluido conforme a lo establecido en el plan maestro: cientos de tocones fueron retirados, los caminos fueron allanados, había electricidad, un pozo, un depósito de agua que daba servicio a todos los edificios, y se había terminado un gran dormitorio y echado los cimientos para construir otro. Varios edificios temporales se levantaron en una fila de plataformas de construcción en terrazas. La escuela de los niños ribeirinhos estaba llena y funcionando, en medio del terreno había un campo de fútbol perfectamente nivelado, y Mario y Jaçiara, que ya habían regresado de Estados Unidos, empezaron a construirse para ellos una casa en la nueva zona que miraba hacia el río.

Se habían cumplido las dos palabras de Dios para nosotros en cuanto al ministerio: prepararnos nosotros mismos y realizar el trabajo preparatorio. También sentimos que había llegado el momento de iniciar una nueva fase de nuestro ministerio.

QUINTA PARTE

SENTIR EL CALOR

Pues aunque andamos en la carne, no militamos según la carne.

2 Corintios 10:3

VEINTISEIS

UN BARCO Y UNA CASA EN LA SELVA

El Señor estaba ampliando el alcance de los ministerios de JUCUM Amazonas a través de su expansión y de la efectividad en el servicio. Reinaldo y Bráulia no solo dirigían los ministerios entre las tribus, sino también la nueva base de JUCUM en Porto Velho y sus escuelas de entrenamiento. Cuando Suzuki y Márcia, que acababan de casarse, volvieron a Porto Velho, Reinaldo y Bráulia les pidieron que asumieran la responsabilidad de la obra entre los suruwahá y del barco utilizado para ello, al que habían rebautizado como *Abí*. Un fin de semana de septiembre que pasé en Porto Velho, en compañía del equipo de liderazgo de los ministerios entre las tribus, me permitió conocer mucho mejor a Suzuki y a Márcia. En una de nuestras conversaciones me comentaron que no querían ir y venir del poblado de los suruwahá en barco, porque el tiempo y el coste necesarios eran mayores que lo que suponía fletar la avioneta de los Traductores Bíblicos Wycliffe. Desde Porto Velho podían ir y volver volando hasta el poblado de los indios Dení, y luego descender en canoa el río Cunhuá y remontar el Coxodoá, un arroyo situado en territorio suruwahá. Incluso en la temporada seca, una canoa con un motor fuera de borda de cola larga, típico de la región (en realidad, un motor de segadora con una hélice añadida al final del largo eje), podía llevarlos hasta un punto situado a medio camino del sendero que conducía a los suruwahá.

Su plan era construirse una casa en la margen del Coxodoá, a medio camino del sendero. Nos explicaron que una casa les permitiría desplazarse hasta el poblado suruwahá de manera más fácil y regular, y que la posibilidad de retirarse periódicamente a su propia casa en la selva, lejos de la intensidad e incomodidades de la vida en la maloca, les ayudaría a avanzar en su trabajo lingüístico.

—¿Así que propones llevar hasta allí los materiales necesarios para construir una casa? —pregunté.

—No lo sabemos todavía —dijo Suzuki—. Quizá podría ayudarnos un equipo de una Escuela de Discipulado y Entrenamiento (EDE).

Ninguno de mis amigos de Minesota había venido todavía a ayudarnos a construir la base de Manaos, así que puse otra invitación en nuestro boletín de noticias para animarles a venir al Amazonas con el fin de ayudar a construir la casa en la selva para Suzuki y Márcia. Casi inmediatamente, Jon y Denise Lundberg, una joven pareja de mi iglesia, respondieron a la petición. Podían venir en tan solo tres meses y quedarse de enero a abril. Rápidamente compartí la noticia con Suzuki y Márcia, y Reinaldo y Bráulia.

Josephine y yo hablamos y oramos sobre la construcción de la casa en la selva. Paradójicamente, tras cuatro años esperando para plantar iglesias entre la gente del río, de repente sentí que todo iba demasiado rápido, ya que significaba partir en tan solo unos meses. En Lábrea, la construcción del casco del barco todavía no había comenzado. Mientras tanto, en Manaos, dirigíamos la EDE y atendíamos a las exigencias diarias de vivir en una simple cabaña de troncos con tres niños menores de cuatro años. Nuestra vida era todo lo ajetreada y exigente que podíamos soportar.

Un día recibimos una llamada de Márcia:

—Hola, Kaio, tenemos muy buenas noticias —dijo ella.

—¿De qué se trata?

—Daniel, Fátima y el equipo de tres chicos que buscan a la tribu Arimadi han aceptado venir en febrero y marzo a ayudarnos con la edificación. Si tú, Josephine y tu amigo constructor y su esposa pupudieran venir, nos juntaríamos un equipo de once personas.

—No te olvides de mis tres hijas...

—¡Un equipo de catorce, todavía mejor!

—El *Abí* no puede transportar a catorce personas, así que probablemente deberías preguntar a Mario si podemos utilizar el *São Mateus* —sugerí.

—Oh, hablando del *Abí* —añadió Márcia—, Suzuki y yo lo hemos hablado con Reinaldo y Bráulia y han decidido que te lo quedes.

—¿Que me quede el qué?

—El barco, el *Abí*. Si tenemos la casa en la selva ya no vamos a necesitarlo para ir y venir. Como los ministerios entre las tribus tienen ahora una base en Porto Velho, Reinaldo dijo que el *Abí* les sería más útil a ustedes en Lábrea, en lugar de permanecer atracado tan lejos, en Manaos.

Me sentía aturdido pensando en todo lo que implicaba aquello.

—Esto lo cambia todo.

—¿Qué es lo que cambia? —preguntó Márcia, sorprendida.

—Lo que quiero decir es que es un gran regalo. ¡El barco costó 6.000 dólares!

—En realidad costó 7.500 dólares —nos aclaró Márcia—. Naves de misericordia donó 6.000 dólares, y Reinaldo y Bráulia pusieron 1.500 dólares de su propio dinero.

Me sentía contrito y humillado. En mi corazón, había tenido una actitud crítica hacia Reinaldo en relación con el dinero, sin embargo me estaba dando el *Abí* en lugar de vendérmelo, aunque sabía que yo tenía dinero en el banco. Los 6.000 dólares que compartí a regañadientes para comprar cuatro barcos con sus correspondientes motores me habían sido devueltos en un instante. Es cierto, en cuestión de generosidad no se puede superar a Dios.

—Márcia, eso es fantástico. Por favor, transmite a Reinaldo y Bráulia nuestro gran agradecimiento.

—Lo haré.

—Y gracias también a ti, Márcia.

—No hay de qué, Kaio.

—Esto confirma rápidamente algo.

—¿El qué?

—¡Que debemos ayudarte a construir la casa en la selva!

—Vaya, eso es estupendo.

Tras colgar el teléfono, mis pensamientos volvieron al sendero, la caminata, la maloca y la tribu suruwahá. Jamás pensé que volvería allí, y mucho menos con mi familia y en mi propio barco fluvial.

Reinaldo y Bráulia también nos llamaron y nos dieron otra inyección de ánimo al invitarnos a compartir la base de Porto Velho con ellos. Su propuesta nos pareció muy sabia, ya que así estaríamos mucho más cerca de Lábrea que en Manaos. Gracias a un amigo cristiano pudimos cargar gratis nuestras pertenencias, incluso la camioneta, en una barcaza comercial, pero eso representaba tener que partir en pocos días. En ocasiones, el nivel del agua del río Madeira descendía demasiado a la altura de Porto Velho, impidiendo la navegación desde mediados de octubre hasta Navidad, así que era posible que no pudiéramos volver hasta el año que viene.

A toda prisa, clasificamos y empaquetamos todo lo que teníamos que llevarnos a Porto Velho y lo separamos de lo que se quedaba en Manaos. Después, un par de camiones llevaron a tiempo todas nuestras cosas a la barcaza. Al llegar al puerto, vimos dos barcazas en cuya parte superior se apilaban los sacos de cemento como pequeñas montañas. Ambas estaban amarradas entre sí, y habían sido arrastradas hasta allí por un remolcador de tres cubiertas tremendamente potente. El espacio interior de carga de las barcazas se había vaciado, por lo que había mucho sitio para almacenar nuestros muebles y pertenencias personales. No obstante, nuestro congelador, el frigorífico y la camioneta no cabían bajo cubierta, aunque conseguimos ponerlos en el pequeño espacio situado entre las pilas de cemento y la proa de las barcazas.

Durante nuestro tiempo en la base de Manaos, mientras yo me encargaba de la dirección de la EDE, dos personas me sustituyeron en el cuidado del *São Mateus* y el *Abí*. Cuidarlos suponía bombear agua del interior de los cascos de madera cada vez que fuera necesario y llevarlos a aguas más profundas cuando el agua retrocediera. Durante la estación seca, el nivel del agua del Amazonas podía descender muchos metros respecto a la ribera en tan solo un día. En Manaos, la diferencia del nivel de las aguas entre la estación seca y la estación lluviosa era de quince metros (cincuenta pies), pero como el Amazonas tenía muchas decenas de metros de profundidad nunca se volvía tan poco profundo como para impedir la navegación.

Cierta tarde, las dos personas encargadas de ello encontraron dificultades para llevar a aguas más profundas al *Abí*, que se había quedado atorado en el fondo. Como habían dejado la tarea hasta la noche, todos aquellos que podían ayudarlos ya se habían aseado y estaban cenando, así que decidieron esperar a la mañana siguiente para pedir ayuda a los demás. Sin embargo, al amanecer, el *Abí* estaba tan embarrancado que ni siquiera todos los hombres de la base pudieron liberar el barco. Vista la situación, decidí acercarme con el *São Mateus* y usarlo para arrastrar el *Abí*, pero se había quedado sin batería, así que la conecté a un cargador y volví a clase. No obstante, al finalizar la tarde la situación no tenía remedio; el *Abí* se había escorado cuarenta y cinco grados. Sin saber qué hacer, fui conduciendo hasta el constructor que había contratado en su momento para construir en el *Abí* una nueva cabina dormitorio. Este me aconsejó que excavase un canal en el banco del río, que comprara treinta metros (cien pies) de cuerda del grosor de mi muñeca, y que también excavara un agujero de unos dos metros (seis pies) de profundidad en la margen del río.

A la mañana siguiente, el constructor de barcos llegó temprano. Mientras los estudiantes y el equipo cavaban en el banco del río un canal lo suficientemente profundo como para reflotar el *Abí*, el constructor enrolló la cuerda de treinta metros alrededor del casco y la llevó de vuelta a la margen del río. Después fijó perpendicularmente cuatro vigas en forma de cruz alrededor de un tronco que previamente habíamos cortado e introducido en el agujero de dos metros de profundidad excavado en la orilla. Esto permitió que ocho hombres, dos por viga, pudieran tirar simultáneamente de la cuerda. La rueda gigante formada por troncos giraría como un torno. Durante todo el día trabajamos como esclavos egipcios, levantando manualmente el peso increíble del barco mediante herramientas simples de apalancamiento. El *Abí* se alzó centímetro a centímetro hasta enderezarse y deslizarse por el canal. También atamos el *São Mateus* a la popa del *Abí* y lo arrastramos hacia atrás, alejándolo de la playa, hasta que pudo de nuevo flotar libremente. Fue un esfuerzo colosal.

VEINTISIETE

MÁS QUE UN CONTRATIEMPO

Una semana después de reflotar el *Abí* llegó un mensaje de Porto Velho: «Su camioneta ha quedado totalmente fuera de servicio. Póngase en contacto con nosotros lo antes posible». Mi amigo Dave Irving se había ofrecido a sacar nuestras cosas de la barcaza y almacenarlas en la base de Porto Velho. Inmediatamente pensé que había sufrido un grave accidente conduciendo la camioneta de regreso a la base de JUCUM, pero cuando llamé fue Dave quien respondió.

—Siento ser portador de malas noticias, pero tu camioneta ya es historia.

—¿Qué ha ocurrido?

—Está hecha trizas, totalmente aplastada.

—¿Como es posible que haya podido aplastarse en la cubierta de una barcaza?

—El capitán de la barcaza dice que pasaron sobre un gran árbol que flotaba en el río —explicó Dave—. Cuenta que normalmente los árboles flotantes son empujados a un lado o se hunden bajo el casco, debido a la fuerza y peso de la barcaza, pero como el nivel del agua estaba muy bajo, las raíces del árbol golpearon en un banco de arena. Como la barcaza continuó moviéndose, la parte superior del árbol y algunas ramas pesadas golpearon en uno de los laterales de la camioneta, aplastando totalmente la cabina, la caja de carga y la cubierta de fibra de vidrio de la caja.

—No puedo creerlo.

—El capitán tampoco podía creérselo —continuó Dave—. Dice que si no hubieras encadenado tu camioneta a la barcaza, tu vehículo habría salido catapultado al río.

A la mañana siguiente volé a Porto Velho. Infelizmente, todo lo que Dave me había contado era verdad. Sin embargo, de manera sorprendente, la camioneta se podía conducir, ya que el motor y la transmisión estaban intactos. Descargué nuestras pertenencias de la barcaza y las almacené en la base de Porto Velho. Tras averiguar con mi amigo quién había fletado la barcaza, me enteré de que mi camioneta no estaba cubierta por el seguro, porque no se había incluido en el manifiesto de carga. Como yo no tenía un seguro de accidentes, tendría que asumir el coste de la reparación que, sin duda, ascendería a miles de dólares.

De vuelta en Manaos, la fase de enseñanza teórica de la EDE llegó a su fin y los estudiantes salieron a hacer evangelismo. Contraté a un soldador para que construyera una escalera de metal en la popa del *Abí*, y el constructor de barcos local le hizo a nuestra familia unos dormitorios en el techo. A principios de diciembre dejamos la cabaña de troncos de Manaos y volamos hacia Porto Velho a preparar nuestro alojamiento en la base de JUCUM.

Una pareja australiana que había respondido a nuestra invitación de hacer trabajo voluntario en el Amazonas se encontraba ya sirviendo en JUCUM Porto Velho. Keith era mucho más que un mecánico, podía arreglar casi cualquier cosa. Tras echar un vistazo a la camioneta aplastada, me dio una pequeña lista con las herramientas que necesitaba y se puso a trabajar en ella enseguida. Keith la reparó por completo. Solo tuve que pagar el repintado de la camioneta, algo que hizo un profesional de Porto Velho. Al llegar la nochebuena el trabajo había finalizado.

El 26 de diciembre me subí a la camioneta con mi familia para un viaje de casi cinco mil kilómetros (tres mil millas), primero hacia el sur, desde Porto Velho a Brasilia, en el centro de Brasil, y después al nordeste, para llegar a la reunión anual del equipo en Belém. A medio camino, cuando estábamos en Brasilia, nos robaron en la camioneta mientras se encontraba estacionada en un centro comercial. A través de una de las pequeñas ventanas laterales de la cubierta de la caja sacaron la cuna de viaje de Alexandra y una bolsa de viaje con nuestra ropa de vestir. Gracias a Dios, no pudieron sacar las maletas. Este era el tercer deprimente contratiempo que nos sucedía en un trimestre.

Tras la reunión del equipo de JUCUM Amazonas, Reinaldo y Bráulia condujeron nuestra camioneta los cinco mil kilómetros de vuelta hasta Porto Velho. En cambio, nosotros volvimos a Manaos para terminar de preparar el que sería nuestro hogar en el barco fluvial. Allí nos quedamos en casa de Don y Teresa, quienes ya habían completado unas pocas habitaciones de su hogar en la base de Manaos antes de disfrutar de un permiso de algunos meses en casa. También llegaron Jon y Denise Lundberg, así como Dale Olson. Los tres eran amigos de la Iglesia del Redentor, que habían venido a ayudarme a preparar el *Abí*.

Un domingo, fuimos a almorzar tras el culto utilizando una camioneta que nuestro pastor de Manaos nos había prestado. Debido a la lluvia tropical torrencial que solía caer a media tarde, Jon, Denise y Dale volvieron a la base en autobús, en lugar subir a la caja abierta de la camioneta. Cuando llegamos a la casa de Don y Teresa en la base, me bajé para abrir la puerta mientras Josephine y los niños esperaban en la camioneta. Tras una pequeña carrera bajo la lluvia, me asusté al ver que la puerta de la casa ya estaba abierta. Todavía peor, alguien había roto a hachazos la cerradura y el pomo. El hacha aún estaba allí, apoyada junto al marco de la puerta.

—¡Quédense ahí! —grité a través de la lluvia—, creo que nos han robado. Agarré el hacha y empujé lentamente la puerta. Mi corazón latía a toda velocidad ante la posibilidad de encontrarme con un intruso. Asomé la cabeza al interior y vi que la luz y la lluvia entraban a raudales a través de un gran agujero en el techo del dormitorio. Me acerqué y abrí la puerta del dormitorio de par en par y vi que dentro todo era un caos calcinado y humeante, expuesto a los acuosos cielos: nuestra habitación estaba consumida por el fuego. La habitación de los niños se había librado, pero Josephine y yo habíamos perdido todo el contenido de nuestras maletas.

Dejar la casa de Don y Teresa, y tener que regresar a la cabaña de troncos abandonada de la parcela del vecino fue descorazonador.

Denise, Josephine y yo dedicamos el resto de enero a limpiar todas las paredes tiznadas de humo de la casa, mientras Jon y Dale reconstruían el armazón de la cama, las estanterías de almacenaje y la pequeña cocina provisional que Don y Teresa tenían en su dormitorio. Tuvimos que sustituir las planchas del techo, el colchón, la puerta, la ventana del dormitorio y los interruptores eléctricos, que habían resultado destruidos por el fuego. Josephine y yo llegamos a la conclusión de que, en nuestras prisas por salir de casa para llegar a tiempo a la iglesia, nos habíamos olvidado de desconectar el hervidor de agua. Este debió hervir hasta consumir todo el agua, sobrecalentarse y prender fuego al mantel, que a su vez incendió la cama. Los miembros del equipo de JUCUM habían visto el humo que salía de la casa y entrado en ella con un hacha, para apagar las llamas.

El uno de febrero, el día que originalmente habíamos planeado partir, el constructor local de barcos terminó de construir los dormitorios del *Abí*. Si no teníamos ningún otro contratiempo extraño y destructivo, calculé que en un mes el *Abí* estaría listo para nuestro viaje inaugural.

VEINTIOCHO

EL *ABÍ*

El barco fluvial que habíamos heredado había sido originalmente construido para un profesor de universidad retirado, que lo usaba como casa motorizada y lugar donde relajarse y leer libros mientras navegaba por la selva remota del Amazonas. Lo llamó *Chaluh*, como su sobrina, quien lo heredó algunos años después. Esta se lo vendió a Reinaldo y Bráulia, que lo rebautizaron como *Abí*, una palabra suruwahá que significa tanto «fuego» como «padre». En la lengua suruwahá, ambos conceptos están asociados con el origen de la vida.

El *Abí* era un barco fluvial típico de la región, lo que significaba que el profundo casco de madera en forma de V se aplanaba por debajo a lo largo de la crujía. Dicho diseño resultaba en un calado de tan solo noventa centímetros (tres pies), lo que permitía a una embarcación relativamente grande navegar por aguas poco profundas.

La cabina del timón del capitán estaba situada en un castillo de proa triangular, donde se guardaban las amarras y la pasarela. Tras la cabina del timón se encontraba la habitación principal, de unos cuatro y medio por tres metros (doce por nueve pies), con un sofá empotrado a un lado y una mesa y sillas al otro. Al final del cuarto había una gran alacena. Una cámara resguardada, que constituía una sala de máquinas, contenía un motor diesel como el de un camión, montado al fondo, exactamente sobre la quilla. A la derecha había un baño y a la izquierda estaba la cocina. La puerta de la cocina conducía también a la cubierta de popa que tenía a un lado una bancada con un lavadero para y al otro una pequeña cabina.

Mi plan para vivir a largo plazo entre los ribeirinhos consistía en transformar el *Abí* en un barco casa. La clave de dicha transformación consistía en construir dormitorios privados sobre el techo. Esto permitiría utilizar la cubierta principal para la vida diaria y la interacción con las visitas. Para lograrlo, el constructor de barcos puso vigas a cada lado del cuarto de motores a través del techo, a fin de construir encima un dormitorio de uno y medio por tres metros y medio (cinco por doce pies), con varias ventanas para que estuviera bien ventilado. Para acceder de forma segura a la habitación superior había que utilizar una escalera situada detrás, hecha de pesadas vigas de acero que sobresalían de la popa redondeada. El nuevo dormitorio colectivo se equipó con un colchón de matrimonio y tres hamacas para las niñas que irían suspendidas sobre nuestros pies. Vallamos la escalera, la popa y todo el tejado, y cortamos las puertas por la mitad, de forma que pudiera estar cerrada la parte de abajo y abierta la parte de arriba. Josephine y yo queríamos estar absolutamente seguros de que nuestras niñas no se caerían por la borda.

Durante las siguientes seis semanas, Dale Olson, y Jon y Denise Lundberg terminaron de realizar los arreglos necesarios en el barco. Jon y Dale pusieron una trampilla que permitiera acceder al espacio situado bajo el suelo de la habitación principal, donde almacenamos unos barriles de metal de unos sesenta centímetros de alto (dos pies) llenos de provisiones y comida deshidratada suficiente para tres meses. Entre este espacio y el motor había un tanque de combustible de mil cuatrocientos litros (trescientos galones). A casi tres kilómetros por litro, el *Abí* podía navegar unos 4.000 kilómetros sin repostar (2.400 millas). Sin embargo, necesitábamos un montón de gasolina para el generador portátil y para abastecer a la gran lancha con motor fueraborda. Jon y Dale se las ingeniaron para encontrar espacio suficiente donde guardar tres bidones de metal de doscientos litros (cincuenta y cinco galones), practicando un agujero en el suelo situado bajo el sofá empotrado. Fue perfecto. Uno de los barriles lo llené con diesel para el generador, y los otros dos los llené de gasolina. Cerca de ellos hicimos unas troneras, para evitar que los gases de la gasolina se acumulasen bajo el suelo y nos hicieran volar por los aires.

Decidí que haríamos funcionar el generador diesel de seis a diez de la noche, lo suficiente como para cenar, realizar actividades nocturnas y hacer funcionar un rato los ventiladores que nos ayudarían a conciliar el sueño en el sofocante calor y humedad del Amazonas. No obstante, cuatro horas de electricidad no serían suficientes como para mantener fríos un congelador o un frigorífico, así que instalar dichos electrodomésticos no formaba parte de nuestras opciones.

Llevábamos seis meses de retraso con relación a lo previsto, pero por fin habíamos logrado terminarlo todo. Las modificaciones realizadas en el barco consiguieron adecuarlo para servirnos como hogar y como herramienta para el ministerio. Suzuki y Márcia, y el equipo que se dirigía a la tribu arimadi llevaban aproximadamente un mes esperando en Manaos. Habían preguntado a Dave y Elizabeth, que ya habían comenzado a fundar iglesias río arriba entre la comunidad de los ribeirinhos, si podían acompañarnos con su barco y colaborar en el transporte del equipamiento y las personas que se habían comprometido a ayudar a Suzuki y Márcia a construir la casa en la selva, cerca de los suruwahá. La comunidad de ribeirinhos donde trabajaban Dave y Elizabeth estaba a solo dos días del sendero que conducía al poblado suruwahá, es decir, cerca conforme a los estándares del Amazonas.

Durante la semana siguiente, cuatro equipos misioneros, formados por catorce adultos y cuatro niños, su lanzaron a un maratón de compras con el fin de adquirir todo lo que iban a necesitar el resto del año. Por último, nos llegó una gran carga de madera para la casa de la selva, compuesta por travesaños, tableros y paneles. La mayoría se almacenó en la cubierta principal del barco de Dave y Elizabeth, que era el más grande, pero una gran pila de tablones cortos cubrió el suelo de nuestra habitación principal. Ambos barcos estaban a plena carga y sus casos se sumergían bastante en el agua.

Cuatro años y cuatro meses después de mudarnos a Manaos, al fin había llegado el momento de partir. Fue triste despedirnos de nuestros amigos de la iglesia, especialmente de Cleide, de Leonardo y de sus familias, que vivían en nuestro antiguo vecindario. Dimos un gran abrazo a Mario y Jaçiara, así como a nuestros muchos amigos de la base de JUCUM. Nuestra colaboración en la puesta en marcha de JUCUM Manaos nos había parecido en ocasiones larga y problemática, pero al verla en perspectiva nos maravillamos al ver lo mucho que habíamos logrado en tan corto espacio de tiempo.

Por último, pero no menos importante, nos despedimos de Dale Olson. Su nuevo amor, Suzie, iba a permanecer en la base de Manaos, así que perdió repentinamente su interés en acompañarnos a construir la casa en la selva. A pesar de las muchas despedidas, estábamos emocionados ante los nuevos tiempos que se abrían ante nosotros.

Al fin pasamos nuestra primera noche como familia en el dormitorio del techo. Los tres chicos del equipo de los arimadi, Ezekiel, Nivaldo y Roberto, durmieron en hamacas en la habitación principal, y Jon y Denise ocuparon la pequeña cabina de popa. Dave y yo nos levantamos a las tres de la madrugada para poder empezar el viaje temprano, pero nos habíamos quedado sin batería. Un trozo de material aislante se había introducido bajo el interruptor flotante de nuestra bomba de achique automática, por lo que esta se había pasado toda la noche funcionando, hasta agotar la batería. Como tenía una batería de repuesto, la cambiamos rápidamente, arrancamos el motor y partimos sin más demora.

Resultaba emocionante haber iniciado el viaje. Nuestro objetivo era llegar a Manacapuru, en la ribera norte del río Solimões, antes del anochecer. Dave tenía allí un amigo electricista que se había ofrecido a hacer algunos arreglos en ambos barcos mientras estuviéramos en la ciudad. Después, navegaríamos sin detenernos durante diez días y diez noches, hasta llegar al sendero que conducía a los suruwahá. El primer día transcurrió sin novedad, a pesar de que la corriente era extremadamente fuerte y rápida. Llegamos al puerto de Manacapuru alrededor de las cuatro de la tarde. Atraqué el *Abí* en el muelle principal, con la proa contra la corriente, mientras que Dave y Elizabeth echaron amarras al otro lado del *Abí*, en aguas más profundas.

Antes de irnos a pasear por la ciudad, posamos en la cubierta de proa del *Abí* para que Jon y Denise nos sacaran una fotografía. Era el domingo 24 de marzo, el primer día en el barco. Nuestra intención era poner la foto en el siguiente boletín de noticias, con el título *La familia del barco fluvial:* Kent, Josephine, Sasha (cuatro y medio), Chloe (tres y medio) y Alexandra (uno y medio).

Como aquella humilde ciudad iba a ser nuestro último contacto con un lugar relativamente moderno y civilizado durante un mínimo de dos meses, me llevé a mis chicas a cenar. Después, al recordar que no comeríamos ni beberíamos nada frío en los próximos meses, compré helados para todos. Antes de dar por terminado el día, comprobé el estado del cuarto del motor. Como la bomba de achique automática estaba conectada a la batería que se había agotado, utilicé la bomba manual para succionar un poquito de agua que había en el casco y después me fui a dormir. Lo hice profunda y tranquilamente hasta que los golpes de Jon Lundberg en nuestra puerta nos despertaron bruscamente.

VEINTINUEVE

HUNDIDOS, PERO NO DERROTADOS

—Kent, más vale que bajes rápidamente —dijo Jon imperiosamente.

Me puse en pie de un salto al tiempo que abría los ojos. Pude notar enseguida que el barco estaba desequilibrado.

—¿Qué ocurre, Jon? —le urgí a decirme mientras saltábamos escaleras abajo.

—Entra agua en el barco bajo el suelo de nuestra habitación. El sonido me ha despertado.

Jon y Denise habían dormido en la cabina pequeña de popa, que originalmente tenía un pequeño fregadero con una cañería que desaguaba en el río. Yo mismo había quitado el fregadero y cortado la tubería, y sabía exactamente dónde estaba el desagüe. Aunque la tubería desaguaba bajo el suelo, aún quedaba casi medio metro (dieciocho pulgadas) por encima del nivel del agua. Si el agua entraba por esa tubería, quería decir, sin duda, que el casco estaba peligrosamente bajo. Me dirigí directamente al cuarto de máquinas y abrí de par en par las puertas.

—¡Oh, Dios mío! —exclamamos todos al unísono. El casco estaba completamente inundado.

—Jon, saca a Denise y a mi familia del barco ahora mismo —ordené—. ¡Ezekiel, Nivaldo, Roberto, levántense! ¡El barco se hunde! —grité a continuación—. Lleven sus hamacas y equipamiento al barco de Dave y Elizabeth, después regresen y empiecen a achicar agua. —Los tres se pusieron inmediatamente a ello.

Salté al muelle para evaluar la situación pero no pude ver ninguna grieta en el casco. Sin embargo, lo que sí vi es que el barco se encontraba en una situación crítica, con las claraboyas a solo un par de centímetros del río. Si el agua entraba por ahí, el barco se iría a pique en cuestión de segundos.

Pude observar las caras de profunda preocupación de Jon y Josephine mientras ponían a salvo a nuestras niñas, en la segunda cubierta del barco de Dave y Elizabeth.

Dave empezó a gritar, preguntándome qué podía hacer. Le respondí que amarrara su barco al *Abí* por tantos lugares como pudiera.

—¡Pero si se hunde nos arrastrará también al fondo! —respondió Dave a gritos.

—¡No, Dave, no lo hará!

No estaba seguro de que aquella afirmación fuera cierta, pero comprendí que había que sujetar el barco por todos sus lados, y no solamente por uno.

Ezekiel y Nivaldo empezaron a achicar agua con cubos, y Suzuki y Márcia llegaron con el otro barco. Les pedí que sacaran del *Abí* la madera de su casa, para reducir el peso. La gente empezó a aglomerarse en el muelle, a causa del alboroto, así que Suzuki y Márcia empezaron a pasarles las planchas a los curiosos que se encontraban por allí. Jon regresó y le envié a amarrar bien el *Abí* al muelle. A continuación pedí a Roberto que atase el barco a una nave vecina por la proa y a otro barco más por la popa.

Como ya habíamos empezado a achicar el agua del barco y lo habíamos sujetado para que no se hundiera, había llegado el momento de que alguien hiciera algo para impedir que el agua continuara entrando, y ese alguien era yo. Esto significaba nadar bajo la cubierta hasta la popa, detrás del cuarto de máquinas, para introducir unos trapos en la tubería por la que el agua entraba a raudales. Era consciente de que si el agua del río llegaba al nivel de las claraboyas mientras estaba bajo la cubierta, detrás del motor, no me daría tiempo a salir. Pero yo era el capitán, y si alguien tenía que hundirse con el barco ese era yo.

Aquello sonaba muy noble, pero siempre había creído que ahogarse era la peor forma de morir. Si el *Abí* se hundía mientras estaba bajo cubierta no podría simplemente rendirme y ahogarme sin más. Lucharía contra el agua que entraría a borbotones en el barco, para intentar salir del casco de la nave. Sin embargo, el *Abí* se hundiría rápidamente: dos metros, cinco, diez. En pocos segundos el ambiente se volvería oscuro y frío, como la propia muerte. Lo peor sería que tendría suficiente tiempo como para darme cuenta de que iba a morir. Si nada bloqueaba las puertas del cuarto de máquinas, podría intentar nadar hacia fuera, pero me estorbarían todos los objetos del barco flotando libremente. Llegado ese momento, los pequeños barriles con provisiones y los tambores de combustible de doscientos cincuenta litros, estarían flotando en el techo de la habitación principal, dificultando mi huída. A entre doce o quince metros de profundidad el barco tocaría el fondo del río Solimões. La presión del agua sería inmensa. Los pulmones estarían sometidos a un gran estrés por la falta de aire, mientras seguía conteniendo la respiración. Sentiría ira y angustia por morir tan joven y, al morir, mi último pensamiento sería la tristeza de no poder abrazar por última vez a mi mujer y a mis hijas, y decirles cuánto los amaba.

Corrí de regreso al barco y me introduje a través de las pequeñas puertas del cuarto de máquinas, dejando atrás a los hombres que achicaban agua. Les grité:

—¡Si se hunde el *Abí* mientras estoy bajo cubierta, como su capitán, les ordeno que se pongan a salvo!

Todos hicieron una pausa momentánea, como para hacerse plenamente conscientes de lo que implicaban mis palabras. Entonces Ezekiel gritó:

—¡Más rápido, Nivaldo. Pásame el cubo!

Contorsionando el cuerpo conseguí pasar detrás del motor, después me dirigí a Ezekiel de nuevo:

—Pero, por favor, díganle a mi mujer y a mis hijas que las amo.

—Dios de misericordia, ayúdanos —respondió Ezekiel, y empezó a achicar agua todavía más deprisa.

Respiré profundamente y me sumergí bajo la cubierta. Impulsándome con los pies en la transmisión extendí mi cuerpo y mi brazo hacia donde se encontraba el desagüe. Rellené la tubería con un trapo hasta que se detuvo el flujo de agua. Entonces, apoyándome con las manos en la cara inferior de la cubierta impulsé mi cuerpo hacia atrás, más allá del motor, y emergí con fuerza del inundado compartimento del motor.

—He taponado la vía de agua —dije a Ezekiel cuando conseguí recuperar el aliento.

—Ahora estamos achicando con dos cubos —respondió él, y vi a Suzuki y a Roberto achicando al otro lado.

Había ido a ayudar a Márcia a retirar las últimas planchas del suelo de la habitación principal, cuando algunos vecinos deseosos de ayudar llegaron con una bomba de succión eléctrica. La colocaron dentro del barco a través de una puerta lateral que en ese momento daba al muelle. Nivaldo dejó de achicar agua con el cubo y puso la manguera de la bomba eléctrica en el casco inundado, mientras Ezequiel intentaba arrancar el motor de la bomba. No había forma de ponerla en marcha. El propietario de la bomba empezó a gritarle instrucciones a Ezequiel, pero aun así no conseguía, no arrancaba. En ese momento, Ezequiel le pidió el propietario que se acercara y la hiciera funcionar él mismo, pero este tuvo miedo de entrar en el barco. Finalmente, el propietario de la bomba y otro hombre se subieron a la barandilla del *Abí* y subieron la bomba al muelle, con la intención de arrancarla allí. En el momento en que aquellos dos hombres grandes se subieron al borde del casco y levantaron la bomba, el barco se hundió unos pocos centímetros debido a su peso. Inmediatamente escuché como el agua entraba a borbotones a través de las claraboyas.

—¡Abandonen el barco inmediatamente! —grité a todo el mundo, pero los dos hombres que luchaban por levantar la bomba sobre la barandilla del barco bloqueaban la salida del mismo—. ¡Por allí, por allí! —ordené a Suzuki, Roberto, Nivaldo y Ezequiel, señalando la puerta frontal de estribor desde la que podían saltar al muelle. A medida que el barco se hundía, todas las cosas que había en la alacena de la cocina se cayeron al suelo, y el horno se desplomó sobre el suelo. Yo era el único que aún seguía en el barco. De repente, me encontré corriendo pendiente arriba mientras el barco se iba deslizando hacia abajo. Agarré el marco de la puerta con ambas manos para evitar caerme de espaldas en el barco que se hundía. Josephine me llamó a gritos presa del pánico desde el barco de Dave y Elizabeth, hasta que me vio salir por la cubierta de proa. Jon agarró con su gran mano mi antebrazo y tiró de mí hacia el muelle, mientras el *Abí* desaparecía de bajo mis pies.

Todos los que se encontraban en el muelle y en el barco de Dave y Elizabeth contemplaron con horror y desesperanza el desastre que tenía lugar ante sus ojos. Las lágrimas rodaban por las caritas de mis tres pequeñas, en perfecta sintonía con los rostros desolados de Elizabeth, Denise y Josephine, que las sostenían en brazos. No sé porqué, pero miré mi reloj. Supongo que es lo que hace uno cuando alguien o algo muere. Eran las 6:55 de la mañana.

Entonces ocurrió algo sorprendente. Las pesadas amarras, del grosor de mi muñeca, con las que habíamos atado el *Abí* lo sustuvieron. Al ver que el techo de nuestro dormitorio sobresalía de las turbias y oscuras aguas, y permanecía firme frente a la poderosa corriente del río, un brillo de esperanza asomó a los ojos de todos los que contemplábamos la escena. Justo en ese momento, diferentes objetos fueron apareciendo en la superficie y empezaron a deslizarse corriente abajo con rapidez.

—¡Suban a las canoas y recuperen todo lo que puedan! —gritó Suzuki a todos los que estaban alrededor.

Permanecí en el muelle aturdido, viendo como todos remaban frenéticamente recogiendo del río ropa, almohadas, botellas, juguetes y libros; todo lo que flotaba. Tras años de entrenamiento e intensa preparación, este era el resultado de nuestro primer día de ministerio familiar a bordo de un barco fluvial. Con ese pensamiento en mente, estuve a punto de venirme del todo abajo. El trauma de los minutos anteriores era tan palpable en mi pecho, que mi único deseo era que me llevaran a mi casa de Minesota y poder acurrucarme en la penumbra de mi cuarto, en mi cama fresquita, e hibernar allí durante seis meses. Pero no podía ser, estaba sentado en un muelle en el calor de la selva del Amazonas. En ese momento no quería ser capitán de nada, pero lo era, así que intenté ocultar mi desesperación. Es más, también era esposo y padre, así que tenía que continuar. Además, era un misionero; había puesto mi mano sobre el arado y ya no podía mirar atrás.

El *Abí* se había hundido en sus tres cuartas partes, pero se mantenía a flote. Si se hubiera ido a pique por completo, habría sido el fin, pero no era así, aunque tampoco tenía ni idea de qué hacer a continuación.

El hombre que había llevado la bomba de succión eléctrica se agachó a mi lado y me dijo que avisaría al astillero local en mi nombre.

—Muchas gracias —dije, pero no pude mirarle a los ojos. Estábamos ganando la batalla hasta que él y su amigo se subieron al borde del casco. Creo que él también era consciente de ello. Quizá su ofrecimiento de ayuda fuera una señal de arrepentimiento. Entonces me di cuenta de que no podía considerarlo responsable del hundimiento del *Abí*. Antes de que él apareciera ya nos encontrábamos al borde mismo del desastre.

En ese momento pensé: «Gracias a Dios que Jon se despertó». Si no lo hubiera hecho, las diez personas que estábamos a bordo podríamos haber encontrado allí mismo nuestra tumba submarina. Aquel pensamiento hizo que me recorriera un escalofrío.

Dos horas más tarde llegó a la zona el inmenso barco del astillero. Suzuki, Dave y yo subimos a bordo y hablamos con el responsable.

—En esta zona se han ido a pique dos barcos, quizá tres —nos dijo—, pero este es el primero que se puede recuperar. Ustedes, gringos, tienen una suerte loca.

—No es suerte, es la protección de Dios —dijo Suzuki con valentía.

—Bueno, pues si no es la suerte, entonces ha sido el dinero. Nunca había visto a nadie gastarse tanto dinero en cuerdas de amarre de alto rendimiento como las que sujetan su barco.

Dave, Suzuki y yo nos miramos entre nosotros y sonreímos, pues sabíamos la historia que había detrás de aquellas gruesas cuerdas. Era la mañana del lunes 25 de marzo. El *Abí* fue remolcado hasta el astillero y a mediodía lo izaron por la rampa del dique seco.

El amigo electricista de Dave nos dejó generosamente vivir gratis en una casa vacía que tenía para alquilar. Fue un bonito gesto, pero la casa carecía por completo de muebles, y solo tenía agua y luz de forma intermitente. Dos veces al día teníamos que caminar por nuestra calle para conseguir agua potable del pozo del vecino y llevarla a casa en cubos.

Todas las pertenencias de las diez persona que dormíamos en el barco (sábanas, almohadas, hamacas, toallas y cada prenda de ropa) quedó empapado por las sucias aguas del puerto, repletas de aceite y combustible de barco. Teníamos que caminar tres manzanas, hasta la casa de una familia cristiana que nos dejaba usar su máquina de lavar la ropa. Era una máquina tan antigua que yo no había visto nada igual desde que era un niño pequeño, en casa de mi abuela. No tenía función de centrifugado, así que cuando terminaba de lavar una carga, teníamos que llevar nuevamente la pesada ropa mojada a lo largo de las tres manzanas de regreso a casa para tenderla allí. Como estábamos en la estación húmeda lluviosa, la ropa no se secaba, así que cuando había electricidad aprovechábamos para plancharlo todo antes de que se llenara de moho.

Una tarde, Jon y Denise se llevaron a las tres niñas fuera a jugar. Josephine aprovechó la oportunidad para caminar hasta una parcela de terreno vacía que estaba junto a nuestra casa. Pude ver como colocaba en el suelo su taza de té y se ponía a clamar a Dios. Josephine es una persona a la que le gusta poner en acción todo su potencial, así que esperar durante días sin nada que hacer constituía un gran reto para ella. Entonces empecé a escuchar oraciones más propias de la desesperación que de la impaciencia. Sabía que se sentía tan devastada por el hundimiento del barco como yo. Nos costaba mostrarnos fuertes y animarnos el uno al otro, ya que a ambos nos había afectado mucho lo sucedido. Fue una prueba angustiosa.

Nuestras hijas nos ayudaron, pues sus juegos y alegría devolvieron nuestras vidas a la normalidad diaria. Aparentemente inmunes a las tumultuosas circunstancias que nos rodeaban, jugaban felizmente con Jon, Denise y los niños del vecindario, mientras Josephine y yo nos ocupábamos de una infinidad de tareas.

Tres días después del hundimiento del barco celebramos una reunión general en la nave de Dave y Elizabeth para decidir qué íbamos a hacer. El casco del *Abí* estaba siendo recalafateado y todo progresaba bien. No obstante, aún no habían comenzado a trabajar en la reparación del motor y del generador, así que no sabía cuándo podríamos reanudar el viaje.

Tras orar en grupo estábamos de acuerdo en dos cosas. La primera fue que «el tiempo es oro». Jon y Denise tenían que partir del poblado Dení en una avioneta que iba a recogerlos allí el 13 de mayo, dentro de solo seis semanas, pero todavía iban a necesitar un mínimo de diez días para llegar al poblado. En segundo lugar, era evidente que «estábamos en guerra». La mayoría del equipo confesó no haber prestado suficiente atención a la guerra espiritual. No había duda de que intentar alcanzar a un pueblo que nunca había escuchado el evangelio era algo que despertaría una tremenda oposición. Una estrategia básica de la guerra es tratar de impedir la llegada del ejército enemigo. Todos sentimos que la voluntad de Dios era que mantuviéramos nuestros planes y remontáramos el río lo antes posible, y que construyéramos la casa al tiempo que batallábamos espiritualmente. Uno de nosotros dijo que Dios le había traído a su mente la historia de Nehemías, lo cual nos confirmó en la idea de edificar y guerrear al mismo tiempo.

Dave y Elizabeth se ofrecieron a llevar a todo el mundo a la corriente del Coxodoá, donde todos los materiales podrían transportarse hasta el lugar de construcción mediante canoas provistas de motores fueraborda de cola larga. Así pues, renovamos nuestro compromiso de construir la casa en la selva, con o sin el *Abí*. Todos participarían, excepto mi familia, Ezequiel y Nivaldo, que se quedarían para ayudarme a gobernar el barco. Si conseguíamos llegar al poblado suruwahá a tiempo de ayudar, estupendo. Pero si no lo lográbamos, la casa de la selva tendría que construirse sin nosotros.

El 31 de marzo, domingo de Pascua, nos despedimos de Jon y Denise, de Suzuki y Márcia, y de todos los que viajaban en el barco de Dave y Elizabeth.

TREINTA

EL VIAJE INAUGURAL

Dos días después, el *Abí* estuvo a flote de nuevo. Zezinho nos confirmó que nos ayudaría a navegar río arriba. Su experiencia como navegante superaba a la mía, la de Ezequiel y la de Nivaldo juntas, pero, sobre todo, Zezinho conocía los atajos que podían tomarse en la temporada de crecidas, y que podían ahorrarnos dos o tres días de viaje.

Al día siguiente, Ezequiel, Nivaldo y yo coincidimos en que el barco nos parecía inestable, demasiado alto para su anchura, y sugerimos retirar el piso superior que yo mismo había añadido recientemente. Ezequiel y Nivaldo habían escuchado decir a los hombres que reparaban el casco que el barco no era seguro. Para mí era evidente que el *Abí* resultaba demasiado pesado para ríos anchos y turbulentos como el Amazonas o el Solimões, pero su diseño era seguro en sus afluentes, como el río Purús.

El 7 de abril, exactamente dos semanas después de salir de Manaos, reanudamos nuestro viaje. Un tiempo perfecto y la experiencia de Zezinho nos aportó una confianza renovada mientras cruzábamos el Solimões desde la ribera norte a la ribera sur. Sin embargo, a media mañana el viento arreció, haciendo que el barco se estremeciera y balanceará con cada nuevo impacto de las olas. Ezequiel y Nivaldo no ocultaban su temor. Durante dos horas seguidas navegamos bajo la lluvia y atravesando olas de más de medio metro (dos pies). Dado que las olas y la fuerte corriente no nos permitían superar los ocho kilómetros a la hora (cinco millas), no conseguimos cubrir los ciento diez kilómetros (setenta millas) necesarias para llegar al río Purús antes del anochecer. Esto nos creó un dilema.

Ezequiel y Nivaldo no querían pasar la noche en medio del río, por miedo a que una fuerte tormenta hiciera naufragar nuestra inestable embarcación, pero tampoco queríamos navegar en esas condiciones de oscuridad y aguas encrespadas. Zezinho guió el barco hacia unos sauces que crecían en la ribera sur, y apagó los motores. Me alegré mucho de que fuera Zezinho el que anunciará que necesitábamos echar el ancla durante la noche, porque, a pesar de sus recelos, Ezequiel y Nivaldo aceptaron su decisión. Seguramente no la habrían aceptado si hubiera procedido de mí.

Por la mañana temprano, giré la llave del motor de arranque y no sucedió nada.

—¿Qué? —exclamé, con un repentino dolor de estómago. ¿Cómo era posible que la batería se hubiera agotado? No tenía sentido. El amigo electricista de Dave había mejorado el sistema eléctrico con la precisa intención de que esto no ocurriera. Los demás aún se estaban despertando, así que decidí calmarme y tomarme un café. Tras el desayuno, Ezequiel y yo conectamos una segunda batería en paralelo a la primera, utilizando unos cables que el electricista había instalado exactamente con ese propósito.

Mientras Zezinho Intentaba arrancar el motor una y otra vez, el revestimiento de plástico de los cables que conectaban las dos baterías se sobrecalentó y empezó a arder.

—¡Para, Zezinho! ¡Hay fuego en el cuarto de máquinas!

Ezequiel agarró el extintor, pero estaba tan oxidado que ni siquiera consiguió retirar la anilla de seguridad que permitía usarlo. Como todos los motores, el nuestro estaba manchado de aceite y combustible por todas partes. Como sobre la vieja batería también había sustancias inflamables esta empezó a arder. Nivaldo fue a buscar el extintor que había en la cocina, pero no funcionaba. Al ver que las llamas se extendían desde los cables de la batería en dirección al motor, el pánico se apoderó de nosotros. Ezequiel salió corriendo del cuarto de máquinas, y Nivaldo y Zezinho fueron a toda prisa a la popa a sacar agua del río. Frenético, intenté sofocar las llamas con mi camiseta. Cuando Zezinho y Nivaldo llegaron con los cubos de agua, yo ya había logrado extinguir el fuego. Durante los seis meses dedicados a reformar el barco, nunca se me había ocurrido pensar en los extintores. Aquella no fue la mejor forma de empezar el día. Mientras Ezequiel arreglaba los cables de la batería, arrancamos el generador y conectamos la batería agotada al cargador. Tras cinco horas de carga, las baterías consiguieron arrancar el motor. Por fin pudimos reanudar nuestra travesía, pero ahora a través del Río Purús, mucho más estrecho. Pensé que esto nos traería la calma, pero, por alguna razón, todos presentíamos que aún habrían de sucedernos más cosas malas.

Yo y Zezinho nos encontrábamos al timón del barco cuando, de forma repentina, me dijo que no era conveniente que la lancha estuviera sujeta con una cadena y un candado a la popa del barco.

—Si tuviéramos una emergencia, como el fuego de esta mañana, solo tú podrías liberar la lancha, pues eres el único que tiene la llave —dijo.

Asentí con la cabeza. Había guardado la lancha con un candado por temor a que nos la robasen en el puerto. Ahora que estábamos lejos de cualquier población, lo mejor era atarla solo con cuerdas, de manera que cualquiera pudiese desatarla en caso de emergencia. Así pues, le di a Zezinho la llave y este procedió a abrir el candado y atar la lancha con una cuerda.

Ya había anochecido, cuando Josephine, que subía las escaleras con el fin de coger un libro para las niñas, se percató de que la lancha había desaparecido. No sabíamos si llevaba desaparecida cinco horas o cinco minutos. El descubrimiento dejó a Zezinho muerto de vergüenza. Inmediatamente, dimos la vuelta y nos pusimos a rastrear con los focos del barco las márgenes del río.

Aún sufrimos otro contratiempo extraño. El presentimiento de que aún iban a suceder más cosas malas se hizo tan fuerte que todos nos sentíamos angustiados. Pensé que nunca encontraríamos la lancha, pero, tras una hora de búsqueda, uno de nosotros la vio embarrancada entre los sauces. Mientras flotaba a la deriva, se había introducido de tal forma entre los árboles que no conseguíamos alcanzarla, ni siquiera haciendo avanzar la proa del *Abí* entre las ramas. Finalmente, Zezinho logró llegar hasta ella encaramándose en las ramas y sin necesidad de introducirse en el agua. Tras volver a atar la lancha, volvimos a arrancar el *Abí*, pero el motor hizo un ruido tan horrible que lo apagamos de inmediato.

—La hélice se ha enredado en la vegetación que hay debajo del agua. Usemos la lancha para salir de aquí.

Gracias al potente motor de la lancha, pudimos remolcar el *Abí* hasta liberarlo. Zezinho tuvo que tirarse al agua para inspeccionar la transmisión, la hélice y la pala del timón. Gracias a Dios, tras sumergirse unas cuantas veces pudo confirmarnos que no habían sufrido daños.

Con tanto ajetreo, las niñas no habían podido concentrarse en la lectura, así que una vez que reanudamos la marcha, Josephine las llamó al cuarto principal para terminar de leerles el cuento. Pero Alexandra, nuestra hija de año y medio no aparecía por ningún lado. Josephine fue a buscarla al puente de mando.

—No está conmigo. Supongo que está en la cama.

Con el corazón en un puño, Josephine recorrió a toda prisa la cubierta y subió las escaleras. Un momento después, escuchamos un grito de desolación que desde entonces ha quedado grabado en mi alma:

—¡Kent, no está aquí!

—Eso no es posible —declaré desafiante mientras me precipitaba en la habitación principal.

Sasha y Chloe me miraron con el miedo reflejado en sus rostros, pero no tenía tiempo de consolarlas. Abrí de par en par las puertas de la sala de máquinas; era el único lugar donde se me ocurría que podía haberse caído, pero tampoco estaba allí.

Josephine bajó las escaleras desafiando a gritos al enemigo.

—¡No vas a llevarte a nuestras hijas!

Yo las subí a toda prisa en dirección al dormitorio, cruzándome con ella.

—Tiene que estar aquí —dije revolviendo todas nuestras cosas—. Sé que he hecho este barco seguro. —Pero no estaba allí.

De regreso fuera, inspeccioné los pasillos que recorrían la amurada a ambos lados del dormitorio, pero tampoco se encontraba en ellos. Desde el momento en que había escuchado el grito de Josephine, sentía en mi alma el ardor de una angustia espesa, como la lava fundida. Mi mente había mantenido bajo control sus emociones, negándose a aceptar que Alexandra se hubiera caído al río. Pero, poco a poco, la terrible realidad empezó a mezclarse con el miedo, y sentí que de mi interior brotaba un desgarro incontenible. La angustia se apoderó de mi alma y empecé a sollozar fuertemente.

Entonces la vi. Estaba fuera del dormitorio, en la cubierta superior de proa, de pie entre los focos, con la cara apoyada en la barandilla. Como era tan pequeña, hasta ese momento no había logrado ponerse en pie delante del dormitorio, así que no la habíamos visto.

A pesar de sentir un alivio indescriptible, era incapaz de recuperar el control de mis emociones. Solo tras respirar profundamente unas cuantas veces fui capaz de dejar de sollozar. Entonces grité muy fuerte para que todo el mundo me escuchase:

—¡La he encontrado!

Intentando disimular la angustia que aún me atenazaba, le pregunté:

—¿Cómo has llegado hasta aquí, cariño?

—Mira, papito —dijo señalando con su dedito los haces de luz que rastreaban el río.

—Ya veo, princesita. Ven con papá.

Nada más tomarla en brazos, llegó Josephine completamente conmocionada y, de inmediato, me la arrebató de las manos.

—¡Alexandra, cariño!

Las abracé con tanta fuerza que Alexandra empezó a retorcerse en busca de aire. Sasha y Chloe siguieron a Josephine escaleras arriba y se nos unieron. Poco a poco y con mucho cariño las conduje a todas a nuestro dormitorio.

Escaleras abajo, encontré a Zezinho al timón del barco, con Ezequiel y Nivaldo a cada uno de los lados, manejando los focos.

—Alexandra está a salvo.

—¡Alabado sea Dios! ¡Gracias, Jesús! —respondieron con alivio.

—Voy al dormitorio a quedarme con Josephine y las niñas —dije—. Ya me encargaré del timón mañana por la mañana. Buenas noches.

—Buenas noches —respondieron al unísono.

Tras acostar a las niñas, Josephine y yo tuvimos un tiempo de oración en el que rogamos a Dios que nos librara del ataque espiritual que estaba sufriendo el barco y sus ocupantes. Una vez más, fuimos conscientes de lo importante que era este viaje. Los suruwahá eran una tribu primitiva en peligro de extinción, pues practicaban el suicidio en la creencia de que irían a un lugar mejor. Dios nos había guiado a construir una casa en la selva que ayudaría, aunque fuera un poco, en el proceso de liberarles de sus cadenas espirituales. Por el contrario, el enemigo intentaba impedir por todos los medios que lográramos nuestro objetivo. Sin embargo, teníamos en nuestros corazones la firme determinación de darle a Dios la victoria.

TREINTA Y UNO

ATAJOS EN LA SELVA

Me desperté al alba y lo dispuse todo para que reanudáramos nuestro viaje remontando el río Purús. Conforme al diario que Nivaldo había dejado en la cabina de mando, estábamos a 9 de abril, y era martes. Había perdido por completo la noción del tiempo y ya no sabía ni en qué día vivía. Me puse a hojear sus entradas y anotaciones; se parecían más al guión de una película de guerra que a un diario de viajes. Gracias a ellas comprendí que la guerra espiritual no es un mero concepto teológico, ni tampoco un combate limitado a la esfera celestial; también es un conflicto que se dirime aquí en la tierra.

Una hora más tarde llegó Zezinho y me informó de que los sucesos del día anterior habían sido para él, Ezequiel y Nivaldo tan agotadores que se habían encontrado demasiado cansados como para pasar la noche navegando, así que poco después de medianoche habían detenido el barco y se habían ido a dormir.

—Ayer fue un día duro, pero hoy tengo fe en que las cosas irán mejor —dije.

—Eso espero —murmuró Zezinho sin parecer muy convencido.

Avanzada la mañana, Zezinho me informó de que casi habíamos llegado al primer atajo por la selva.

—Es mejor que me dejes llevar el timón, el atajo podría ser complicado —dijo Zezinho.

—¿A qué te refieres?

—El encuentro de las dos corrientes crea remolinos muy fuertes —me explicó Zezinho—. En el caso de un barco como el *Abí*, cuya altura lo hace inestable, podría ocasionar un desastre.

—¿Tú también temes por el barco, Zezinho? Sin embargo, los hechos son tozudos —expuse—, fue precisamente su altura lo que hizo que no se hundiera por completo.

El comentario de Zezinho me dejó sorprendido. Al no haber experimentado el trauma del naufragio se había convertido en alguien que aportaba fuerza y confianza al equipo. Pero, al parecer, se había contagiado del mismo miedo irracional que asolaba a Ezequiel y a Nivaldo.

Nos desviamos del cauce tranquilo del Purús para introducirnos en las turbulentas aguas del atajo, y esto hizo que un gran temor se apoderara de mis tres compañeros. Los remolinos hacían que el barco se balanceara un poco, pero sin amenazar su estabilidad. No obstante, había algo que sí me preocupaba y que podía divisar más adelante: aguas blancas. No había imaginado que en los ríos de la llana cuenca central del Amazonas pudiera haber nada parecido a unos rápidos, pero allí estaban, a medio kilómetros (cuarto de milla) de nosotros. Una zona de agitadas aguas blancas se interponía directamente en nuestro camino.

Rápidamente deduje que debíamos introducirnos en la corriente completamente de proa; en caso contrario, la fuerza del agua presionaría sobre uno de los lados de la embarcación y nos arrastraría corriente abajo, haciéndonos naufragar contra los árboles de la ribera. Zezinho puso la marcha atrás. Justo delante de nosotros había un pequeño bote que avanzaba despacio.

—Bien hecho —dije—. Dejemos que se aleje.

Creía que lo mejor era conceder a aquel bote el tiempo y el espacio que necesitara para virar e introducirse de frente los rápidos, pero Zezinho no pensaba igual que yo. Dar marcha atrás hizo que la corriente nos arrastrara a la izquierda del bote; llegado ese punto Zezinho aceleró.

—¿Qué haces? —le pregunté.

—Voy a adelantarlo. Tengo miedo de que si vamos detrás de él, la corriente pueda empujarlo y acabe chocando contra nosotros.

Ezequiel, Nivaldo y yo vimos de inmediato que no nos daría tiempo a adelantar el bote y situar nuestra proa directamente frente a la corriente antes de introducirnos en las aguas rápidas. La decisión de Zezinho era un error. También comprendimos que debíamos entrar por el lado derecho del cauce, pero en lugar de ello nos habíamos situado al lado izquierdo, cerca de los árboles, por lo que si la corriente nos arrastraba río abajo tendríamos menos tiempo para recuperar el control del barco antes de quedar embarrancados en la selva.

—Nivaldo, hazle señales al bote para que se aparte y se eche a la derecha —ordené—. Ezequiel, ayuda a Josephine a ponerle los salvavidas a los niños, y tráenos también unos salvavidas.

Pasaron muchos segundos.

—¿He adelantado ya al bote? —preguntó Zezinho muy nervioso.

—No puedes esperar a hacerlo. Vira la proa ya —dije.

—No, todavía no lo has adelantado —replicó Nivaldo.

—Vira de todos modos, Zezinho —repuse—. El bote reducirá la marcha al ver que inicias el viraje.

Aún pasaron más segundos antes de que Zezinho comenzara a virar a estribor.

—¡Haz la maniobra ahora! —ordené.

Finalmente, Zezinho viró a estribor, pero era demasiado tarde. Entramos en la rápida corriente en un ángulo de cuarenta y cinco grados. La fuerza del motor evitó que fuéramos arrastrados corriente abajo, pero no era suficiente como vencer el empuje de la corriente y enderezar el barco. Como dos personas que echan un pulso y no consiguen imponerse, el *Abí* siguió avanzando a través de la corriente hacia la pared de selva que teníamos delante. La respuesta de Zezinho fue tirar con más fuerza del timón y pisar más a fondo el acelerador, pero no servía de nada.

—¡Aparta! —dije gritando, y arrebaté el timón a Zezinho.

Puse la marcha atrás a toda potencia y giré a toda velocidad el timón a la izquierda. La fuerza de la corriente hizo que la popa del barco virase a babor, con lo que la proa viró a estribor y quedó enfrentada directamente a la corriente. Sin embargo, esto hizo también que el barco fuera arrastrado corriente abajo rápidamente, por lo que giré el timón a la derecha y aceleré. El motor se debatió heroicamente, pero el ímpetu de la corriente nos superaba. La lancha atada a popa chocó con las ramas de los árboles sumergidos por las lluvias de la estación húmeda, pero finalmente el motor consiguió vencer nuestro deslizamiento y quedamos completamente parados. Lentamente, el barco empezó a avanzar, alejándonos de un naufragio seguro, imponiéndose en la batalla contra la ondulada corriente. La victoria no desató una espontanea celebración de victoria; en lugar de ello pasamos temblorosos los siguientes momentos, intentando recuperarnos del susto. Devolví el timón a Zezinho y me dirigí a la habitación principal.

Al llegar vi que las lágrimas rodaban por el rostro atemorizado de Josephine. Las sequé y le ayudé a quitarse el salvavidas, como señal de que estábamos a salvo. Mientras les quitábamos los salvavidas a las niñas, Josephine me observó con una interrogación en la mirada. Consideré la posibilidad de preguntarle si debíamos virar en redondo. Podíamos dejarnos llevar corriente abajo hasta Manaos sin realizar ningún esfuerzo. Con una vuelta de timón podíamos poner fin a todas aquellas batallas. Era la opción más sencilla. Ir contracorriente nunca es fácil. Vencer las corrientes físicas y espirituales que luchaban contra nosotros significaba, para Ezequiel y Nivaldo, ir al encuentro de una tribu perdida, para Suzuki y Márcia, predicar a los suruwahá, y también significaba fundar una iglesia entre personas que nunca habían escuchado el evangelio. En resumen, significaba el avance del reino de Dios. Por eso, en lugar de ello, le pregunté:

—Cariño, ¿estamos haciendo la voluntad de Dios?

Tras una larga pausa, Josephine respondió:

—Sí. Estamos haciendo la voluntad de Dios.

Nos abrazamos junto con nuestras tres niñas, y Josephine nos recordó:

—En ningún lugar se está más seguro que andando en la voluntad de Dios.

Cuando volví a entrar en la cabina del timón noté que la conversación cesaba abruptamente. Lo que le había hecho a Zezinho resultaría humillante para cualquier hombre, y en muchas culturas masculinas mis palabras y comportamiento podrían haberme hecho pasar a la categoría de «enemigo mortal».

—Zezinho, siento lo que dije e hice.

—Tú eres el capitán —replicó de inmediato Zezinho.

—Tenía que tomar el mando, pero la forma en que lo hice...

—Eh, hiciste lo correcto. Soy yo el que lo siento. Hice las cosas totalmente mal.

La confesión humilde de Zezinho acabo rápidamente con la tensión. Poco después, en un intento de procesar nuestros temores tras otro encontronazo con la muerte, todos estábamos bromeando y riendo juntos. Sabíamos que la guerra espiritual no había acabado, ya que el trayecto que teníamos por delante seguía siendo largo y trabajoso, pero algo cambió en nuestros corazones, y en la esfera espiritual. La nube tenebrosa que nos había cubierto con un presentimiento de destrucción se había disipado. También sentí como si yo y el *Abí* nos hubiéramos ganado por fin la confianza de Ezekiel, Nivaldo y Zezinho.

Durante el siguiente día y medio el viaje transcurrió sin sobresaltos. Pasamos por un segundo atajo que también tenía fuertes remolinos, pero todo fue bien. Navegamos toda la noche hacia un pueblo llamado Tapauá, al cual llegamos a las 6 de la mañana del 12 de abril. Una vez allí, atracamos junto a un gran barco de pasajeros. En principio, Zezinho iba a continuar con nosotros unos pocos días más, pero al enterarse de que el barco partía hacia Manaos aquel mismo día, decidió regresar en él. Nos despedimos de Zezinho y le dimos las gracias, además de ayudarlo a transferir todo su equipaje al otro barco.

TREINTA Y DOS

DE REGRESO AL POBLADO SURUWAHÁ

Hacia el mediodía del 18 de abril llegamos a Caroço, la comunidad de ribeirinhos en la que trabajaban Dave y Elizabeth. Nos quedamos muy sorprendidos al ver que todos estaban allí, ya que se suponía que debían estar construyendo la casa en la selva. Tras atracar en el muelle, fuimos a ver a Jon y a Denise.

—¿Cómo es que no han empezado a construir? —les pregunté.

Jon nos contó que habían llegado a Caroço unos diez días antes, se habían quedado una noche y habían continuado remontado el río otro día más hasta la bahía de Puma. Desde allí, Suzuki y Márcia los llevaron en canoa durante cuatro horas por un pequeño arroyo, a través de una espesa jungla, hasta la tribu Baniwá.

—Al día siguiente regresamos a la bahía de Puma con Daniel, Fátima y sus dos perros. Todo estaba preparado y estábamos listos para partir. Veinticuatro horas más tarde deberíamos estar en el sendero que conduce al poblado suruwahá, descargando el barco y llevándolo todo hasta el lugar de construcción —dijo Jon, y añadió con un tono más sombrío—. Cuando subimos al barco de Dave y Elizabeth y nos dispusimos a partir, el motor no quiso ponerse en marcha. Dave descubrió que el motor de arranque estaba estropeado. Nos quedamos allí varados. Unos pocos días después pasó por allí un barco de pesca. No podían remolcarnos contracorriente hasta el sendero suruwahá, así que lo hicieron río abajo, de regreso a Caroço. Kelky, el joven discípulo y ayudante de cubierta de Dave y Elizabeth, prosiguió el viaje con el barco de pesca hasta Manaos, con el objetivo de conseguir otro motor de arranque.

—¿Dónde están Suzuki y Márcia? —pregunté.

—Un comerciante fluvial conocido de Suzuki, de nombre Zena, pasó por aquí. Suzuki negoció con él el uso durante un mes del casco de carga adicional vacío que remolcaba su barco —dijo Denise—. Le convencieron de que ahorraría un montón de dinero en combustible si no llevaba un gran casco vacío río arriba. También le dijeron que cuando regresara, nuestro equipo de JUCUM le ayudaría a transferir los productos que hubiera adquirido, desde el barco principal hasta el casco vacío. Estuvo de acuerdo, así que pusimos la madera en el casco de carga del comerciante, y luego Zena llevó en su barco a Suzuki y a Márcia junto con la carga de madera hasta el pueblo ribeirinho más cercano al sendero suruwahá.

Una vez que Jon y Denise nos pusieron al corriente de la situación y tras una buena noche de sueño, partimos temprano a la mañana siguiente. Roberto, Jon y Denise, y Daniel y Fátima y sus dos perros, se unieron a mi familia, a Ezequiel y a Nivaldo a bordo del barco. El *Abí* llevaba una carga excesiva, incluso sin la madera para la casa. El viaje fue bien, excepto que tuvimos que arreglar la correa de la bomba de agua, ya que estaba muy desgastada. Ya habíamos roto dos y no pudimos comprar más en Tapauá, así que no teníamos repuestos.

Ya habíamos remontado un buen trecho del río Cunhuá cuando nos cruzamos con un barco de pesca que, por la velocidad a la que navegaba corriente abajo, llevaba su cámara frigorífica repleta de pescado. Los saludamos amistosamente, como suele hacerse en aquellos lugares. Al hacerlo, me vino a la mente un versículo: «no tienen lo que desean, porque no pides». Durante mis nueve años en las misiones había aprendido que los pensamientos aleatorios suelen ser con frecuencia Dios hablándonos.

Mi pensamiento inmediato fue que no teníamos un frigorífico o un congelador en el que guardar pescado, pero aun así me pregunté internamente: «Señor, ¿me estás pidiendo por alguna razón que compre algo de pescado congelado?».

No estaba muy seguro de la necesidad de comprarlo, así que estaba a punto de desechar aquel pensamiento casual como algo absolutamente aleatorio cuando, de repente, lo obvio me golpeó como un martillo: «¡Necesito una correa para la bomba de agua!».

—Nivaldo, ocúpate del timón —dije.

Agarré una de las correas rotas del cuarto de máquinas, salté en la lancha y me puse a perseguir al barco de pesca. Necesitaba una correa de una longitud, grosor y anchura específicos, así que las probabilidades eran escasas. Cuando llegue a su altura, probando suerte pregunté al capitán:

—¿Tiene una correa de repuesto de este tamaño? Estoy dispuesto a pagar por ella.

El capitán envió a su mecánico al cuarto de máquinas y este volvió con dos correas exactamente iguales a la que necesitábamos. El capitán se quedó con una de ellas y me dio generosamente la otra. Aquel mismo día la correa de nuestra bomba se volvió a romper, pero, gracias a Dios, teníamos otra de repuesto. Aquel incidente volvió a demostrarme, como también al resto de los pasajeros, que Dios nos habla y cuida de nosotros incluso en lo que respecta a los detalles más pequeños.

Navegábamos en medio de la noche cuando, justo antes de la hora de dormir, vimos la luz solitaria de una linterna en medio de la oscuridad de la selva haciéndonos señales para que nos detuviéramos. Giré nuestro foco más potente hacia la orilla y vimos a un anciano con gesto de dolor en su rostro que rogaba nuestra ayuda. Sentimos que era importante, así que nos detuvimos. Jon, Denise, Fátima y Josephine subieron a una canoa y remaron hasta la orilla. Los sonidos de la noche viajaban con facilidad a través de la noche, así que pude oír al anciano preguntarles si podían ayudar a su nieto enfermo. Vi a los cuatro alejarse por la ribera cenagosa hasta una simple cabaña.

Al regresar, Jon y Denise nos describieron el cuarto repleto de humo donde los diez miembros de la familia dormían en hamacas. Sentada en el suelo de tablones encontraron a una joven madre sujetando a un bebé. Josephine, en su condición de enfermera y partera experimentada, prosiguió el relato de lo ocurrido.

La madre le dijo a Josephine que el bebé tenía seis meses, pero este era poco mayor que un recién nacido. Tras hacerle una serie de preguntas, Josephine y Fátima descubrieron que la madre había dejado de darle el pecho al poco de nacer, con el fin de ayudar en los campos. Desde ese momento, en diciembre pasado, había estado alimentando al bebé a base de biberones con una infusión de hierba luisa y dándole a comer puré de arroz.

—Muchas de estas familias que viven en lo más profundo de la selva no saben nada de nutrición, ni de la importancia de dar el pecho —dijo Josephine.

Josephine descubrió que no creían en la existencia de gérmenes microscópicos, ni entendían nada del asunto; pensaban que la enfermedad del bebé era un problema espiritual. El abuelo sugirió que se trataba de una maldición que alguien había echado sobre la familia, mientras que la madre pensaba que era un acto de venganza de ciertos santos católicos, resentidos con ella por no haber recibido la devoción que merecían. Debido a esas creencias, la abuela había invitado a un vecino que practicaba el espiritismo, para que alejara del bebé las maldiciones por medio de una serie de cánticos. Para garantizar aun más el resultado, el espiritista cocinó una infusión especial compuesta por hierbas de la selva y cucarachas muertas, y se la dio en el biberón al bebé.

Fátima, conmocionada por la historia, empezó a reprender a la madre. Josephine le retiró educadamente al bebé el biberón con la pócima infernal y compartió con la madre la sabiduría divina acerca de la nutrición y el cuidado de la salud, basada en los libros de Deuteronomio, Levítico, Daniel y Ezequiel, entre otros. Después, Josephine les habló del amor de Dios hacia ellos. Fátima, Jon y Denise oraron por el bebé y la familia, y ataron a los poderes demoníacos. Finalmente, Josephine les dejó antibióticos para matar a los gérmenes que estaban causando la infección intestinal y, sin duda, salvó la vida del bebé.

El 22 de abril llegamos a Delícia, el pueblo de ribeirinhos más próximo al sendero suruwahá. En el pueblo no había ninguna lancha con motor de cola larga, o simplemente fueraborda, por lo que la madera seguía en el casco de carga de Zena. El sendero estaba demasiado lejos y la madera era demasiado pesada como para llevarla remando en piragua hasta el lugar de construcción en la selva, por lo que Suzuki y Márcia llevaban ya una semana esperando allí.

A la semana siguiente, con catorce personas a bordo y remolcando el casco lleno de madera, el *Abí* llegó al sendero situado en el arroyo Coxodoá. Cuatro años y medio antes, la primera vez que estuve allí, la ensenada tenía solamente tres metros de ancho (diez pies) y algo más de medio metro de profundidad (dos pies), pero era la estación seca. En aquel momento, sobre lo que habían sido largos e inclinados bancos de arena, había una caleta de treinta metros (cien pies) de ancho y muchos metros de profundidad. Introduje el *Abí* dentro y eché el ancla en la boca del arroyo, justo fuera de la corriente del río Cunhuá. Una gran masa de árboles marcaba el punto donde terminaba el Coxodoá y empezaba la densidad de la selva. A pesar de esta marcada delimitación, las aguas de la crecida fluían a través de los árboles durante muchos kilómetros en todas direcciones. Echamos amarras en medio de este mundo acuático y apagamos el motor. Todos respiramos aliviados y dimos gracias a Dios. A lo largo del viaje habíamos pasado por tantas dificultades que, incluso los misioneros a largo plazo entre las tribus indígenas, nos dijeron que nunca habían experimentado una batalla espiritual y física tan intensa.

Resultaba físicamente imposible encontrar sitio en el *Abí* para que catorce personas pudieran dormir a resguardo de la lluvia, así que todos, excepto Josephine y las niñas, fuimos cuarenta minutos río arriba hasta el lugar donde Suzuki y Márcia habían decidido construir su casa. El resto del día lo dedicamos a montar un campamento base en la selva. Instalamos un sencillo techo de lona impermeable para Daniel y Fátima, y otro para Roberto, Ezequiel y Nivaldo, que dormirían en hamacas a cubierto. Su protección estaría garantizada por los dos perros y dos escopetas. Mi familia, Jon y Denise, y Suzuki y Márcia dormirían en el *Abí* y viajarían todos los días hasta el lugar de construcción a borde de una canoa con motor de cola larga. Solo teníamos diecinueve días para hacer un gran claro en la selva y construir una casa en la selva, en lugar de los noventa que habíamos planeado originalmente. No tenía ni idea de cómo lograríamos hacerlo.

TREINTA Y TRES

LA VIDA EN LA SELVA

Durante dos largos y agotadores días, que transcurrieron en una condiciones climáticas brutales, transportamos la madera hasta el borde del arroyo e hicimos un claro en la selva para construir la casa.

—Odio dejarte a ti y a las niñas en el barco todo el día, pero aún no es seguro ir allí.

Josephine se encogió de hombros.

—No te preocupes por nosotras. Nos mantendremos ocupadas.

Ya lo creo que lo hacían. Tras recoger la mesa del desayuno cantaban canciones, tocaban música, hacían dibujos, manualidades y otras actividades de preescolar. Después preparaban la comida para que estuviera esperándonos cuando llegáramos por la noche. No podían salir del barco, porque la tierra firme más cercana estaba a cuarenta minutos, precisamente donde construíamos la casa. El sastre que solía hacerle los vestidos a Josephine le había confeccionado blusas y pantalones sueltos de mangas largas, para proteger la piel blanca de las niñas de los mosquitos, pero, a pesar de ello, no podían salir fuera, al tejado o a la popa del barco, porque nubes de pequeños mosquitos zancudos negros las atacaban sin piedad.

En el lugar de construcción, con una mano utilizábamos el machete para abrir un claro y con la otra espantábamos los mosquitos. El calor y la humedad eran sofocantes, pero ninguno de nosotros podía llevar mangas o pantalones cortos, porque cualquier trozo de piel expuesto era atacado sin piedad. Josephine sacrificó nuestra mosquitera de repuesto y nos cosió a cada uno de nosotros una bolsa que pusimos sobre nuestros sombreros y embutimos en el cuello de nuestras camisas, para así protegernos la cara y el cuello. Sin esa red, incluso el pequeño periodo de tiempo que nos llevaba sujetar un clavo y un martillo se transformaba en algo insufrible.

Cada noche programábamos nuestro regreso al barco a las 17:45, porque era cuando los mosquitos zancudos desaparecían. Su marcha provocaba una explosión de actividad en la que todo el mundo se apresuraba a lavar sus ropas, a realizar cualquier preparativo al aire libre que requiriese la cena y a darse un baño con cubos o mediante un chapuzón en el río. A continuación, a las 18:45, con la misma precisión horaria con la que los mosquitos zancudos terminaban su turno, los mosquitos normales iniciaban sus labores. Aquel intervalo de una hora, antes del anochecer, representaba nuestra única oportunidad de sosiego.

Otro motivo de frustración era que apenas conseguíamos pescar los peces necesarios para complementar nuestra dieta a base de arroz, judías y comida enlatada.

—¿Cómo es que no conseguimos pescar lo suficiente? —preguntó Denise a Suzuki.

—Estamos en la época de la crecida, y cuando el agua sube por encima de la ribera del río los peces nadan por la selva en todas direcciones.

En medio de la selva no se podía pescar con red, y mediante la pesca con caña solo se capturaban unos cuantos peces pequeños. Necesitábamos más proteínas, así que todos los días uno de nosotros llevaba una escopeta por si veíamos algún animal de caza durante nuestros trayectos de ida y vuelta en canoa. Un día vi un caimán de dos metros y medio (ocho pies) tomando el sol en un banco de arena. Le disparé directamente entre los ojos, pero a pesar de ello logró sumergirse.

—¿Has fallado el tiro? —preguntó Jon.

—No. Le he dado justo en la frente.

Suzuki viró en redondo y buscamos durante algunos minutos sin encontrarlo.

—Si lo has matado, mañana lo encontraremos flotando —dijo.

Daniel, Suzuki y yo decidimos que nada más llegar iríamos a cazar a tierra firme. Las aguas de la crecida hacían que los animales de caza se concentraran en las zonas altas del terreno, por lo que la temporada de inundaciones era la mejor para la caza. Los tres partimos junto con Fátima y sus perros. En menos de diez minutos los perros salieron disparados a través de la vegetación, aullando como locos. Daniel, Suzuki y yo los seguimos a la carrera, si saber qué perseguíamos. Quince minutos después vimos que los perros habían localizado a un animal que se había escondido en una madriguera.

—Es un jabalí —dijo Daniel.

—Se puede oler —añadió Suzuki.

En efecto, un olor penetrante a almizcle grasiento flotaba sobre el montículo de barro. Daniel y Suzuki cortaron unas largas ramas a modo de estacas y las introdujeron a través del barro para bloquear la salida del jabalí. Daniel nos contó que había aprendido ese método de los indios, que mataban a los jabalíes con lanzas.

Daniel me colocó frente al agujero mientras él sujetaba a los perros.

—Tu escopeta del calibre doce debería matarlo de un solo disparo. ¿Estás preparado? —preguntó.

Mientras yo apuntaba la escopeta hacia el agujero, Daniel y Suzuki introdujeron un palo largo y afilado por la parte posterior de la madriguera del jabalí, el cual dio un fuerte chillido y salió disparado hacia la salida, chocando con las ramas que la bloqueaban. Lo abatí de un disparo limpio en la cabeza. Mientras lo eviscerábamos, Fátima apareció paseando tranquilamente. Al parecer, había seguido el rastro hasta donde estábamos, lo que nos vino fenomenal, porque en el entusiasmo de la persecución habíamos quedado completamente desorientados. Suzuki y yo llevamos al jabalí en volandas al campamento, colgando de un gran palo que cargamos por ambos extremos. Durante los dos siguientes almuerzos y cenas todo el mundo se dio un festín.

Con la madera comprada en Manaos pudimos poner el suelo, las paredes, las puertas y las ventanas, pero tuvimos que proveernos de madera en la selva para el armazón de pilotes de los cimientos. Daniel y Suzuki fueron a explorar los alrededores en busca de pequeños árboles de maderas nobles que cortaron con una sierra eléctrica. Escogimos los cinco árboles más rectos para cortar los listones del suelo y cortamos otros diez por la mitad para los veinte pilotes del cimiento. Cargamos esos pilotes pesados de madera sobre nuestras cabezas u hombros a través de la jungla hasta el campamento, que en muchos casos estaba a casi dos kilómetros (más de una milla) de distancia. Tras efectuar cuidadosas mediciones, excavamos profundos agujeros y compactamos la arcilla pesada alrededor de los veinte pilotes hasta formar un rectángulo perfecto. Después clavamos los cinco listones del suelo horizontalmente sobre los pilotes, utilizando para ello enormes clavos de veinte centímetros (ocho pulgadas) casi imposibles de clavar en aquella madera tan dura. Esto nos mantuvo ocupados toda la primera semana, por lo que solo nos quedaron once días para completar el resto.

—No nos va a dar tiempo a terminarlo, ¿verdad, Jon?

—Antes de que me vaya habremos finalizado. No hay problema —dijo Jon.

Al día siguiente, dejamos montado todo el suelo antes del almuerzo, mientras Jon terminaba de medir y cortar las costillas de la estructura de las paredes. Por la tarde, construimos la trama de la primera pared externa, le adjuntamos los tablones de las paredes, la pusimos en su lugar y la clavamos.

—¿Lo ves?, te dije que lograríamos terminar —dijo Jon con una amplia sonrisa—. Mañana terminaremos las otras tres paredes.

A la mañana siguiente, nada más llegar, Nivaldo nos contó que al bajar de su hamaca había visto una venenosísima serpiente cascabel muda a poca distancia de donde estaba durmiendo. Con calma, había cogido su escopeta y la había matado.

—El sonido del disparo nos pegó tal susto que casi nos caemos de nuestras hamacas —dijo Ezequiel en su alegre portugués—. Pero debemos dar gracias a Dios de que Nivaldo la viera antes de que pudiera mordernos.

Aquel día terminamos las paredes exteriores y empezamos a colocar el revestimiento interior, las ventanas y las puertas. Jon y Márcia instalaron una zona de fregadero, una encimera de cocina y algunos armarios. Al igual que el día anterior, Jon tuvo que quitarse la red de la cara para tomar mediciones y cortar con la sierra de disco, por lo que tenía la cara llena de picaduras de mosquito.

A la mañana siguiente, Jon se puso una generosa cantidad de repelente en el rostro, con la esperanza de protegerse de los mosquitos. Sin embargo, cuando terminamos de desayunar tenía la cara totalmente hinchada debido una reacción alérgica. Aprovechando que por entonces Jon también luchaba contra un resfriado, Denise quiso darle un día de descanso. Yo tenía algunos arreglos que hacer en el barco, así que decidí quedarme con él. Esto dio a Josephine y a las niñas la oportunidad de subirse a la canoa y visitar el lugar de construcción, a fin de poder pasear por tierra firme por primera vez en varias semanas.

Jon se tomó el máximo número de píldoras antialérgicas que pudo para reducir la inflamación, y no tardó en quedarse dormido en el sofá. No quería despertarlo con mis golpes en el cuarto de máquinas, así que decidí probar suerte cazando.

Me deslice por la selva inundada remando rió arriba a bordo de la lancha. Su amplio casco me protegió cuando choqué contra una paxiúba, una palmera con negras espinas de quince centímetros (seis pulgadas) de largo. En la zona inundada de la selva había mucho espacio abierto, porque hasta allí no llegaba mucha luz solar. Tanto los árboles altos con hojas pequeñas como las asfixiantes enredaderas con hojas del tamaño de mi remo se alzaban todo lo que podían con el fin de capturar un destello ocasional de luz solar creado por la brisa que remecía el dosel de vegetación. Las etéreas epifitas colgaban de los árboles que les servían de anfitrión como serpentinas en una fiesta.

La noche antes había detectado la presencia de monos cerca del barco, así que rastree las copas de los árboles con la esperanza de que todavía estuvieran por la zona. Aparte del sonido ocasional de un pez saltando del agua, la selva estaba completamente tranquila. Remé todo lo silenciosamente que pude. Los monos tienen un oído y una vista excelentes, así que no es fácil acercarse a ellos. Llevaba veinte minutos remando cuando divisé a un grupo de monos comiendo fruta. Dirigí discretamente la lancha hacia su árbol. Tres de los monos estaban casi en la copa, y otros tres estaban distribuidos por ramas más bajas. Mientras ataba la lancha a un árbol pequeño, el mayor de los monos se puso en pie y empezó a observarme fijamente. Permanecí absolutamente inmóvil durante quince segundos, dejando que, literalmente, me examinara de arriba abajo. Su cuerpo estaba cubierto de pelo marrón oscuro, a excepción de una cresta mohicana amarilla y naranja que habría sido la envidia de los punks con los que solía hablar en Hollywood. No pude evitar sonreír mientras nos mirábamos el uno al otro.

Esperaba que soltase un chillido para alertar a los demás miembros del grupo, pero se sentó y empezó a masticar de nuevo. Evidentemente no se sintió amenazado ya que una amplia capa de vegetación se interponía entre él y el cañón de mi escopeta del calibre 12. Sin embargo, uno de los monos de las ramas bajas estaba al descubierto y dentro de mi alcance. Como el jefe del grupo no había avisado a los demás, aquel mono no había advertido mi presencia. Lentamente levanté el cañón de la escopeta.

Boom. La fuerte explosión recorrió la selva. Los monos huyeron saltando en todas direcciones por las copas de los árboles en medio de una gran algarabía. Continué observando la escena a lo largo del cañón de mi escopeta. El mono al que había disparado no había huido, pero tampoco había caído. Me quedé mirándolo fijamente durante algunos tensos segundos hasta que se desplomó en el agua. Remé hacia el lugar donde pensaba que había caído, pero infelizmente los monos no flotaban, como sí sucedía con las aves acuáticas que cazaba en Estados Unidos.

No se me había ocurrido pensar lo difícil que sería buscar bajo el agua un mono muerto. Remé hacia delante y hacia tras, sondeando el fondo con mi lanza de pesca en el hielo traída de Minesota. Tras algunas pasadas sin éxito me di cuenta de que aquello no iba a funcionar. La alternativa era meterse en el agua e inspeccionar el fondo con mis pies, pero por entonces el mono ya llevaba sangrando más de cinco minutos, así que su sangre podía haber atraído a todo tipo de depredadores. Pirañas, caimanes y anacondas me vinieron rápidamente a la cabeza. Sin embargo, me recordé a mí mismo que desde que nos habíamos terminado el jabalí, diez días antes, no habíamos comido nada de carne ni pescado. Espoleado por el hambre, até la lancha a un pequeño grupo de árboles y salte al agua completamente vestido.

El agua me llegaba hasta la barbilla. Avancé arrastrando los pies a izquierda y derecha por el fondo, utilizando mi lanza de pesca de cuatro puntas para evitar ser empujado hacia atrás por la corriente. Tras unos pocos minutos escuché un fuerte chapoteo. Mi corazón empezó latir con fuerza. Estaba a más de seis metros de la lancha. Tenía la esperanza de que fuera solo el salto de un pez, pero en caso de ser un caimán era hombre muerto. Me acordé del caimán al que había disparado la semana anterior. Nunca lo encontramos. ¿Me habría estado acechando? Mientras me esforzaba por no dejar que el miedo se apoderase de mí, le di una patada al mono muerto. El corazón me dio un vuelco. Pinché el mono con la lanza y lo alcé a la superficie. Tenía una expresión de sorpresa, como si se hubiera electrocutado. Eché una rápida carrera por el agua, como a cámara lenta, arrastrando el mono detrás de mí hasta ponerme a salvo en la lancha.

Cuando llegué al *Abí* Jon se había despertado.

—¡Fantástico! —exclamó al verme izar el mono a cubierta—. No puedo esperar a la cena de esta noche. ¿Cuánto tiempo hace que no comemos carne?

Las palabras de Jon me hicieron sentir realmente bien. Josephine quedó también muy complacida cuando volvió con las niñas del lugar de construcción, y premió con un gran beso mi gesta de cazador. Fátima y Josephine comentaron emocionadas cómo prepararían el mono, y pronto la olla a presión empezó a despedir el delicioso aroma de la carne guisada con frijoles brasileños. Cuando se terminó de hacer, nos servimos un gran bol de esponjoso arroz blanco bañado con un espeso guiso de frijoles pintos sazonados con mechas de carne de mono.

Fátima levantó un pequeño bol en sus manos y dijo:

—Sé que fue Kent quien disparó al mono, así que probablemente debería ser él quien recibiera este plato.

Me miró mientras Josephine traducía. Pude ver que Fátima pretendía honrar a Jon y Denise, así que asentí para mostrar mi aprobación. Una vez obtenido mi permiso, continuó:

—Jon y Denise, ustedes han trabajado duro y servido con alegría. Sin sus habilidades y liderazgo no habríamos podido construir la casa en la selva. Como muestra de agradecimiento, he preparado especialmente para ustedes una exquisitez culinaria hecha con sesos de mono.

Jon y Denise me miraron con la esperanza de que aquello fuera una broma. Fátima les puso el bol delante y Jon palideció como si fuera a desmayarse en el acto. Daniel agarró el cuenco de un salto y aclaró rápidamente que no tenían por qué comer sesos de mono si no querían. Tras algunos tiernos cuidados por parte de Denise y unos pocos vasos de agua, Jon logró recuperarse. Pronto estábamos riendo y gozando de un maravilloso plato de arroz con carne y frijoles. Mientras tanto, Fátima y Josephine estaban sentadas lejos de la vista de los demás saboreando aquel selecto manjar.

TREINTA Y CUATRO

AL FIN LÁBREA

Terminamos de construir la casa e incluso nos sobró un día. Solo nos quedaba el tedioso proceso de hacer el techo de hojas de palmera. Suzuki dijo que, para celebrarlo, prepararía açaí para todos. A lo largo de las riberas del Coxodoá crecían hileras de palmeras de açaí. Durante los dieciocho días que subimos y bajamos por el río, expresamos en voz alta nuestra ganas de degustar el delicioso sabor de la pulpa intensamente púrpura de aquella fruta, que podía beberse y también comerse como un espeso batido.

Mientras el resto del equipo construía una plataforma al borde del río para lavar la ropa, llevé a Jon, Denise y Suzuki en nuestra lancha hasta un grupo de palmeras de açaí. Suzuki, que había crecido en una ciudad cercana a São Paulo, comenzó a trepar por la palmera de unos doce metros, (cuarenta pies) provisto de un lazo echo con hojas de palmera atado alrededor de sus pies descalzos que le ayudaba a sujetarse al tronco, y de un cuchillo apretado fuertemente entre sus dientes.

—¿Qué haces, Suzuki? —dijo Jon riendo.

—No es peligroso. Si se cae, solo se arriesga a darse un chapuzón —dije yo.

Suzuki cortó la gran panoja cargada de fruta y se deslizó lentamente hacia bajo por el tronco. Regresamos al campamento base con seis de esas panojas, que contenían cada una más de quinientos pequeños frutos parecidos a los arándanos, solo que más duros y de un púrpura oscuro. Suzuki puso a remojo los miles de frutos en un balde. Las seis panojas, ya sin sus frutos, parecían espesas escobas, y podían utilizarse como tales. Nuestros colegas brasileños no tardaron en tomarlas en sus manos y empezar a barrer con ellas el claro hecho en la selva.

—Mantener una zona despejada alrededor de la casa sirve para alejar a los bichos —explicó Márcia—. Las serpientes, los pequeños animales, incluso las hormigas y los mosquitos detestan la desprotección de una zona completamente desnuda.

Tras el almuerzo, Suzuki restregó los frutos de açaí en una tabla de lavar que se había traído para limpiar su ropa. Los restregó y los frotó para quitarles la cáscara dura exterior y exprimir la fina capa de pulpa. A media tarde Suzuki emergió triunfante, exhibiendo una jarra de plástico de dos litros y medio (medio galón) de zumo con la consistencia del sirope. Márcia nos reunió a todos y nos entregó ceremoniosamente a cada uno una taza y una cuchara. A continuación, tras dar las gracias a todos por su duro trabajo, compartió generosamente su preciosa reserva de azúcar y de tapioca color perla, que mezclamos mientras Suzuki nos servía a cada uno una taza de açaí.

Estaba delicioso. Las tiendas de zumos y los carritos de helado de Manaos que ofrecían açaí habían sido siempre mis favoritos, pero el açaí recién exprimido estaba tan bueno que todos nos quedamos sentados en silencio saboreando los matices de sabor, complejos y sensacionales. Todos terminamos con sonrisas teñidas de púrpura.

A la mañana siguiente, Jon y Denise cargaron su equipaje en la canoa de Suzuki y Márcia. Sasha, Chloe y Alexandra les dieron alegres abrazos. Denise y Josephine los abrazaron con el rostro lleno de lágrimas. Yo di a Jon un masculino abrazo de oso.

—Ha sido fantástico —dijo Jon.

—¿Después del trauma por el que os he hecho pasar, dices «ha sido fantástico»?

—Bueno, puede que en algún momento echáramos de menos estar en casa...

—En mi caso, en más de un momento —dije, mientras reíamos juntos—. Quiero que sepan, Jon y Denise, que los siervos habilidosos y expertos, como ustedes, que trabajan tras las bambalinas, son de mucha valía. Las misiones no tendrían éxito sin ustedes.

—Bueno, muchas gracias —dijeron ambos.

—Nosotros somos buen ejemplo de ello. Nuestro ministerio familiar en el barco fluvial se habría ido a pique sin ustedes.

—Ja, ja, muy gracioso —dijo Denise, mientras Josephine ponía los ojos en blanco.

—Llevo seis semanas esperando para poder decirlo —dije con una sonrisa.

Permanecimos como familia en la escalera de popa, espantando con una mano los pequeños zancudos negros y con la otra diciendo adiós a Jon y Denise. Suzuki arrancó el motor e introdujo el eje de cola larga en el río Cunhuá para impulsar la canoa hasta el poblado indio Dení.

El 13 de mayo, el avión de Wycliffe pasó sobre nosotros balanceando las alas para confirmar que el encuentro había transcurrido conforme a lo planeado. Después el piloto voló por encima de la aldea suruwahá para que Jon y Denise pudieran ver la maloca y la tribu india a la que habían servido indirectamente. Mientras el avión se alejaba, había un ambiente de victoria espiritual. El mismo ambiente que había sido tan espiritualmente opresivo ahora estaba lleno de paz. ¡Dios había ganado la batalla! Sentíamos que los cielos se regocijaban con nosotros por la finalización de la casa en la selva.

El resto de nosotros permanecimos allí aún diez días más, recogiendo hojas de palmera para terminar el techo de la casa. Cada hoja grande y redondeada se doblaba por la mitad y se clavaba a las vigas del techo, empezando por los salientes bajos y subiendo hasta la viga superior. El 21 de mayo terminamos el techo. Suzuki y Márcia desplegaron una alfombrilla que decía «Hogar dulce hogar» en el peldaño de entrada. Al día siguiente, Ezequiel, Roberto, Nivaldo, y Daniel y Fátima levantaron el campamento y se trasladaron con nosotros al *Abí*. Antes de que Suzuki y Márcia regresaran para ocupar juntos su primera casa, todos oramos por ellos y nos despedimos.

El motor del *Abí* llevaba algunas semanas sin arrancar debido a un problema desconocido. Convencidos de que el barco de Dave y Elizabeth ya tendría un nuevo motor de arranque, Ezequiel y Nivaldo se ofrecieron a ir río abajo en su canoa a pedirles que vinieran a remolcarnos. Mientras se preparaban para partir, Josephine y yo les agradecimos su servicio y el haber permanecido junto a nosotros en el difícil viaje inaugural. Roberto se ofreció a quedarse y ayudarnos a llevar el barco hasta Lábrea.

Sin embargo, a la mañana siguiente, llegó Zena, el comerciante fluvial propietario del casco vacío.

—Gracias de nuevo por prestarnos el casco —le dije, y le comenté acerca de nuestro éxito en terminar la construcción de la casa.

—¿Se marchan ya?

—Nos gustaría, pero hace algunas semanas que no conseguimos arrancar el motor.

—Puedo echarle un vistazo, si quiere.

—Oh, sí, por favor, hágalo.

En treinta minutos el motor estaba arreglado. Así que solo veinticuatro horas después de que partieran Ezequiel y Nivaldo, nosotros también empezamos a bajar el río. Primero nos dirigimos a la bahía de Puma, donde ayudamos a Daniel y a Fátima a regresar a su casa. Nos llevó todo el día recorrer un pequeño arroyo y después caminar a través de la selva con nuestras tres niñas, pero fue estupendo visitar el poblado baniwá y poder ver dónde trabajaban.

Después, pusimos rumbo a Caroço, adonde llegamos al amanecer del 27 de mayo. Nos quedamos allí todo el día, para que las niñas pudieran correr y jugar en tierra firme con los demás niños del pueblecito. Pero al día siguiente nos despedimos de Dave y Elizabeth y de su joven hijo Joshua. Ellos iban a permanecer en Caroço para plantar una iglesia entre la comunidad de los ribeirinhos.

A los dos días de salir de Caroço nos detuvimos para conocer la obra de desarrollo comunitario que Paulo y Jorge llevaban a cabo en una comunidad de ribeirinhos, cerca de la confluencia entre los ríos Tapauá y Purús. Yo me sentía débil, algo que atribuí al esfuerzo de la caminata de ida y vuelta al poblado baniwá, pero de repente empecé a empeorar y fui a visitar a la enfermera que trabajaba con Paulo y Jorge. Era una estadounidense a la que todo el mundo llamaba Gilli. Llevaba una pequeña clínica y una base de investigación de la malaria. Tras extraerme sangre y examinarla al microscopio, me diagnosticó con malaria de tipo *P. vivax*. Me dio cloroquina, el tratamiento preferido en esos casos, y nos ahorró tener que dar un rodeo de tres días hasta el hospital de Tapauá. Por la gracia de Dios, conseguí reunir suficientes fuerzas como para hablar a la pequeña comunidad de ribeirinhos que Paulo y Jorge habían iniciado.

El domingo 9 de junio llegamos a Lábrea, Amazonas. Según mi diario de viaje, habíamos pasado setenta y siete días fuera, y navegado en el *Abí* durante 277 horas, desde que salimos de Manaos. Al hacer los cálculos, me di cuenta de que 277 horas de navegación equivalían a realizar más de cuatro veces el trayecto entre Los Ángeles y Nueva York conduciendo. Esas eran las distancias en el Amazonas. Aquel viaje maratónico había terminado, pero nuestra labor a largo plazo entre la gente del río acababa de empezar.

SEXTA PARTE

UNA FAMILIA EN UN BARCO FLUVIAL

Y Jesús crecía en sabiduría y en estatura, y en gracia
para con Dios y los hombres.
Lucas 2:52

TREINTA Y CINCO

UN TIEMPO DE ORACIÓN FRUCTÍFERO

Finalmente comenzábamos nuestro propio ministerio como familia a bordo de un barco fluvial; casi parecía irreal. Nuestros cuatro años y medio en el Amazonas nos habían enseñado que nuestra sensibilidad espiritual aumentaba al llegar a un nuevo lugar. Aunque Samauma era nuestro destino, dicho lugar se encontraba dentro del distrito de Lábrea. Las autoridades del municipio tenían una influencia indudable sobre los cientos de asentamientos ribeirinhos de su territorio. Lo primero que sentimos Roberto, Josephine y yo cuando nos pusimos a orar fue que en Lábrea había una fuerte indiferencia hacia las cosas espirituales, así que preguntamos al Señor por qué.

—Tengo la impresión de que la gente viene a Lábrea buscando mejorar su salud, pero lo que hace es ponerse más enferma —comentó Josephine.

—Lo que describes se parece mucho a lo que yo he escrito: grandes esperanzas que terminan en sueños destruidos; grandes proyectos que resultan en una pérdida de tiempo y dinero; personas que aspiran al éxito, pero terminan en fracaso. Quizá, es un espíritu de mentira —replicó Roberto.

Al día siguiente nos mudamos a la misión holandesa. Allí escribí notas detalladas sobre nuestro tiempo de oración. Lo que mencionó Roberto sobre un espíritu engañador parecía verdad; en Juan 8:44 Jesús llamaba a Satanás «padre de mentira». Continué leyendo, y al llegar a Juan 10:10 me di cuenta de que el principal objetivo de

Satanás es hurtar, matar y destruir. Esto me hizo recordar la «visión dura» de Isaías 21; la primera visión que tuve sobre ir a ministrar al Amazonas, así que examiné ese pasaje de nuevo.

> «¡Levantaos, oh príncipes, ungid el escudo! Porque el Señor me dijo así: Ve, pon centinela [...] sobre la atalaya estoy yo continuamente de día, y las noches enteras sobre mi guarda [...] Cayó, cayó Babilonia; y todos los ídolos de sus dioses quebrantó en tierra»[5].

Seis años antes no había entendido lo que Dios me había querido decir, pero ahora estaba claro. Dios me estaba enseñando que, a través de la oración y la intercesión (pon centinela) y mediante la guerra espiritual (levantaos, oh príncipes, ungid el escudo), el propio destructor sería destruido.

El Amazonas había destruido muchas esperanzas y sueños. Hacía tiempo había leído en un artículo que los dos fracasos empresariales más grandes del siglo XX habían tenido lugar en la selva amazónica brasileña. Henry Ford, el hombre más rico del mundo en 1927, había comprado una inmensa cantidad de terreno con la intención de crear una plantación de árboles del caucho lo suficientemente grande como para monopolizar el comercio de ese producto en Estados Unidos. Fracasó miserablemente.

Sin embargo, las pérdidas de Ford palidecieron en comparación con las que sufrió el magnate naviero estadounidense Daniel Ludwig, que en la década de los ochenta del siglo pasado era el hombre más rico del mundo. Construyó una ciudad completa y organizó una inmensa plantación de árboles tropicales. Su objetivo era ser el propietario de una de las mayores plantaciones y papeleras del mundo, a fin de abastecer al mercado mundial de papel de oficina. Con el tiempo, él también tuvo que abandonar su proyecto tras sufrir grandes pérdidas.

Tras acostar a las niñas, Josephine y yo revisamos las notas de nuestras oraciones y leímos juntos Juan 10:10 e Isaías 21.

—No puede ser coincidencia que los dos mayores fracasos empresariales del siglo XX se hayan producido en el Amazonas —dije—. Ambos hombres eran inteligentes y los más ricos del mundo, y sin embargo fracasaron en su intento de crear plantaciones allí. Algo no encaja. Todo esto me convence de que el principado que reina sobre el Amazonas es muy fuerte y ha destruido mucho.

Me senté, sintiéndome asombrado al pensar en cómo nos había avisado Dios, incluso antes de que llegáramos al Amazonas, en cuanto a que «el destructor destruye». Y vaya que si había destruido: el barco había volcado, la camioneta resultó aplastada, nos robaron nuestras pertenencias, se había quemado nuestra cama, el barco se había hundido, el motor se había incendiado, la lancha y Alexandra se habían extraviado, y habíamos estado a punto de naufragar en las aguas rápidas del río.

Si el príncipe del Amazonas era el espíritu de destrucción, entonces ¿quién o qué era el hombre fuerte de Lábrea? Me propuse discernir dicho extremo, meditando durante algunas horas.

Josephine cerró su libro y me llamó:

—Ven a la cama, guapo, se hace tarde.

—Vaya, cómo me gustaría haber entendido Isaías 21 hace seis años —me lamenté mientras cerraba mi Biblia.

—En fin, el pasado ya no tiene remedio —dijo Josephine bostezando.

—Cierto, pero sí podemos hacer algo respecto al futuro. ¿Quieres conocer algo en cuanto al futuro?

—Solo si es corto y rápido —dijo ella cerrando los ojos.

—La visión dura de Isaías 21 termina con la promesa de que el destructor será destruido. ¡Ya sucedió antes, en Babilonia, así que puede volver a suceder aquí, en el Amazonas!

Al día siguiente volé a Porto Velho para hacer acopio de provisiones y llevar nuestras pertenencias a Lábrea en la camioneta. Compartí con Reinaldo y Bráulia la visión que había tenido respecto a nuestro ministerio entre los ribeirinhos, al que apodé PAI, acrónimo de *Posto de Assistência Integral* (Puesto de Ayuda Integral). Como muchas comunidades de ribeirinhos tenían una escuela que solo se utilizaba medio año durante tres horas al día, se me ocurrió que podríamos utilizar la escuela para montar un puesto de salud, una iglesia y un centro comunitario.

—Me gustaría llamar a dicho edificio multipropósito *Casa do PAI*.

—Vaya, me gusta esa visión —dijo Reinaldo alentadoramente.

Por supuesto, eran conscientes de que *pai* es la palabra portuguesa para «padre», por lo que el edificio se llamaría Casa del Padre.

—Me gusta mucho el nombre —dijo Bráulia—. El nombre Casa del Padre es culturalmente significativo e integra el desarrollo de la comunidad con la plantación de iglesias, lo cual es una gran idea.

John Dawson nos había dicho durante su visita que una de las claves para derribar fortalezas espirituales era tener la actitud opuesta. Ciertamente, esto implicaba comprometerse en el desarrollo. Así pues, plantar iglesias a través del desarrollo comunitario parecía claramente la estrategia espiritual correcta.

Aquella noche, compartí mi visión sobre la Casa del Padre con otros miembros del equipo y después tuvimos un poderoso y conmovedor tiempo de oración. Edmilton, un afrobrasileño alto, oriundo de Río, y con una sonrisa y una actitud contagiosas, nos confirmó que colaboraría con nosotros en Samauma a partir de septiembre. Él sería el primer miembro de nuestro equipo, ya que Roberto tenía pensado regresar a casa tan pronto como yo regresara a Lábrea.

El 21 de junio, a las 4:30 de la mañana, salí de Porto Velho en mi camioneta, ahora llena hasta los topes. A las cinco estaba en el ferry, cruzando el río Madeira para volver al estado de Amazonas. A las 7:30 había recorrido 200 kilómetros (130 millas) y llegado al punto en el que la carretera asfaltada giraba al este hacia una gran ciudad, mientras que la carretera transamazónica giraba al noroeste hacia Lábrea, a otros 200 kilómetros de distancia. Me detuve en una parada de camiones para llenar el depósito con diesel.

—¿Cuánto se tarda en llegar a Lábrea? —pregunté al trabajador que llenaba mi depósito.

—Los camiones de carga lo hacen en unas doce horas —dijo.

¿Cómo se pueden tardar doce horas en recorrer solo 200 kilómetros?, pensé. *Acabo de hacer 200 kilómetros en dos horas y media.* Mientras pensaba en ello, el trabajador de la estación de servicio dejó de llenar el depósito y lanzó una mirada escrutadora, primero a mí y luego a la camioneta. Entonces dijo:

—Pero en cuanto a usted, no le podría decir. Nunca he sabido de alguien que viaje solo por la Transamazónica.

Aquel comentario no me transmitía mucha confianza.

La Transamazónica era todo lo que yo imaginé que sería. Los primeros quince kilómetros (diez millas) recorrían una serie de granjas y era evidente que se transitaban con regularidad. Puse la camioneta en modo tracción a las cuatro ruedas y circulé un buen trecho a través de enormes baches cenagosos de muchas decenas de metros. Mis habilidades como conductor invernal me vinieron muy bien. A medida que desaparecían las granjas, también lo hicieron los baches en el barro y la carretera se volvió lisa. Los primeros cincuenta kilómetros me llevaron solo cuarenta minutos. Justo cuando estaba pensando *esto va a ser pan comido* llegué al primero de los muchos ríos que tenía que cruzar.

Para los estándares de la selva amazónica se trataba de un río pequeño, con un puente de vigas de madera que se parecía a uno de esos que hacen estallar en las películas del salvaje oeste. Entre el punto en el que terminaba la carretera de tierra y el principio del puente había una distancia considerable. Unas planchas rechonchas que descansaban sobre troncos de árboles cubrían el espacio intermedio. Tenía mis dudas sobre la robustez del puente, así que lo inspeccioné antes de cruzarlo conduciendo. Después, al ir a cruzarlo, tuve que mover cuatro grandes planchas una y otra vez para que mis ruedas no se introdujeran por alguno de los muchos agujeros. Cuando finalmente terminé de cruzar el puente, me di cuenta de que había invertido cuarenta minutos en recorrer ciento veinte metros.

Había casi una docena de puentes desvencijados y cinco ríos equipados con barcazas que tenía que operar manualmente yo solo. Tardé exactamente doce horas en recorrer aquellos 200 kilómetros. Había viajado solo a través de la Transamazónica, pero no era algo que quisiera hacer de nuevo.

TREINTA Y SEIS

SAMAUMA

De regreso en Lábrea, Roberto y yo dedicamos toda la semana siguiente a poner a punto el barco y descargar el contenido de la camioneta. Pesadamente cargados con bolsas, cajas y maletas descendíamos como mulas de carga con mucho cuidado hacia la embarrada ribera del río, y después subíamos por la inestable pasarela del *Abí*. Seis años antes, Josephine y yo le preguntamos a Dios si debía ir al viaje de prueba por el Amazonas en compañía de Calvin y Todd. Dios nos había respondido de manera muy espectacular, dándonos a ambos los mismos versículos de Marcos 14:3-9. El día que se hundió nuestro bote, seguido del temible viaje inaugural, nos vino muy bien traer a la memoria la guía divina.

Dios nos había dado una triple orientación. En primer lugar, debíamos realizar el trabajo pionero de abrir una base de JUCUM en el río Manaos, de manera que los misioneros que viajaban en barcos fluviales pudieran atracar y realizar labores de mantenimiento. En segundo lugar, debíamos ofrecer apoyo a los misioneros que realizaban un ministerio entre las tribus indígenas. Finalmente, debíamos fundar iglesias entre las comunidades no alcanzadas de la gente del río. Aquel 3 de julio marcó el comienzo del tercer paso de esta palabra que nos había dado el Señor.

Como ya habíamos hecho el viaje antes, sabíamos que el trayecto río arriba nos llevaría unas nueve horas. Antes de izar amarras y salir de Lábrea nos reunimos como familia en la habitación principal del barco.

—¿Está listo todo el mundo? —grité—, ¿listos para la aventura?

—¡Aventura! —gritaron Sasha y Chloe.

—¡Ab... blentuda! —dijo Alexandra en un tardío intento de copiar a sus hermanas.

—Debemos estar unidos, Papá, Mamá, Sasha, Chloe y Alex —explicó Josephine con su maternal acento australiano—. Chicas, tienen que obedecer a papi y mami de forma total e inmediata, de manera que todos estemos seguros, ¿de acuerdo?

—Sí, mami.

—Oremos —dije yo, y nos tomamos de la mano.

Chloe oró para que el barco no se hundiera. Sasha oró por sus amigas de Manaos. Alexandra oró: «Dios... orar... ¡divertirse!».

—Amén —dijimos todos a la vez.

Puse en marcha el motor y las niñas rieron felices, y no tardaron en ponerse a hacer payasadas de lo emocionadas que estaban. Alexandra hacía muecas y nos hacía reír con sus payasadas de niña de dos años. El barco parecía espacioso por primera vez. Yo era el capitán, el timonel y el mecánico, y Josephine era la cocinera, la ayudante de cubierta y la oficial de primeros auxilios. Estábamos solos como familia en nuestro barco fluvial.

Dimos las gracias a Roberto por su ayuda y le dijimos adiós mientras nos alejábamos de Lábrea. Las dos orillas estaban salpicadas de casas sencillas, simples cabañas con techos de hojas de palmera. Los hombres se ponían en pie en sus canoas y pescaban arrojando al río sus redes redondas. En las riberas cercanas había plantaciones de frijoles, mandioca, maíz y otros vegetales. Las aguas de la crecida llevaban retirándose desde finales de abril. El río Purús transcurría de nuevo entre sus riberas, así que no corríamos peligro de perdernos. No obstante, a medida que bajaba el nivel del río, aumentaba el peligro de embarrancar en un banco de arena, algo que podía poner fuera de combate la hélice o el timón. No tenía un sonar de profundidad, así que tenía que ser cuidadoso. La norma general consistía en permanecer en el centro del río cuando se iba corriente abajo, pero a contracorriente uno debía viajar por aguas lo menos profundas posible, pues era en ellas donde la corriente era menos fuerte, lo que servía para ahorrar tiempo y combustible.

Al caer la tarde llegamos a Samauma, el destino para el que nos habíamos estado preparando y para el que habíamos trabajado de forma específica durante más de dos años, desde el día en que el Senhor Pedro nos había invitado a ir y proporcionar cuidados sanitarios a su comunidad. Tras clavar unos pesados pilotes en el espeso barro y amarrar el barco, caminamos ribera arriba y fuimos entusiásticamente recibidos por Pedro e Isabel.

—Qué bueno es Dios por haberos enviado —dijo Pedro radiante.

—¡Nosotros estamos muy agradecidos de estar aquí! Estas son nuestras hijas: Sasha, Chloe y Alexandra.

—¿Se acuerdan de nuestra hija Gracie? —preguntó Isabel girándose hacia una joven que ahora tenía veinticinco años. Cuando entramos en su casa conocimos a sus tres hijos más jóvenes, y nos dijeron que los tres mayores habían salido a pescar. Claudio, Adalcír y João tenían ahora veintidós, veinte y dieciocho años respectivamente. El hijo mayor estaba casado y vivía en Lábrea.

No tardamos en establecer nuestra rutina diaria como familia. Cada mañana hacía tareas caseras y limpiaba el pescado que nos traía Claudio, mientras Josephine daba clase a las niñas en la habitación principal. Sin embargo, la energía y curiosidad de nuestra hija más pequeña, Alexandra, era difícil de compaginar con la estudiosa dedicación con la que Sasha y Chloe estudiaban el alfabeto o aprendían matemáticas, algo que solían hacer mediante el cálculo de ingredientes de cocina. La insistencia de Alexandra en ayudar a Sasha y Chloe a decorar sus notas con dibujos de caimanes, monos y peces, para fijarlas con tachuelas por todo el barco, las llevaba a menudo a la desesperación. Por lo tanto, cambié mi rutina y decidí llevarme a Alexandra a la comunidad por las mañanas. Mi objetivo era aprender las historias que contaban los ancianos y aprender la forma de hablar de los ribeirinhos.

Todo el mundo adoraba a Alexandra. Sus mejillas regordetas y comportamiento gracioso eran irresistibles. Si tenía poco tiempo o quería hablar más en una determinada casa, mandaba a Alexandra por delante para que visitara el resto de las casas en compañía de otros niños. La gente se enfadaba conmigo si Alexandra no iba a visitarlos todos los días.

«Cheguei», es decir «llegué», gritaba Alexandra, y batía palmas para anunciar su entrada. Como el agua del río sin tratar causaba

muchas enfermedades, todo el mundo sabía que no dejábamos que
Alex bebiera el agua que tenían en sus hogares. Pero como para hacer café se hervía el agua, le permitíamos beber los pequeños cafés
brasileños llamados *cafezinhos*, que le ofrecían en cada una de las
casas. Hacer la ronda entre las casas de la comunidad se transformó
en su rutina diaria.

A la caída de la tarde o comienzo de la noche íbamos como familia a visitar a la gente, asegurándonos de llevar nuestra amistad
a todas las familias de la comunidad. Nuestro objetivo durante los
primeros seis meses fue crear un sentido de pertenencia sociocultu-
ral; en otras palabras, encajar y ser aceptados. La Biblia lo explica así:
«aquel Verbo fue hecho carne, y habitó entre nosotros».

Un libro que leí durante mi tiempo de capacitación misionera
decía que Jesús se hizo un hablante de arameo occidental, un gali-
leo del norte, un proletario y un varón judío religioso conservador[6].
Aquello sí que fue completo y específico. Sentía que debíamos ser así
de específicos si queríamos ser aceptados por los ribeirinhos y ser
eficaces en el ministerio.

Nuestra estrategia consistía en ganarnos su confianza viviendo
entre ellos, y viviendo como ellos hasta donde fuera posible. A ese
fin nos vestimos como ellos, lo que significaba ponernos simples
camisetas y pantalones cortos. También comíamos lo mismo que
ellos. Todos los días nos daban pescado, lo cual era estupendo, pero
también significaba que si se quedaban sin pescado un día, también
debía ser así con nosotros. A cambio de su provisión diaria de proteínas frescas, nosotros les proporcionábamos atención sanitaria
y ayuda al desarrollo. En pocas palabras, teníamos un acuerdo no
escrito por el cual ellos nos darían lo que pudieran y nosotros les
daríamos lo que pudiéramos.

Tras visitar a las familias, volvíamos al barco antes del anochecer
y nos bañábamos subiendo cubos de agua del río. Luego encendía el
generador para que tuviéramos algo de luz para leer o jugar a juegos
de mesa, y para cocer pan en la panificadora. La televisión la teníamos
en la habitación principal, en lugar de tenerla en nuestro dormitorio del piso superior, ya que solíamos utilizarla para hacer presentaciones sobre cuidados sanitarios. Un par de noches a la semana

hacíamos algo especial: poníamos películas de Disney a las niñas. Esas noches de cine, los niños de la comunidad, así como muchos adultos, se colgaban del borde de nuestro barco, y miraban a través de las ventanas. Cuando llegaba la hora de acostarnos teníamos dos ventiladores en nuestro dormitorio que nos ayudaban a conciliar el sueño en el calor tropical. El generador se quedaba sin combustible aproximadamente a las cuatro horas de funcionamiento.

La habitación principal era nuestro espacio público. Allí recibíamos a las visitas y Josephine pasaba consulta en cuestiones de salud. Llevábamos solo dos días en Samauma cuando vinieron a vernos al barco cuatro mujeres con el embarazo muy avanzado, que viajaban apretadas en la misma canoa. Ayudé a las cuatro a subir torpemente por la pasarela. Nos contaron lo felices que estaban de que Josephine hubiera venido y pudiera ayudarlas a dar a luz a sus bebés. Josephine pareció conmocionada ante el pensamiento de cuatro inminente partos. Supe que necesitaba examinarlas, así que tomé a las tres niñas y me fui con ellas en la canoa a recoger de en medio del río nuestra agua de beber.

—Adiós, cariño, que te diviertas —dije, mientras me alejaba remando con las niñas.

—Ora por mí. Necesito sabiduría divina respecto a si debo ayudar a dar a luz a estas mujeres.

Apenas tuvimos tiempo de orar, ya que al día siguiente una de ellas se puso de parto. Como era la primera vez que Josephine ayudaba a parir a una mujer de la comunidad, su éxito nos haría ganar la confianza del entorno. Y gracias a Dios así fue; nació un niño saludable.

TREINTA Y SIETE

COMIENZOS DIVINOS

A la noche siguiente, un hombre llamado Pedro, que vivía en la siguiente comunidad río arriba, de nombre Estação, nos trajo a su hija de catorce años, Antonia, para una consulta de salud. Tenía sinusitis, dolor de cabeza y fiebre. El diagnóstico fue de gripe. Como el zumo del pseudo fruto del anacardo, la manzana de cajú, tiene cinco veces más vitamina C que la naranja, Josephine le prescribió zumo de cajú, agua y descanso. Antes de que partieran, Josephine preguntó a Pedro si podía orar por su hija y por su curación. Nos lo permitió, así que oramos.

A la mañana siguiente, acompañé a Josephine a realizar una visita posparto a la mujer que había dado a luz al día siguiente de nuestra llegada. Mientras subíamos la pronunciada cuesta que conducía hasta su casa, Antonia apareció en la ventana.

—Mira, es Antonia —dije, mientras ella bajaba la cuesta dando saltitos, sonriente y repleta de salud—. Antonia, Dios te ha sanado —añadí, mirándola directamente a los ojos.

—Lo sé —replicó ella.

—Y solo doce horas después de que oráramos. ¡Es un milagro! —dijo Josephine.

Antonia le devolvió una amplia sonrisa.

Unos cuantos días más tarde, poco después de la medianoche escuchamos a alguien golpear con los nudillos sobre el casco del barco y la voz de un hombre que llamaba a «Josefina».

Su esposa, Vanjira, llevaba de parto algunas horas y necesitaba la ayuda de Josephine. Encendí una linterna para que pudiera vestirse.

—Ora por mí —pidió Josephine—. Le dije a Vanjira que tenía que ir al hospital de Lábrea a dar a luz debido a su embarazo de riesgo, pero se negó a ir.

Josephine recogió su equipo de matrona y caminamos bajo las estrellas en la negrura de la noche. La vi subirse a una canoa con dos hombres que nunca había visto anteriormente y me puse a elevar oraciones al cielo mientras desaparecía corriente arriba, rumbo a Estação.

Josephine regresó después del desayuno. Parecía demasiado cansada para hablar, pero no pude resistir las ganas de preguntar:

—¿Cómo ha ido el parto?

—Veinte minutos después de partir noté que pasaban de largo la comunidad de Estação, ya que pude ver luz de velas y el rescoldo de unas brasas al otro lado del río.

—¿Adónde fuisteis? —pregunté.

—Seguimos remontando el río, y empecé a asustarme porque no conocía a aquellos hombres. —Josephine abrió mucho los ojos. —Estaba a punto de empezar a hacerles preguntas, cuando viraron para cruzar el río y empezaron a remar muy fuerte. La corriente llevó a la canoa directamente a la comunidad. Me sentí muy aliviada.

—¡Vaya! Supongo que pasaste mucho miedo. ¿Cómo fue el parto?

—Como me temía, Vanjira solo tenía contracciones débiles e intermitentes. Una vez más, le dije que dar a luz en casa no era una decisión sabia, pero se mostró inflexible en no querer ir al hospital.

—¿Y qué hiciste?

—La invité a orar, diciéndole que Dios la ayudaría si se lo pedía. Rápidamente accedió y nos pusimos a orar, pidiéndole a Dios que le diese contracciones buenas y fuertes, y un parto sin incidentes.

—¿Y?

—Sus contracciones suaves continuaron durante algunas horas, pero esta mañana muy temprano comenzó de repente a tener contracciones buenas y fuertes, hasta que dio a luz a un bebé sano. Sinceramente, Vanjira estaba muy malnutrida y anémica, y demasiado débil como para dar a luz, pero la presencia de Dios fue palpable entre nosotros.

El 13 de julio, un sábado por la noche diez días después de que llegáramos, convocamos a la comunidad a una reunión en la escuela de Samauma. Queríamos que supieran quiénes éramos y qué hacíamos allí. Les explicamos que el Senhor Pedro e Isabel nos habían invitado y les agradecimos su liderazgo y compromiso con la comunidad. Como enfermera y matrona, el papel de Josephine fue entendido y apreciado por el pueblo. Todo el mundo aplaudió, incluso la vitorearon, pues estaban muy contentos de que hubiera una enfermera entre ellos.

En cambio, mi papel requería alguna explicación. En las comunidades de la gente del río los hombres se encargaban de pescar, cultivar la tierra y realizar otro tipo de actividades productivas, como recoger látex para hacer caucho, talar árboles nobles para vender la madera o cortar troncos para hacer tablones. Yo sabía que no iba a dedicar mi tiempo a ninguna de esas actividades, pero también sabía que el papel de un misionero protestante extranjero era algo que no iban a entender, o ni siquiera a querer. Por lo tanto, les dije que durante los primeros meses yo iba a ser un aprendiz, un comerciante y un narrador de historias. Aunque en Estados Unidos o en Australia jamás habría podido conseguir un trabajo como aprendiz, comerciante o narrador de historias, se trataba de tres papeles que existían en las comunidades rurales de todo el mundo.

Para empezar, les dije que era un gringo idiota que necesitaba aprender de ellos. Esto provocó una gran carcajada en los reunidos, y también gestos de asentimiento.

—Aunque hablo portugués —les dije—, me gustaría aprender a hablarlo como lo hablan ustedes.

Las comunidades de ribeirinhos hablaban un portugués muy diferente del que se hablaba en las ciudades brasileñas. Ellos creían ser motivo de burla por su manera de hablar, así que aprender su forma de expresarse pretendía ser una forma de honrarlos y de afirmar su identidad como gente del río.

Además de aprender su forma de hablar, les dije que también quería aprender más acerca de sus familias, su historia y sus comunidades. Les dije que mi deseo era que la generación de los mayores me contara historias, especialmente si lo hacían acompañándolas de una tacita de café brasileño.

A continuación les ofrecí intercambiar gasolina y otras cosas que tenía en el barco, por servicios como colaboración para construir una casa en la comunidad, o ayuda con el lavado de la ropa o el cuidado de los niños. Los comerciantes fluviales eran una figura habitual, pero solía estar asociada a la explotación. Por eso les aclaré que solo comerciaría a cambio de cosas o servicios que necesitáramos, pero nunca a cambio de productos que pudieran venderse en otro lugar. Esto nos evitaría interferir en los negocios de nadie que ya estuviera dedicándose al comercio.

En cuanto a mi papel como narrador de historias, me ofrecí a contarles historias bíblicas. Por su parte, Josephine se ofreció a dar charlas sobre salud a las mujeres. En aquel lugar, donde la mayoría de los adultos eran analfabetos, contar historias era una importante actividad educativa y social.

Tras explicar mi papel como aprendiz, comerciante y narrador de historias pude comprobar que era entendido y aceptado. Todo el mundo volvió a aplaudir. Tras la reunión, las mujeres y los niños rodearon a Josephine. Mientras tanto, Pedro, el padre de Antonia, me presentó a Isaías, el joven líder de la comunidad de Estação. En nombre de la comunidad de Estação, Pedro e Isaías nos extendieron una invitación a trabajar también allí.

—Vanjira le dijo a mi esposa que Josephine es una matrona muy buena —dijo Isaías—, y Pedro me ha contado que su hija se puso mejor a la mañana siguiente de que Josephine fuera a visitarla. Samauma y Estação son lugares pequeños, así que estoy seguro de que podrían trabajar aquí y también en Estação. Así que, por favor, vengan.

—Ya he quedado con Isabel en contar historias bíblicas en Samauma los domingos por la mañana —dije—. Así que, ¿qué te parece si voy a Estação a contar historias bíblicas los miércoles por la noche?

Pedro asintió con la cabeza.

—Eso sería estupendo —confirmó Isaías.

Durante los siguientes cinco meses, la mayoría de la comunidad de Estação se reunió en el edificio de la escuela todos los miércoles por la noche. La escuela tenía grandes agujeros en los tablones del suelo, las contraventanas rotas y también faltaba parte del techo, lo que complicaba nuestras reuniones cuando llovía fuerte. Primero les enseñábamos canciones, algo que todo el mundo parecía disfrutar mucho, y a continuación yo les contaba una historia bíblica, intentando utilizar la forma de hablar de la gente del río. Las grandes láminas coloreadas del currículo escolar de nuestras hijas, apenas iluminadas por pequeñas lámparas diesel, servían para ilustrar mis historias.

Se notaba que había deseo y respeto hacia las cosas que les llevábamos, y podíamos sentir el favor de Dios. Así es como empiezan su camino los movimientos espirituales.

TREINTA Y OCHO

EL FÚTBOL Y EL REINO

Cumplíamos nuestro papel social en las comunidades de gente del río: Josephine como enfermera y matrona, y yo como aprendiz, comerciante y narrador de historias. Josephine amplió su papel, pues empezó a enseñar a algunas personas para transformarlas en trabajadores sanitarios. Por otro lado, el Senhor Pedro me adjudicó una parcela en la que poder construir una pequeña casa donde vivieran los futuros miembros del equipo. Construir una casita demostró ser una forma estupenda de entrar en contacto con los hombres de Samauma. En su patio trasero Josephine y yo plantamos un pequeño huerto para nosotros, y también para utilizarlo como medio de enseñar nutrición. También plantamos un jardín de hierbas medicinales con las plantas que nos dieron los indios jarawara. Dicho jardín se transformó en una fuente de medicinas baratas que podíamos usar en la atención sanitaria.

El primer miembro de nuestro equipo, Edmilton, llegó en septiembre para ayudarnos en el ministerio y para probar sobre el terreno un Evangelio de Juan que los lingüistas de los ministerios entre las tribus habían parafraseado en el portugués peculiar de los ribeirinhos. Aquella paráfrasis del Evangelio de Juan atrajo todavía a más gente a escuchar las historias bíblicas los domingos por la mañana y los miércoles por la noche. A la gente le encantaba escuchar historias de la Escritura narradas en su forma de hablar y empezaron a pedir copias para ellos. Sin embargo, como hacer fotocopias era muy caro en Lábrea, decidimos que debían entregarnos algo a cambio. Pronto nadábamos en melones, mazorcas de maíz, calabazas, una cucurbitácea espinosa llamada *maxixe*, abelmosco, diferentes árboles frutales, montones de pescado y muchas sandías. Durante casi dos semanas recibimos una sandía por la mañana y otra por la tarde, a menudo con el nombre de una de nuestras niñas grabado en la cáscara. Las sandías más grandes eran del tamaño de Alexandra, nuestra hija de dos años, ¡y pesaban lo mismo! Era tiempo de cosecha y los miembros de ambas comunidades compartían con nosotros su abundancia a fin de conseguir su ejemplar fotocopiado del Evangelio de Juan. Dios estaba moviendo sus corazones.

Un domingo por la tarde, tras jugar al fútbol en otra comunidad, me uní en la banda a los miembros de nuestro equipo combinado de Samauma-Estação para descansar después del partido. Varios se habían reunido en torno a Isaías, el maestro de escuela y líder de la comunidad de Estação. Aunque Claudio era el capitán, en el campo de juego miraban a Isaías en busca de liderazgo. Pensé que esto ocurría porque era el mejor jugador, pero la gente parecía buscarlo también fuera del terreno de juego.

Tras charlar un rato de cosas sin importancia, Isaías me preguntó:

—¿Así que puedes ser cristiano y jugar al fútbol?

—Por supuesto que sí, ¿por qué lo preguntas?

—Algunos evangelistas itinerantes nos predicaron que los cristianos no pueden fumar, beber ni jugar al fútbol.

—¿Eso dijeron? ¿Dijeron que no se podía jugar al fútbol? —pregunté sin acabar de creérmelo.

—Me gustaría ser cristiano, pero esas son las tres cosas que más me gustan —dijo Chico.

Todo el mundo se rió al escuchar el comentario de Chico. Entonces Chico exclamó:

—¡No es solo eso, los cristianos arruinan nuestras comunidades!

—¿A qué te refieres con que las arruinan? —pregunté.

—Los predicadores nos dan mensajes realmente buenos. Y, como queremos conocer a Dios, levantamos nuestra mano para pedir la salvación; todos lo hemos hecho. —Todo el mundo asintió a aquella afirmación. —Pero tras haber levantado nuestras manos, dividen nuestra comunidad entre cristianos y no cristianos, y nos dicen que no nos asociemos con los no creyentes. Aunque sean de la familia.

—Siento mucho escuchar eso.

—En comunidades pequeñas como las nuestras es importante que todos seamos amigos y que participemos unidos en todas las reuniones sociales —dijo Claudio para terminar.

—¿Y no podemos hacer ambas cosas? —pregunté—. Como hoy, por ejemplo, que hemos ido a la escuela dominical por la mañana y jugado al fútbol por la tarde, ¿no es eso bueno?

—No —respondió todo el mundo a la vez.

—¿Por qué no?

—Por causa del poso —dijo Chico—. Por eso, cuando pasó por aquí el último predicador, prendimos fuego a la hierba seca a contra viento de la escuela donde estaba predicando y lo ahuyentamos.

Todo el mundo volvió a reírse con el comentario de Chico.

—No es por causa del *poso*, Chico, sino por causa del *día de reposo* —le corrigió Isaías.

—¿Qué es eso? —preguntó Chico.

—Para los cristianos, el día de reposo es el domingo. Es un día en el que hay que descansar —explicó Isaías—. El día de reposo es la razón por la que el domingo no trabajamos la tierra, sino que tenemos nuestras reuniones sociales.

—Pero el fútbol es una reunión social, no es trabajo, ¿por qué tiene que ser pecado? —preguntó Chico.

Isaías se encogió de hombros y me miró, en busca de respuesta.

—Jugar al fútbol no es pecado —repliqué.

Algunos me miraron enfadados, otros parecían encantados, y la mayoría parecía sorprendida de oírme decir eso. Me di cuenta de lo confuso que debía resultar escuchar a diferentes cristianos enfatizar distintas doctrinas.

—Teniendo en cuenta que Jesús es el fundador de la fe cristiana, ¿a qué persona deberíamos hacer más caso? —pregunté.

—A Jesús —dijo todo el mundo.

—Entonces déjenme que les cuente una historia.

Los miembros del equipo se acercaron para escucharme bien.

—Un día de reposo Jesús iba caminando a través de un campo, y sus discípulos se pusieron a recoger algo de grano para comer, porque estaban hambrientos. Los líderes religiosos decían que no podían hacer eso, porque recoger grano era trabajar. Jesús les respondió que no estaban trabajando, sino recogiendo algo de grano porque tenían hambre. ¿Quién creen que tenía razón? ¿Los líderes religiosos, que decían que los discípulos estaban trabajando, o Jesús, que decía que eso no era trabajar?

—Jesús —dijeron ellos.

—De igual manera, yo creo que Chico tiene razón, jugar al fútbol no es trabajar.

—¡No me lo puedo creer! ¡Tengo razón! —exclamó Chico. Todo el mundo volvió a reírse.

—Jesús dijo: «El día de reposo fue hecho para el hombre, y no el hombre para el día de reposo». Esa es la razón por la que les digo que se puede ser cristiano y jugar al fútbol.

—Esta bien, pero tengo una pregunta para ti —dijo Chico—. Estoy pensando en dejar de beber y de fumar. Me cuesta un montón de dinero y todo el mundo sabe que es malo para la salud, ¿pero qué pasa con el cultivo de tabaco? Representa la mitad de mis ingresos. ¿Cómo puedo dejar de plantar tabaco si es con esos ingresos con los que alimento a mi esposa e hijos?

—Se trata de una pregunta difícil, Chico. Déjame pensar un minuto.

Mientras los hombres esperaban mi respuesta, yo esperaba en Dios y le pedía ayuda. «Dios, por favor, dame una respuesta», rogaba en silencio.

Chico y los demás esperaban, alternando caras de seriedad y un cierto regocijo, como si me hubieran pillado con una pregunta demasiado difícil. Yo era consciente de que la conversación que estábamos manteniendo era importante, y no quería darles la respuesta equivocada. Pero lo único que me venía a la mente era no responder a la pregunta de Chico. Luchaba contra esa posibilidad, pero no se me ocurría nada más.

—No voy a responder a tu pregunta —dije.

Chico pareció ofendido. No tardó en ponerse en pie y darse la vuelta para irse.

Mientras lo hacía, de repente supe lo que tenía que decir:

—¿Por qué me pones en el lugar de Dios, para que sea yo quien te diga lo que tienes que hacer, Chico?

Chico se giró hacia mí con cara de perplejidad.

—¿Acaso puedo yo proveer para tu esposa y tus hijos si te digo que no plantes tabaco?

Todo el mundo permaneció en silencio y todas las miradas se volvieron hacia Chico.

—¿Crees que Dios es poderoso para proveerte todo lo que necesitas, Chico?

Mi pregunta le sorprendió.

—Eh... sí.

—¿Crees que Dios puede cuidar de ti, de tu esposa y de tus hijos?

—Sí, lo creo —dijo Chico.

—¿Crees que si le haces a Dios esa pregunta y Él te responde que no plantes tabaco, Dios proveerá para tus necesidades de alguna otra manera?

Chico permaneció unos momentos muy pensativo, y finalmente dijo:

—Sí. Creo que lo hará.

En la canoa, durante el trayecto de regreso a casa, Isaías y Chico permanecieron muy callados. Yo sabía que Dios estaba obrando en sus corazones. Yo me sentía agradecido por la fe, que me habían enseñado en JUCUM, preguntarle a Dios por todo. Esta práctica había evitado que le diera a Chico una respuesta rápida y sin la guía de Dios, como me había pasado tantas veces en el colegio y en la universidad, cuando había asumido equivocadamente que mi tarea como cristiano consistía en dar a la gente respuestas, en lugar de dejarles pensar sobre las preguntas.

Durante mi entrenamiento misionero descubrí que Jesús solo respondió directamente a tres de las ciento ochenta y tres preguntas que aparecen en los cuatro Evangelios. La mayoría de las veces respondió a las preguntas de la gente con una historia. La siguiente forma más habitual de responder fue contestar a una pregunta con otra pregunta. Sin embargo, en otras ocasiones no respondió en absoluto. Oré para que Isaías, Chico y los demás no me buscaran para obtener respuestas, sino que aceptasen el reto de buscar a Dios ellos mismos.

TREINTA Y NUEVE

AMOR REDENTOR

Antes de escoger las misiones como profesión, había hecho dos años de universidad. Con el tiempo, llegó un momento en que empecé a sentir el deseo de conseguir mi licenciatura.

—¿Por qué ahora, Señor? —pregunté en oración.

Parecía un momento terrible. Nos habíamos establecido en Samauma y muchos parecían abiertos al evangelio. Se notaba el surgimiento de un impulso espiritual en la comunidad.

En mis primeros años en JUCUM había hecho tres semestres de capacitación y servicios de asistencia a la comunidad, así que pregunté qué me supondría completar mi licenciatura. Un consejero de la Universidad de las naciones me informó de que para completarla necesitaría otro servicio a la comunidad, dos estudios independientes que podía hacer donde quisiera, incluso en medio de la selva, y dos cursos presenciales. Conforme a esa información, hicimos planes para finalizar los dos cursos presenciales de la Universidad de las Naciones durante nuestro siguiente tiempo de descanso, en Kona, Hawái.

Sin embargo, tras haber hecho esos planes, surgió un factor importante que lo complicaba todo: Josephine estaba embarazada de nuestro cuarto hijo. Como había sucedido con el primero, dar a luz en Estados Unidos sin tener un seguro de salud parecía una tontería y no un paso de fe. Pero, una vez más, la guía de Dios se oponía a la sabiduría convencional. Por segunda vez, teníamos que confiar en Dios y tener sin seguro de salud a nuestro hijo en Estados Unidos, y teníamos también que confiar en Él para que continuara trabajando entre los ribeirinhos, incluso en nuestra ausencia.

Cuando anunciamos que nos ausentaríamos durante muchos meses, nuestros amigos se mostraron claramente decepcionados. Estaban convencidos de que nunca volveríamos. Maestros de escuela, sanitarios y predicadores habían pasado por los pueblos ribeirinhos con la promesa de quedarse, solo para partir tras unos meses viviendo en el desagradable mundo acuático de la llanura inundable amazónica.

—¿Por qué se marchan? —preguntó Claudio.

—Queremos aprender más sobre cómo convertir a Samauma en un lugar mejor.

—Muchos han dicho que volverían, pero nunca los volvimos a ver —dijo Claudio con aire taciturno.

—Prometo que volveremos, Claudio.

—¿Cómo sabemos que tu promesa no será como las otras? —preguntó Claudio.

Iba a dejar el *Abí* en manos del constructor de barcos para que me hiciera algunas reparaciones que me debía, pero mientras miraba el horizonte pensando qué podía hacer, vi un arco iris en medio de la bruma, producto del chaparrón que había caído esa misma tarde. *Necesita una señal*, esa fue la idea que surgió en mi mente.

—Como señal visible de mi promesa, Claudio, me gustaría dejarles nuestro barco hasta que regresemos.

Desde mi punto de vista, parecía un montón de trabajo y responsabilidad, pero aquella garantía pareció disipar instantáneamente su desánimo.

—Así que, ¿podrían echarme una mano y cuidar mi barco? Puedo darles algo a cambio, por las molestias —dije.

—Te ayudaremos, y le preguntaré a los demás que podemos pedirte a cambio.

Tras una reunión de la comunidad, a cambio del trabajo de cuidar del barco durante nuestra ausencia, solicitaron que les trajera un balón de fútbol oficial con el sello de la FIFA.

En noviembre dejamos el interior y volvimos a Lábrea. Desde allí condujimos nuestra camioneta por la Transamazónica hasta Porto Velho. Los camiones de carga habían usado constantemente la carretera desde su reapertura en junio, en una carrera por llevar a Lábrea suficientes provisiones de todo tipo para toda la estación de lluvias. Estas ya habían comenzado y la carretera pronto estaría cerrada. Los camiones más pesados habían dejado profundas huellas de neumáticos en el barro de la carretera, y la lluvia había llenado de cieno esas huellas. Aquella situación había transformado la carretera en un paraíso para la conducción con tracción a las cuatro ruedas, algo que resultó divertido los primeros quince minutos, pero no las quince horas que necesitamos para recorrer los 200 kilómetros (130 millas) del trayecto. Seguramente habríamos pasado una larga noche en la selva, dentro de nuestra camioneta, si no hubiera sido por Edmilton. En numerosas ocasiones, nuestro embarrado compañero tuvo que utilizar palas, planchas y empujones para liberar a la camioneta del fango.

Las navidades fueron divertidas y festivas, en compañía del abuelo, la abuela y todos los primos, en la invernal Minesota. En enero llegamos al campus de la Universidad de las Naciones, en el tropical Hawái. Para nosotros era el paraíso en la tierra. En nuestra segunda noche nos unimos a cientos de estudiantes cristianos y miembros del equipo de la universidad en el encuentro comunitario celebrado en un gran pabellón al aire libre. Estábamos en un paraíso tropical, sin peligros, zancudos ni mosquitos; apenas podíamos creer lo agradable que era.

Durante seis meses disfrutamos de una maravillosa adoración y compañerismo con nuestros colegas, y la enseñanza fue inspirada y relevante. Asistí a la Escuela de Entrenamiento para el Liderazgo y después a la Escuela de Desarrollo Comunitario. En ambos cursos basé mis proyectos en nuestro trabajo misionero entre los ribeirinhos. Fue tanto lo que recibimos que incluso superó nuestra capacidad de retener. Nuestras niñas florecieron en el ambiente creativo de enseñanza de los cursos escolares y preescolares del colegio Montessori. Josephine asistió siempre que pudo a clases de capacitación en el campo de la atención sanitaria y del liderazgo, y disfrutó de cada minuto de ellas.

El último día de mi primer curso, Josephine se puso de parto. En algún momento después de la medianoche, en el hospital Kelakekua, nació nuestro hijo, al que llamamos Jonathan Christian. Con la emoción del parto no prestamos atención al momento exacto en que Josephine dio a luz. Así que cuando llegó por correo el certificado de nacimiento me fijé en que la fecha y la hora eran el 25 de marzo a las 00:55 de la madrugada. De repente recordé que el 25 de marzo del año anterior había sido el día del hundimiento del *Abí*. Abrí un conversor de zona horaria y confirmé lo que sospechaba: las 00:55 de la madrugada en Hawái eran las 6:55 de la mañana en el Estado de Amazonas. En otras palabras, nuestro hijo Jonathan Christian había nacido el 25 de marzo, exactamente un año después del hundimiento del barco. Fue una demostración tan específica del amor redentor de Dios que nos sentimos abrumados de emoción. ¡Solo Dios podía llevarnos, en tan solo un año, desde el peor momento de nuestras vidas hasta el gozo que sentíamos en aquel momento!

Tras ese semestre en Hawái, volvimos a la base de Porto Velho del ministerio entre las tribus.

—¡Bienvenidos a casa! —exclamó Edmilton mientras extendía las manos para abrazarnos. A toda nuestra familia le encantaba tener a Edmilton como colaborador.

Tras ayudar liderando un curso de tres meses en la Escuela de desarrollo comunitario de Porto Velho, finalmente regresamos a Lábrea y a las comunidades de la gente del río. Edmilton se unió a nosotros, acompañado por seis estudiantes de desarrollo comunitario que iban a hacer una campaña bajo mi supervisión. Nuestro pequeño equipo de tres adultos se había transformado en un equipo de nueve.

A pesar de haber estado fuera durante doce meses, confiábamos en que Dios nos diera un año de grandes avances y de fruto. Lo que no hubiéramos podido imaginar es que esos avances comenzarían a través de un anciano irlandés.

CUARENTA

MAÇIARÍ

Caminaba un día por la plaza de Lábrea cuando un amigo me llamó a gritos:

—¡Eh, Kaio! ¿Te has enterado de que Frederick Orr está aquí y va a hablar en nuestra iglesia esta noche?

—¿Quién es? —pregunté.

—Fred fue uno de los primeros misioneros protestantes en la región. Fundó nuestra iglesia, y también otras, además de una escuela y un seminario. ¡Tienes que venir!

—Nos encantaría. Gracias por avisarnos.

Tener la oportunidad de escuchar a uno de los primeros misioneros que habían trabajado en Lábrea era algo que Josephine y yo no queríamos perdernos. Aquella noche, nos apretamos en la calurosa y abarrotada iglesia y prestamos mucha atención a todo lo que decía aquel anciano pastor:

—En 1954, yo y mi amada esposa Ina, con la que llevaba cinco años casados, fuimos enviados por la Misión del Evangelio en Acre. Partimos desde Belfast, Irlanda, en un barco de vapor con rumbo a Brasil, con el objetivo de plantar una iglesia evangélica en el territorio de Acre.

Frederick continuó explicándonos que, tras la larga travesía atlántica y el viaje remontando el Amazonas hasta Manaos, subieron a bordo de un barco de vapor local en dirección a Acre. A medio camino de su destino fueron golpeados por la tragedia. Ina enfermó gravemente y, al día siguiente, murió a bordo. El capitán detuvo el barco en la ciudad más próxima para poder enterrarla de forma apropiada. Frederick bajó el cuerpo de su esposa de veinte nueve años por la pasarela hacia la ciudad. Aquella población era Lábrea. Era el 4 de junio de 1954.

La noticia de lo que había sucedido se extendió rápidamente por la ciudad y cuando el Pastor Orr ofició el funeral por su mujer, una gran multitud de curiosos se reunió para observarlo todo. Aunque Frederick solo sabía hablar inglés, sus caras mostraban que compartían su dolor. Aquel joven con el corazón roto dejó a su esposa en el cementerio católico de Lábrea y subió de nuevo al barco con destino al territorio de Acre, donde cumplió su objetivo de ayudar a fundar una iglesia.

Tras escuchar esta trágica historia el corazón de Josephine se encontraba profundamente conmovido. Tras el culto, nos apresuramos a acercarnos al frente para conocer personalmente al anciano pastor. Entonces nos contó algo incluso más asombroso. ¡Más tarde descubrió que todos los presentes en el funeral de su esposa habían escuchado en un perfecto portugués las palabras en inglés que salieron de su boca! Comprobar que había tenido lugar el milagro del capítulo dos de Hechos hizo que el Pastor Orr decidiera ir a Lábrea, donde fundó una iglesia y una escuela, y vivió durante más de veinte años. Nos sentíamos muy honrados de haberlo conocido, pero su historia despertó en mí algo que me hizo estar ansioso por llegar a casa; había tenido una revelación sobre el «hombre fuerte» de Lábrea, y quería confirmar mi percepción.

Corrí a casa y encontré el libro de John Dawson, *La reconquista de tu ciudad*. Se trata de un libro sobre el poder de la oración y cómo derribar fortalezas espirituales. Consulté la lista de preguntas del capítulo 8 sobre la investigación de la historia de la ciudad, y la pregunta número 10 captó mi atención de inmediato: «¿Qué nombres se han utilizado para llamar a la ciudad, y qué significan?»[7].

Dicha pregunta me hizo recordar que tenía un libro sobre nombres de la Amazonia. Nunca lo había leído porque para mí suponía un gran esfuerzo leer un libro técnico en portugués. Pertenecía a Zezinho, pero se le había olvidado tras habernos ayudado en el azaroso viaje inaugural del *Abí*. Había estado conmigo desde entonces.

El libro se llamaba *Topônimos Amazonenses*. En su interior, explicaba que los topónimos hacen referencia al nombre de un lugar, especialmente el que deriva de un atributo topográfico. El nombre original de Lábrea tenía que ver con una característica topográfica, por lo que este se mencionaba en uno de los capítulos del libro[8].

El capítulo sobre Lábrea explicaba que mucho antes de que el explorador brasileño Coronel Labre hubiera llegado y concedido humildemente a aquel lugar su propio nombre, aquel sitio se había llamado Maçiarí, una palabra puru-puru. Precisamente, el río Purús recibió su nombre por los habitantes indígenas originales. Concretamente, el término Maçiarí proviene de dos palabras puru-puru: *maçi* es una descripción topográfica que significa «espacio entre la ribera y la selva». Se trata de un término traducido como «terreno elevado» porque se refiere a zonas no alcanzadas por las aguas de las crecidas. La segunda palabra, *ari*, significa «colapsar a causa de la debilidad, la enfermedad o la muerte»[9].

No es de extrañar que el Coronel Labre no encontrara ni a un indígena viviendo allí cuando llegó en 1871, porque para los indígenas aquello era el terreno alto de los enfermos que desfallecen o de los que caen muertos. La conclusión parecía irrefutable: así como la destrucción era tan fuerte en todo el Amazonas, la debilidad, enfermedad y muerte (Maçiarí) dominaba la región de Lábrea.

De inmediato, la sabiduría de esta forma de ver las cosas se me hizo obvia cuando los hechos y los acontecimientos comenzaron a encajar en mi mente. Los investigadores médicos del *Instituto de Medicina Tropical do Amazonas* en Manaos se preocuparon cuando les dije que había contraído hepatitis en Lábrea, porque los registros médicos mostraban que cierta misteriosa enfermedad tenía mayor incidencia allí que en ningún otro lugar, razón por la que la llamaban «la fiebre de Lábrea».

También notamos que los ribeirinhos y los residentes en Lábrea veían la enfermedad, y no la salud, como la forma normal de vivir. Allí existía un dicho: «Toda familia tiene un leproso», que ponía de manifiesto que la lepra se consideraba algo normal, porque toda familia extensa tenía a alguien con lepra. Lo que había sido una colonia aislada de leprosos de unos pocos miembros se había transformado en todo un distrito de la ciudad. La tasa de infección estaba en una de cada diez personas, mientras que las estadísticas nacionales de Brasil eran de una cada diez mil. Esto significaba que Lábrea tenía una media de leprosos cien veces superior a la del resto del país. Estadísticamente, Lábrea era uno de los peores lugares de Brasil en cuanto a las enfermedades; todo ello en conformidad con las características de lo que dominaba la región.

Los misioneros, especialmente los misioneros médicos, representaban una auténtica amenaza para el enemigo, por lo que este intentaba «hurtar y matar y destruir» incluso antes de que pudieran llegar a establecerse. Seguramente fue esa la razón por la que Ina Orr había enfermado y muerto tan pronto como el barco entró en el territorio situado bajo la autoridad de Maçiarí. También explicaría por qué nuestro bebé gemelo había muerto en el útero, justo después de nuestra primera visita a Lábrea. Finalmente, también aclararía porque la enfermedad que contraje en Lábrea frustró mi segunda visita a Samauma, haciéndonos contemplar la idea de abandonar nuestro ministerio en Brasil.

En Manaos, John Dawson nos había dicho que el derribo de fortalezas espirituales se conseguía mediante la oración directa y las acciones realizadas en la actitud opuesta. La aplicación de dichos principios significaba que la atención médica, considerada por lo general como una actividad meramente humanitaria, debía considerarse en realidad como un arma clave en la guerra espiritual por Lábrea y los ribeirinhos.

Meses antes, había decidido que me esforzaría por discernir lo que sucedía en Lábrea. La provisión de Dios vino a través de mucha oración, experiencias personales, libros en dos idiomas y la historia de un anciano irlandés. ¿Quién habría podido imaginarlo?

Descubrir el significado de Maçiari cambió por completo nuestra forma de ver las cosas. En la siguiente reunión de equipo compartí mi hallazgo con los demás y decidimos reorganizar nuestra estrategia misionera en torno al desarrollo comunitario y la atención sanitaria. El desarrollo comunitario avanzaba en la actitud opuesta a la destrucción, mientras que la atención sanitaria representaba un movimiento contrario a la enfermedad que dominaba Labrea.

—Una victoria espiritual requiere el uso de armas espirituales —dijo sabiamente Edmilton.

Así pues, decidimos comenzar nuestro enfrentamiento con el hombre fuerte en el plano celestial, a través de la oración.

En segundo lugar, confrontaríamos al enemigo en el plano terrenal. Dios nos dio 1 Juan 3:8b: «Para esto apareció el Hijo de Dios, para deshacer las obras del diablo». Tras orar y debatir el tema, nuestro equipo comenzó a proponer medidas a mayor velocidad de lo que yo conseguía ponerlas por escrito:

—Necesitamos trabajar en la atención sanitaria.

—Necesitamos comprar medicinas.

—Necesitamos promover la salud y educar en ella a través de las escuelas...

Josephine sintió que debía crear un programa global de capacitación para trabajadores rurales en el área de la atención sanitaria, y Margaret, la fisioterapeuta de nuestro equipo, dijo:

—Creo que voy a tratar con fisioterapia a los enfermos de lepra.

—¡Hagamos todas estas cosas! —declaré yo. Todo el equipo tuvo mucho entusiasmo y estuvo de acuerdo—. Creo que deberíamos enseñar y predicar principios sanitarios no solo en la iglesia, sino en todas partes.

Tras la reunión, los estudiantes de desarrollo comunitario y yo organizamos un seminario de promoción de la salud. Durante las siguientes dos semanas, llevamos dicho seminario a las comunidades rurales establecidas a lo largo de todo el río. Como parte del seminario, llevamos a cabo un estudio de referencia sobre las condiciones de salud, que incluía entrevistas a las madres y el pesaje de los niños menores de tres años.

Al terminar, a un miembro del equipo se le ocurrió que debíamos realizar el mismo seminario y estudio esta vez en la ciudad. Los resultados fueron sorprendentes. Nuestras estadísticas de salud mostraban que en las aldeas rurales la tasa de desnutrición era de un tercio de los niños, mientras que en la ciudad dos terceras partes de ellos estaban desnutridos. Aquel dato rompió nuestros esquemas. Toda la población de Lábrea creía que la situación era exactamente la contraria. Mis anteriores estudios sociales señalaban que la principal razón por la que muchas familias del interior se mudaban a la ciudad era su convicción de que ello ayudaría a mejorar la salud de sus hijos. Nuestro estudio mostró que, en realidad, los niños que vivían en la ciudad eran menos saludables que los del interior.

Durante cuatro meses, nuestro ataque por dos flancos, la oración y la atención sanitaria, había logrado «atar al hombre fuerte», tal y como se describía en Marcos 3:27. Gracias a ello pudimos «saquear su casa», lo que produjo un abundante fruto espiritual. Por ejemplo, la secretaria municipal de educación de Lábrea se hizo cristiana gracias a la labor que nuestra fisioterapeuta, Margaret hizo con su tío, que tenía lepra. Río arriba, en Estação, un seminario de salud femenina liderado por Josephine se transformó en un tiempo de confesión y perdón mutuos.

Al destruir la forma de pensar gracias a la oración directa, al desarrollo comunitario, la enseñanza de la verdad y la atención sanitaria vencimos el significado de Maçiari y logramos el dominio espiritual. La visión dura de Isaías 21 terminaba con el destructor quebrantado. Ya el destructor fue derrotado en Lábrea así como en Isaías 21.

CUARENTA Y UNO

ISAÍAS

El trabajo misionero no solo consistía en destruir las fortalezas mentales creadas por el maligno, sino que incluía también la creación de las nuevas actitudes mentales y las nuevas estructuras necesarias para tomar posesión de la casa a largo plazo. La iglesia es una de esas estructuras. La clave para la plantación de iglesias consiste en identificar y preparar a sus futuros líderes. Durante los últimos meses nuestro equipo se había sentido atraído de forma continua hacia Isaías, el líder de Estação. Isaías llevaba ya dos años escuchando historias del evangelio, pero todavía no se había comprometido con Cristo. La estrategia de nuestro equipo iba dirigida a lograr una mayor interacción con Isaías, a quién identificábamos en oración como un verdadero líder.

A medida que nuestros estudiantes de desarrollo comunitario ampliaban su labor, descubrimos que muchos ribeirinhos tenían un entendimiento distorsionado de lo que significaba ser cristiano. Algunos habían sido bautizados de niños por sacerdotes católicos, pero no habían llegado a comprometerse con la iglesia. Otros creían que necesitaban una «limpieza» (dejar la bebida, el juego, la fornicación, o empezar a ofrendar) antes de que Dios pudiera aceptarlos. Incluso Carlos, a quien yo consideraba mi discípulo más fiel, un hombre cariñoso y amable que exhibía los frutos del Espíritu Santo, me había sorprendido un año antes por su forma de pensar. Cuando le pregunté si era cristiano, me dijo:

—No, imposible.

—¿Por qué dices que es imposible? —le pregunté.

—Porque no sé leer.

Le aseguré que saber leer no era un requisito para creer en Cristo, pero también le dije que leer la Biblia haría que su fe se hiciera más fuerte.

Nuestros estudiantes empezaron también a impartir clases de alfabetización para adultos en Estação y en Samauma, y yo continué con mi labor de narrador de historias los miércoles por la noche en la escuela de Estação. Una noche, mientras contaba la historia de la mujer en el pozo, basada en Juan 4, omití el número exacto de maridos de los que se había divorciado la mujer. Desde las últimas filas, Carlos gritó:

—¡Había tenido cinco maridos!

Al terminar la reunión, le pregunté a Carlos cómo sabía el número exacto de maridos. Me contó que durante el año que estuvimos fuera había hecho que su esposa, Iraçema, le leyera un capítulo del Evangelio todas las noches antes de acostarse. Rápidamente calculé que habían leído la fotocopia del Evangelio más de quince veces.

—¡Eso es maravilloso, Carlos!, sigue así.

Al día siguiente fui puerta por puerta por Estação planteándole a todo el mundo la siguiente hipótesis:

—Si todos fuéramos cristianos, ¿quién debería ser el pastor?

El resultado fue unánime: Isaías. Me pareció un resultado notable. Incluso José y Azusa, hermanos mayores de Isaías, reconocieron sus cualidades de liderazgo. Aquello nos confirmó lo que habíamos sentido en oración como equipo. Dado que en Estação había tanta gente que simpatizaba con nosotros, a pesar de que solo había tres cristianos declarados, y considerando que muchas de las mujeres que asistían al seminario de salud se habían arrepentido y experimentado el perdón, Josephine y yo sentimos que existía suficiente impulso espiritual y social como para empezar una iglesia. Por lo tanto, ese sábado por la mañana, antes de dejar Estação para regresar a Samauma, hablé con los tres cristianos: Azusa, José y Pedro.

—¿Creen que ha llegado el momento de fundar una iglesia aquí, en Estação? —pregunté.

—Oh, sí. Por supuesto —coincidieron—. La gente está preparada.

—Estupendo, ¿y cuándo van a hacerlo? —pregunté.

—¿Nosotros? —preguntaron incrédulos.

—Pensábamos que lo harían ustedes —dijo José.

—¿No es a lo que se dedican? —preguntó Pedro.

—Es su comunidad —repliqué—. Si quieren una iglesia tendrán que empezarla ustedes. Por lo tanto, piénsenlo y pónganlo en oración. —Me miraron sin terminar de creérselo.

—De acuerdo —dijeron sin entusiasmo.

—Nos vemos el miércoles por la noche —dije.

El lunes, ya de regreso en Samauma, me enteré de que la noche anterior se había celebrado un culto en Estação. No me lo esperaba. Me sorprendió que Azusa, José y Pedro hubieran actuado tan rápido. Literalmente, al día siguiente. Sabía que el primer culto sería realmente importante, así que estaba un poco nervioso y ansioso por saber cómo les había ido.

El miércoles, al llegar a Estação, fui directamente a casa de Azusa a preguntarle qué tal había ido el culto.

—El sábado, cuando te fuiste, fuimos casa por casa invitando a todo el mundo a ir el domingo por la noche a la escuela a celebrar un culto de iglesia.

—Qué rápido —dije.

—Sí, pero, ¿por qué no? —preguntó inocentemente.

—Tienes razón, ¡¿por qué no?!

—Todo el mundo me preguntaba quién iba a asistir —continuó Azusa—. Y yo les respondía: «Nadie, solo yo, José y Pedro». La mayoría se reía entre dientes, pero todos ellos vinieron, incluso más de los que van los miércoles por la noche a escucharte, Kaio. Creo que todo el mundo sentía curiosidad, ¿sabes?; curiosidad por saber qué tal lo hacíamos.

—¿Y qué tal lo hicisteis? —pregunté.

—Bien, José agradeció a todo el mundo su presencia y empezó con una oración. A continuación, Pedro hizo que la mitad de sus diez hijos nos guiaran en algunas canciones de alabanza. Yo tuve que predicar, porque ni José ni Pedro saben leer, pero yo tampoco conozco mucho la Biblia. Después, José agradeció a todos por venir y finalizó con una oración. Eso fue todo.

—¿Qué impresión crees que causó?

—Cuando acabamos, todo el mundo se puso a aplaudir.

—Parece que lo hicisteis muy bien —afirmé.

—Pero el próximo domingo lo haremos mejor —aseguró Azusa—. Ayer por la noche celebramos una reunión de oración, y los niños de Pedro se van a reunir para ensayar la alabanza mañana por la noche. Además, nos gustaría celebrar por las mañanas la escuela dominical para los niños, como haces tú en Samauma.

—Vaya, cuatro reuniones a la semana, ¡y tras solo una semana! Sigan trabajando así de bien, Azusa. Espero con ansia saber qué tal les va la semana que viene.

Durante las siguientes siete semanas Azusa, José y Pedro lideraron fielmente la escuela dominical por las mañanas y el culto por las noches. Durante esas semanas, tal y como Josephine había previsto, unas seis mujeres confesaron su fe en Cristo, entre ellas la esposa de Chico y Eliete, la mujer de João, ambas de Samauma. Entre las otras cuatro mujeres, todas de Estação, estaban la mujer de Pedro y su hija Antonia, cuya sanación, una semana después de nuestra llegada, había llevado a Pedro a entregar su vida a Cristo.

El equipo de JUCUM y yo quisimos permanecer al margen de las reuniones del domingo por la noche. El movimiento social y el impulso espiritual parecían aumentar, en lugar de disminuir, a pesar de estar en manos del liderazgo tranquilo de Azusa, José y Pedro, quienes se comportaban como diáconos fieles y sabios ancianos. Un perfecto consejo de iglesia, podríamos decir, aunque infelizmente no eran personas carismáticas ni líderes naturales. La pérdida de ímpetu habría resultado mortal para aquella iglesia recién nacida. Por eso necesitábamos un impulso radical y lo necesitábamos rápido.

Este llegó ocho semanas después del primer culto de la iglesia. Aquella mañana, Edmilton y uno de los miembros de nuestro equipo, Helena, tras ayudar en la escuela dominical de Estação se habían quedado a pasar el día con la esposa de Isaías, Joanna, y sus cuatro hijos, mientras este jugaba al fútbol. Al caer la noche, cuando Isaías ya había regresado a casa y estaban cenando, empezaron a oírse fuera las canciones de alabanza que señalaban el inicio del culto nocturno. Sin haber terminado su comida, Isaías se puso en pie de un salto y limpiándose la boca, dijo:

—Tengo que hacer un anuncio antes de que comience el culto. —Dicho esto salió corriendo de casa.

—Dejen los platos. Ya los limpiaremos cuando volvamos de la iglesia —dijo Joanna.

—No te preocupes, Joanna. Nosotros podemos limpiarlos ahora —respondieron Edmilton y Helena.

—No, déjenlos. Isaías quiere que todos vayamos a la iglesia, también ustedes —dijo ella.

Cuando llegamos, Isaías ya estaba delante dirigiéndose a todos. Hablaba de los tres misioneros de JUCUM que trabajaban entre los indígenas jarawara: Beth, Sandra y Afonso. Decía que siempre le regañaban por vender alcohol a los jarawara.

—Ya saben que con mi salario de maestro suelo comprar cosas en la ciudad, también alcohol, para venderlas y conseguir un poco más de dinero. Dicho dinero extra me ayuda a mejorar un poco la vida de mis hijos. Sin embargo, he decidido dejar de vender alcohol. No porque Beth, Sandra o Afonso me lo hayan pedido, sino porque es Dios quien me lo pide.

Edmilton y Helena se dieron cuenta de que Isaías estaba haciendo una profesión pública de fe. Prosiguió compartiendo cómo sus padres se habían hecho cristianos después del nacimiento de José, su hermano mayor. A su siguiente hijo, una niña, la llamaron Azusa, en recuerdo del avivamiento de Los Ángeles. Después, a él y a sus dos hermanos menores, Joel y Elias, les pusieron nombres de profetas del Antiguo Testamento. Sin embargo, como le gustaba jugar al fútbol, Isaías evitó la iglesia. Más tarde se bautizó en la Iglesia Católica, solo para que el cura aceptara casarlo con Joanna. Su historia era larga y complicada, pero gloriosa.

Treinta minutos más tarde Isaías terminó diciendo:

—He decidido hacerme cristiano. Durante muchos años he sabido que era la verdad, pero ha sido durante estos últimos dos años cuando finalmente he llegado a una convicción. Si quieres seguirme y unirte a Cristo tú también, pasa ahora al frente conmigo.

Raimundo, el hijo mayor de Pedro y líder de la alabanza, soltó su guitarra y se unió a Isaías. Inmediatamente se adelantaron otros cuatro jóvenes del equipo de fútbol, así como su esposa Joanna, con sus cuatro niños detrás. Isaías se disponía a guiar al grupo en una oración de salvación, cuando dijo:

—Esperen, si ni siquiera he dicho la oración yo mismo.

Y llamó a sus hermanos, José y Azusa, para que fueran ellos quienes los guiaran en la oración.

Cuando acabaron de orar, Pedro se levantó para dirigirse a la iglesia:

—Hace algún tiempo el misionero Kaio estuvo por ahí preguntando, y todos los de la comunidad le dijimos que tú, Isaías, tenías que ser el pastor. El problema es que aún no eras cristiano. Por eso tuvimos que empezar la iglesia sin ti. Pero como ya eres el líder de la comunidad y ahora, además, eres cristiano, lo más lógico es que seas tú también el líder de la iglesia. José, Azusa y yo nos quedaremos a tu lado, pero como ancianos.

—Así es, hermanito —dijo José.

—Perdone, pastor —dijo Azusa con una sonrisa—, pero ha interrumpido usted la alabanza.

—Es verdad. Raimundo, toma tu guitarra —ordenó Isaías—, ¡vamos a alabar a Jesús!

CUARENTA Y DOS

LA CASA DEL PADRE

El objetivo de todo misionero debe ser plantar una iglesia dirigida por líderes locales. Dicho objetivo iba apareciendo en el horizonte de las comunidades de la gente del río, pero no sin dificultades.

Los bautismos y la inauguración de la iglesia de Estação se fijaron para el 12 de octubre. Pero a medida que se acercaba la fecha, surgió en Samauma la oposición del Senhor Pedro e Isabel, que prohibieron bautizarse a su hijo Claudio cuando este solicitó su bendición para hacerlo. También dijeron que si Eliete se bautizaba, tal y como pretendía, dejarían de considerarla parte de la familia.

—¿Qué debería hacer? —nos preguntó Eliete a Josephine y a mí, en cuanto al ultimátum del Senhor Pedro.

Recordando mi respuesta a Chico unos meses antes, dije:

—No podemos decirte qué hacer, pero ¿crees que Dios puede hablarte?

—Sí, respondió.

—Estupendo, eso es todo lo que necesitas —añadió Josephine—. Y no olvides, que «a los que aman a Dios, todas las cosas les ayudan a bien».

Las lágrimas brotaban de sus grandes ojos castaños mientras Josephine le daba un abrazo y oraba por ella.

Josephine y yo estábamos asombrados. Llevábamos dos años trabajando en Samauma, pero resultaba evidente que nuestro mensaje no había conseguido conmover a las profundamente enraizadas tradiciones populares de la religión del lugar, al menos hasta ese momento. Aunque el terrateniente de Samauma seguía siendo un buen anfitrión, a cambio de la atención sanitaria, había dejado claro que las expresiones formales de fe, como el bautismo y una iglesia activa, no eran bienvenidas en su comunidad.

En cambio, en Estação no se producía dicha oposición, ya que un gran número de los líderes de la comunidad eran ahora cristianos. Los dones para el liderazgo del pastor Isaías florecían, así como la iglesia. Gracias a su testimonio, su hermano menor Elías y su esposa María se entregaron a Cristo. Estos vivían en Jurucuá, donde tres estudiantes se habían comprometido a fundar una iglesia a través del ministerio de desarrollo comunitario. Elías y María colaboraron con nuestro equipo en esa comunidad.

Fue por entonces cuando el equipo de desarrollo comunitario de JUCUM que trabajaba cerca de Tapauá me contactó para ofrecerme la colaboración de Jorge y Evi, que acababan de casarse. Como el hermano de Claudio, Adalcir, había comprado la casa que yo había construido en Samauma, decidimos que Jorge y Evi construyeran otra. Así podrían continuar arando el duro suelo espiritual de Samauma, mientras proveían una continua capacitación y ayuda al pastor Isaías. Jorge era un brasileño del sur, pero tenía muchos años de experiencia en el Amazonas. Su esposa Evi era mitad india baniwá y mitad ribeirinha, así que encajaban a la perfección en los requisitos para el trabajo.

Decidimos que tan pronto como se llevaran a cabo los bautismos nos mudaríamos desde el barco a la casa que habíamos comprado en Lábrea. Nuestra intención era que la comunidad comprendiera claramente que Isaías era el verdadero líder de la iglesia.

Sin embargo, él fue el primero en cuestionar nuestra decisión:

—¿Por qué tienen que irse?

—Mientras siga por aquí cerca algunas personas creerán que yo soy líder, y me presionarán para que intervenga si haces o dices algo que no les guste.

—No se me había ocurrido verlo así, pero me doy cuenta de que es una decisión sabia. Sin embargo, me gustaría que no tuvieran que irse. Les vamos a echar de menos.

—Nosotros también te echaremos de menos. Pero no te preocupes, Jorge y Evi están construyendo una casa en Samauma y te ayudarán en tu papel como pastor. Nosotros tampoco estaremos tan lejos. Creemos que nuestro siguiente paso debe ser plantar una iglesia en Lábrea, para que los ribeirinhos tengan un lugar acogedor donde reunirse cuando estén en la ciudad.

Había dos simples razones por las que la gente del río no se sentía confortable en ninguna de las iglesias de la ciudad: la primera es que tenían que tener zapatos y ropa bonita; la segunda es que los edificios de las iglesias estaban hechos de ladrillo y cemento. Muchos ribeirinhos se negaban a entrar en casas de ladrillo por una cuestión de principios, ya que sostenían que los verdaderos ribeirinhos siempre viven en casas de madera. Así que existía una auténtica necesidad de construir una iglesia de madera en la que los ribeirinhos pudieran ser ellos mismos, tuvieran zapatos o no, ropa buena o no.

Al fin llegó el día de los bautismos. El pastor Isaías y el consejo de la iglesia, formado por Azusa, José y Pedro, decidieron llamar Casa del Padre a la iglesia de Estação. Mediante una ceremonia sencilla en la playa arenosa del río Purús bauticé a Isaías. Procuré dejar claro a todo el mundo que el pastor era él. Pedí en oración que el Señor lo bendijera y lo ungiera para servir a su comunidad como pastor de la primera iglesia Casa del Padre. A continuación, él y yo bautizamos a su hermano y su hermana mayores, José y Azusa, y Pedro los nombró ancianos de la iglesia. Después yo salí del río y dejé que los cuatro, en grupos de dos, bautizaran a los doce adultos restantes. De los dieciséis creyentes bautizados ese día solo uno era de Samauma, Carlos. Eliete (la esposa de João) y Claudio observaron y alentaron a los demás, pero no se bautizaron.

Al salir de la playa aquel día, sonreí a Josephine y le dije:

—Este es nuestro sueño haciéndose realidad: una iglesia para un pueblo que no tenía iglesia, los ribeirinhos de Estação.

—Nosotros plantamos, otros riegan y Dios trae el crecimiento —añadió ella.

Cuando diseñé nuestro folleto informativo, antes de ir a Brasil, pensé que Isaías 33.21 sería un buen versículo que incluir, porque describía muy bien la Amazonia: «lugar de ríos, de arroyos muy anchos». Pero más que describir un lugar, aquel versículo representaba una promesa: «allí será Jehová para con nosotros fuerte». Fue una promesa que se mostró verdadera; el Señor había estado *con* nosotros.

El sencillo edificio de la escuela de Estação, con su silueta torcida encaramada sobre la orilla, se alejó sobre la estela de nuestro barco a medida que guiamos el *Abí* corriente abajo hacia Lábrea. La primera iglesia Casa del Padre no era un edificio; era un pueblo que había experimentado el nuevo nacimiento en Cristo y se había comprometido en obediencia a Él. Josephine estaba conmigo en la cabina del timón, con nuestro hijo Christian en brazos, ahora de un año y medio, mientras que Sasha, Chloe y Alexandra, de siete, seis y cuatro años de edad respectivamente, estaban en la popa del barco. Dijimos adiós a la iglesia recién nacida, a los miembros de nuestro equipo, a los amigos de la comunidad y a nuestra vida como familia a bordo de un barco fluvial.

«El ministerio es la estela que dejamos a medida que seguimos a Jesús»[10]. Esa fue la frase que me vino a la mente cuando el largo meandro del río Purús nos ocultó de la vista. Siete años antes, durante el concierto de Alabanza por el Amazonas, anuncié nuestro ministerio público haciendo mención a otro versículo de nuestro folleto: «Pídeme, y te daré por herencia las naciones» (Salmos 2:8). Josephine y yo le pedimos a Dios un pueblo que no tuviera iglesia, y Él nos dio a los ribeirinhos del río Purús, en el Amazonas.

CUARENTA Y TRES

LA TAREA DE HACER DISCÍPULOS A TODAS LAS NACIONES

Nos establecimos en Lábrea con una nueva misión, fundar una iglesia para los ribeirinhos que se habían mudado a aquella bulliciosa ciudad comercial en el río Purús. Tenía más de 30.000 habitantes, pero aún conservaba esa sensación acogedora y agradable de una población rural. Todo el mundo conocía a todo el mundo; bueno, al menos todo el mundo parecía conocernos, ya que éramos los únicos extranjeros de la ciudad. Como había buenas escuelas locales, decidimos complementar la educación en inglés que dábamos a las niñas en casa apuntándolas a la escuela primaria en lengua portuguesa.

Solo tres meses después de los bautismos de Estação, un equipo de la EDE llegó desde Los Ángeles para realizar una campaña de diez días en Lábrea. Su labor evangelística dio a luz a la Casa del Padre de Lábrea. Este pequeño grupo de veinte personas se reunía en una sencilla casa de madera levantada en la propiedad de JUCUM. Dirigir esta iglesia se convirtió en una tarea de toda la familia. Usamos la escuela dominical y el formato de narración de historias, tal y como habíamos hecho en el interior. Yo dirigía a un grupo de hombres, Josephine dirigía a un grupo de mujeres y una encantadora recién convertida, llamada Mari Stella, lideraba a los niños. Como era tan nueva en la fe, Josephine y yo teníamos que verificar a menudo qué tal lo estaba haciendo.

—Mira —me dijo Josephine mientras miraba a hurtadillas lo que sucedía en la clase de los niños—, Mari Stella está supervisando, pero es Sasha la que enseña a los niños mayores, y Chloe se encarga de los más jóvenes. Oh, qué encanto.

Al año siguiente, coincidiendo con el primer aniversario de la iglesia de Estação, Isaías bautizó a otras catorce personas, entre ellas a Iraçema (la esposa de Carlos) y a Chico y su mujer. Esto significaba que se habían bautizado veintiséis de los de los treinta y dos adultos de Estação, así como cuatro adultos de Samauma. Un año después nació la Casa del Padre de Jurucuá, gracias al trabajo de los estudiantes de desarrollo comunitario que se habían comprometido a ministrar durante dos años. Fueron bautizadas una docena de personas, entre ellas dos pastores competentes, Benedito y Adalto. El equipo de misioneros de JUCUM fue creciendo hasta llegar a quince personas, momento en que el grupo de desarrollo comunitario liderado por Paulo, que ministraba cerca de Tapauá, se mudó a Lábrea para colaborar con nosotros.

Paulo y su esposa, Eliete, sustituyeron a Jorge en la tarea de formar y ayudar a los pastores de la Casa del Padre. Josephine y nuestra nueva colaboradora, Gilli, la misma enfermera que me había diagnosticado la malaria unos años antes, crearon un programa integral de formación de trabajadores sanitarios. A él se apuntaron catorce ribeirinhos del entorno rural que estuvieron yendo a Lábrea una semana cada mes durante dos años. Las comunidades en las que vivían los ayudaron en su formación, alimentando a sus familias y cuidando de sus cosechas mientras se encontraban fuera. Este programa recibió el apoyo oficial y financiero del municipio de Lábrea, el Estado de Amazonas y la Fundación Nacional para la Salud. Con esta actitud se derrotó totalmente la enfermedad

Fue por entonces cuando el pastor Isaías se trasladó a Porto Velho a terminar sus estudios en la Escuela de Discipulado y Entrenamiento de JUCUM. A su regreso, organizamos la primera EDE dirigida específicamente a los ribeirinhos. Isaías, Jorge y Evi lideraron la enseñanza, ayudados por el equipo de Jurucuá (Ana, Sergio y Daniel), que habían dejado el lugar poco después de que se realizaran bautismos y se inaugurara la iglesia, tal y como habíamos hecho nosotros, de forma que la iglesia continuara por sí misma.

Benedito y Adalto pastorearon juntos la iglesia de Jurucuá, con sabiduría y capacidad de liderazgo. Más adelante, la Casa del Padre de Jurucuá envió a Adalto, su mujer y sus hijos como misioneros a una comunidad cercana, donde vivían sus padres y hermanos. Nunca habíamos enseñado explícitamente acerca de las misiones, pero el modelo de ir y enviar había sido practicado delante de ellos, lo que resultó en la expansión espontánea de las iglesias.

Durante aquellos tres fructíferos años en la Amazonia terminé los cursos que me faltaban y recibí mi licenciatura en Ministerio cristiano de la Universidad de las Naciones. Tardé más de diez años en obtener el título, pero no me importó. Además de mi licenciatura, había adquirido habilidades con idiomas, culturas, desarrollo bíblico, sociología y plantación de iglesias, por no mencionar los increíbles diez años de experiencia que no cambiaría por ninguna otra cosa en el mundo.

Combinar el estudio con la obra misionera fue muy gratificante. Me permitió discernir los pasos del proceso de desarrollo cristiano, capaces de producir auténticos beneficios a toda la comunidad. Jurucuá y Estação experimentaron muchos beneficios sociales gracias a la presencia en su medio de iglesias llenas de vida. Este proceso no «arruinó» a las comunidades de la gente del río, tal y como Claudio nos había dicho que había sucedido con otras formas de implementar la obra. Ser mentor de los líderes locales fue un elemento clave de nuestro éxito. Sin una paga, ni tampoco la presión de alcanzar objetivos institucionales importados de fuera, líderes como Isaías, Benedito y Adalto no solo sostuvieron sus iglesias y sus iniciativas locales de desarrollo, sino que también las expandieron. Fue un proceso popular y exitoso, parecido a un movimiento social. No existía un término que pudiera describir este proceso de desarrollo cristiano, así que acuñé uno nuevo: *Mentoría para el desarrollo.*

Por la gracia de Dios, y con perseverancia, logramos los tres objetivos que nos habíamos propuesto alcanzar: ayudar en la fundación de JUCUM Manaos, ayudar al ministerio entre las tribus indígenas y plantar una iglesia donde no hubiera habido ninguna antes. Sin embargo, el objetivo final, hacer discípulos a todas las naciones, parecía seguir estando más allá de nuestras fuerzas. Es decir, lo parecía hasta un caluroso domingo de julio, en la comunidad de Jurucuá, en el que se nos hizo presente ante nuestros ojos.

Era el primer aniversario de la Casa del Padre de Jurucuá. Ana, que lideraba el equipo con la colaboración de Sergio y Daniel, estaba cocinando cuando llegamos. Como los misioneros teníamos fama de ser unos aguafiestas sociales, quisimos cambiar esa percepción organizando siempre grandes fiestas y celebraciones, culminadas con un partido de fútbol, coincidiendo con todos los eventos principales de la iglesia y los días especiales del calendario cristiano.

Nos juntamos casi doscientas personas para el banquete y la comunión y, ya avanzada la tarde, nos reunimos en torno al frescor del río Purús para celebrar más bautismos. Unas cien personas estaban en el agua o en las orillas escuchando los maravillosos testimonios de las aproximadamente veinte personas que se bautizaban. Los pastores Isaías, Benedito y Adalto se encargaban de los bautismos, pero los que se bautizaban pedían ser acompañados por una segunda persona que orara por ellos. Este honor le era solicitado con frecuencia a Ana, a Sergio, a Daniel o a Elías y María, en reconocimiento de la labor evangelística y de discipulado que habían tenido en sus vidas.

Tras los bautismos, aquella gran multitud se congregó en la sencilla iglesia de madera que apenas daba cabida a la mitad de los asistentes, teniendo la otra mitad que permanecer fuera. Los tres pastores de la gente del río: Isaías, Benedito y Adalto, se sentaron delante, mientras que Ana, Sergio y Daniel, Josephine y yo y nuestros hijos, y Edmilton, Helena, Gilli, Paulo y Eliete, y Jorge y Evi nos sentamos hacia la parte de atrás. Cuando empezaron a sonar las melodías de alabanza que ellos mismos habían escrito, todos nos miramos con una sonrisa. No eran de nuestro estilo, ¿pero eso que importancia tenía? Alababan con la música popular de los ribeirinhos que tanto les gustaba, y eso era parte de la belleza de aquel momento; expresaban su adoración de una forma que era tan única como ellos mismos. En realidad, si nos hubieran gustado todas las cosas de las iglesias que habíamos ayudado a fundar, lo más probable es que significara que habíamos hecho un mal trabajo, ya que serían iglesias más nuestras que suyas. La iglesia Casa del Padre de Jurucuá no era de Ana, Sergio y Daniel, como tampoco era mía o de Josephine la iglesia de Estação.

No eran nuestras iglesias, ni eran iglesias de JUCUM. Eran iglesias de ribeirinhos lideradas por sus propios pastores y ancianos, en sus propias comunidades y con sus propios recursos.

Aunque nunca habíamos presidido un culto ni predicado un mensaje en las iglesias que habíamos fundado, sentíamos como si algo cambiara en el momento en que Isaías empezó a predicar. Tenía la palabra precisa para ese momento. Los que se habían quedado fuera charlando prestaron atención de inmediato, como si hubiera descendido un silencio santo. Isaías predicó con poder y con la unción de Dios, sus palabras y sus gestos estaban adornados con la gracia divina. Miré a Josephine y vi sus lágrimas; algunas corrían también por mis mejillas. Nos abrumaba una sensación de plenitud espiritual, gratitud y gozo.

Entonces, mientras Benedito y Adalto repartían la santa cena, tuvimos una fuerte percepción de que se estaba produciendo una transacción en la esfera celestial. Ya habían ejercido el liderazgo, pero a partir de ese momento sentimos que eran los responsables espirituales del movimiento. Los doce miembros de JUCUM presentes tuvimos la misma sensación. No nos volvimos espiritualmente irrelevantes, pero en ese instante supimos de algún modo que la gracia especial que Dios nos había concedido para aquella misión había pasado ahora a los líderes de las iglesias de los ribeirinhos. Ante nuestros mismos ojos veíamos que los apóstoles que habíamos escogido y discipulado eran los que iban a llevar adelante la Gran Comisión de cumplir el objetivo último de hacer discípulos a todas las naciones, de comunidad en comunidad.

EPÍLOGO

Tras doce años en la Amazonia nos mudamos a Australia. Milagrosamente, Dios nos dio a Josephine y a mí una vez más el mismo versículo. Fue Salmos 16:5-6: «Jehová es la porción de mi herencia y de mi copa; tú sustentas mi suerte. Las cuerdas me cayeron en lugares deleitosos, y es hermosa la heredad que me ha tocado».

Lábrea fue para nosotros un lugar de adopción, pero para nuestras hijas era su hogar, y no querían dejarlo, al igual que no querían dejar su escuela, sus muchos amigos queridos y la única vida que conocían, pero habíamos recibido un mensaje claro. Nuestras hijas tenían doce, once, nueve y seis años cuando nos mudamos.

Años antes, habíamos invertido nuestra herencia australiana en el Amazonas, basados en una palabra de Dios para nosotros tomada de Mateo 19:29: «Y cualquiera que haya dejado casas, o hermanos, o hermanas, o padre, o madre, o mujer, o hijos, o tierras, por mi nombre, recibirá cien veces más, y heredará la vida eterna». Nueve meses después de regresar a la ciudad natal de Josephine, Adelaida, en el estado de Australia del Sur, nos regalaron una parcela de terreno en el precioso barrio de Belair, valorada en cuatro veces el valor de todo lo que habíamos invertido en Brasil. Esta abundante provisión nos permitió la construcción de una casa nueva, algo que había estado más allá de nuestros sueños más descabellados. El 3 de julio del 2003 nos mudamos a ella, exactamente doce años después del día que llegamos por primera vez a Samauma. Ha sido la casa de nuestros hijos hasta que se han hecho mayores, y aún es el lugar en el que vivimos.

En agosto del 2014, Josephine y yo fuimos a visitar Manaos, Porto Velho y Lábrea. Nos quedamos asombrados al ver lo mucho que había crecido el número de cristianos en Manaos, que ahora tiene uno de los porcentajes más altos de población cristiana de todo Brasil. La noche que llegamos fuimos a la marcha anual por Jesús, en la que cientos de miles de personas estaban en las calles alabando a Jesucristo.

JUCUM todavía trabaja en sus terrenos originales, situados a orillas del río en las ciudades de Manaos, Porto Velho y Lábrea. Los ministerios dirigidos a las tribus indígenas forman, envían y apoyan a diferentes equipos que ministran entre las tribus de toda la Amazonia, mientras que los ministerios de las tres ciudades se dedican a las comunidades de ribeirinhos. Además, todos ellos forman y envían a ciudadanos brasileños para que vayan a otros lugares del mundo como misioneros interculturales.

Cuando la pequeña avioneta tomó tierra en Lábrea, nuestros corazones y mentes se llenaron de recuerdos. Al caminar por las calles, la gente nos saludaba con mucho cariño. Incluso se nos acercaban extraños para comentarnos la manera en que Dios había tocado sus vidas a través del ministerio de las iglesias Casa del Padre.

La iglesia Casa del Padre de Lábrea superó con mucho la capacidad del edificio de madera construido en el terreno de JUCUM, así que construyeron un edificio nuevo. Nos quedamos asombrados al comprobar que hoy en día la Casa del Padre de Lábrea es el mayor edificio eclesiástico de la ciudad, a cuyos cultos dominicales asisten unas 225 personas. Se trata de una iglesia que sigue colaborando con JUCUM Lábrea en el servicio y apoyo a los ministerios entre las comunidades del río Purús.

A continuación nos embarcamos río arriba junto con nuestro pequeño equipo de australianos, brasileños y estadounidenses, entre los que estaba mi hermana Wanda, la primera persona que nos había apoyado financieramente, y también la que había sido nuestra colaboradora, la enfermera Gilli. En Jurucuá, el pastor Benedito y toda la comunidad nos agasajaron con una comida especial. La iglesia había seguido creciendo bajo su liderazgo ungido. Resultaba difícil creer que un día había sido un simple ribeirinho del Amazonas que había simpatizado con la magia chamanística.

La iglesia de Estação se reunía en Samauma; sí, en Samauma. Nosotros habíamos ministrado en Samauma durante más de dos años, pero nunca habíamos visto formarse allí una iglesia, a causa de lo enraizada que estaba su religión popular. Claudio y su esposa

Juliana llegaron a ser los líderes de la comunidad y con el tiempo se bautizaron, con la bendición del Senhor Pedro y de Isabel. Hoy en día todos los tejados son de hojalata, y no de hojas de palmera; la comunidad tiene un aspecto limpio y ordenado; y un generador eléctrico comunitario provee electricidad a todas las casas, a una escuela regional de primaria y a un centro comunitario y eclesiástico. La sala de clases tiene un ordenador con una conexión por satélite. Adalcir, el hermano de Claudio, todavía trabaja allí como agente de salud de la comunidad. Samauma es hoy en día una comunidad modelo basada en Lucas 2:52, en la que cada miembro tiene la oportunidad de crecer «en sabiduría y en estatura, y en gracia para con Dios y los hombres».

Claudio es el pastor de la iglesia combinada Casa del Padre de Samauma-Estação, ya que el Pastor Isaías y Joanna viven ahora en Lábrea, al igual que Carlos e Iraçema. Unas cincuenta personas asisten al culto dominical de las noches y a la gran escuela dominical de las mañanas. La noche que fuimos a visitarlos, Claudio y Juliana mataron un cerdo y organizaron una gran fiesta. A ella vinieron creyentes de Samauma, Estação, Jurucuá, Capaçini (la iglesia fundada por Adalto) y tres jóvenes del poblado jarawara. Dichos jóvenes se habían convertido gracias a la obra comenzada por Beth, Sandra y Afonso. Fue una fiesta maravillosa. Hablamos mucho de los años pasados, pero sobre todo del gozo que sentíamos al verlos seguir fielmente al Señor hoy en día. Nos regocijamos al ver que las pequeñas semillas que habíamos plantado habían crecido y daban mucho fruto.

Actualmente, Josephine y yo seguimos siendo misioneros de JUCUM a tiempo completo. Nuestro corazón está puesto en la tarea de inspirar, animar y formar a cristianos para los ministerios que Dios les haya asignado. Dedicamos aproximadamente la mitad del año a liderar en la Universidad de las Naciones una Escuela de Transformación y Desarrollo de la Comunidad, por invitación de las sedes de JUCUM México, y también de JUCUM Australia y otros países del sur y sudeste asiático.

La otra mitad del año permanecemos en nuestro hogar, en Australia del Sur, trabajando en nuestro ministerio, *Life Together*

Development. A través de él ofrezco servicios de planificación urbana, planificación social y desarrollo internacional. Además, enseño en la EDE, y en la escuela de desarrollo comunitario y doy cursos misioneros sobre evangelismo, guerra espiritual, misiones, cosmovisión y desarrollo intercultural y comunitario. Josephine enseña también en esas escuelas, así como en las Escuelas de Consejería y Atención Primaria de Salud. En particular, enseña y lidera una metodología para el ministerio de oración desarrollada por ella y que se llama Sanidad Mediante Su Presencia, y se dedica a comprometer a más personas en el evangelismo sobrenatural.

Pasamos todo el tiempo que podemos con nuestros cuatro hijos, que viven y trabajan en Australia; quienes, por cierto, a pesar de que al principio se mudaron a regañadientes, ahora se alegran de que nos trasladáramos a Australia del Sur. Dicho esto, también hay que decir que los cuatro se consideran afortunados y bendecidos de muchas maneras por haber crecido en los ríos y las selvas de la Amazonia. Cuando le preguntaron a Sasha cómo le benefició crecer en el Estado de Amazonas, respondió:

«¿Cómo no iba a beneficiarme? Conozco varias lenguas, tengo amigos [de otros países], conozco diferentes culturas y puedo contar historias de barcos que naufragan y de gracia asombrosa. Pero ninguna de estas cosas serían "normales" para mí, si mis padres no las hubieran hecho "normales" para ellos.
Si la fe sin obras está muerta, nosotros estábamos bastante vivos. Mis padres, que son geniales, mezclaron la fe con el coraje, es decir, tuvieron «forraje» y forrajear consiste en buscar todo tipo de provisiones, lo cual, si estás considerando la posibilidad de ser misionero, es algo que puedes tener que hacer en algún momento... Siempre es arriesgado dejar la seguridad de tu casa, pero cada desafío es una oportunidad de crecer en gracia para con Dios y los hombres. Y nosotros lo hicimos».

Sasha terminó su licenciatura y trabaja como psicóloga interina. Chloe tiene maestrías en comercio internacional y marketing, y trabaja para la consultora de negocios internacional KPMG. Se compró su propia casa y en diciembre de 2015 contrajo matrimonio. Alexandra consiguió participar en Australian Idol, el programa concurso de nuevos talentos de la canción, ha sido cantante corista de un rapero aborigen y continúa haciendo cosas creativas como asesora de peluquería y belleza, incluso entre las celebridades de la Gran Barrera de Coral. Christian ha trabajado también en la Gran Barrera de Coral y surfeado sobre muchas de las mejores olas de Australia, Norteamérica, Centroamérica, Asia y Europa. Tiene una licenciatura en marketing y trabaja en ese campo.

En cuanto a los colegas que colaboraron con nosotros en el Amazonas (por orden de mención en el libro):

Gerson Ribeiro continúa con su llamamiento a servir y hacer obra pionera. Es el director de una gran organización del nordeste de Brasil que trabaja en las áreas de la educación, la alfabetización y el microcrédito a familias pobres que quieren comenzar pequeños negocios.

Todd Kunkler tiene una licenciatura en administración de negocios y hoy es copropietario y vicepresidente de una compañía de vuelos chárter privados llamada Dreamline Aviation. Todd participa en la concesión de becas universitarias. Él y su mujer, Nancy, viven cerca de la sede de JUCUM en Los Ángeles.

Calvin Conkey y su esposa Carol son los fundadores y directores de Create International, un ministerio internacional de JUCUM que produce recursos audiovisuales sobre pueblos no alcanzados por el evangelio. Viajan por todo el mundo desde su sede en Chiang Mai, Tailandia. Calvin tiene una maestría en antropología aplicada y Carol una maestría en comunicación intercultural.

Alcír Cavalheiro y su esposa Lourdes fueron líderes de JUCUM Belém durante algunos años. Todavía viven en Belém, donde él es pastor de una iglesia.

Reinaldo y Bráulia Ribeiro lideraron JUCUM Porto Velho y los ministerios entre las tribus indígenas durante veinte años, y después ministraron durante siete años en la Universidad de la Naciones en Kona, Hawái. Reinaldo trabaja en consejería cristiana y Bráulia en misiones y lingüística. Actualmente viven en New Haven, Connecticut, donde Bráulia estudia en la Universidad de Yale.

Anabel de Souza fundó JUCUM Timor Oriental en 1998, y todavía lidera esa obra.

Baia y Edilberto, los dos sonrientes ayudantes de cubierta, se formaron como pilotos misioneros. Baia está casado con una suiza y es piloto de una agencia misionera cerca de Belém. Edilberto se casó con una estadounidense y es piloto de una aerolínea regional del estado de Washington.

Todd y Terry Owens siguen siendo nuestros amigos. Viven en Chanhassen, Minesota, y son los padrinos de nuestra tercera hija, Alexandra.

Bruce Ferguson vive en Sydney, en unos apartamentos para la tercera edad. Continúa siendo un ángel para nosotros y para otros, intercediendo diariamente por los ministros y los misioneros.

Mike y Celia Naughton siguen siendo nuestros amigos. Viven en Melbourne y son padrino y madrina de nuestra segunda hija, Chloe.

Dave y Elizabeth Warner ministraron en el Amazonas durante doce años y después se unieron al ministerio de Naves de Esperanza, y trabajan en el centro de operaciones internacionales de Lindale, Texas.

Luke Huber, fundador del Proyecto Amazonas, murió en un accidente de ultraligero tras visitar una de las muchas comunidades de la gente del río donde el Proyecto Amazonas tenía una iglesia.

Daniel y Fátima Batistela trabajaron entre los indios baniwá hasta la conversión del jefe Bidú y otros miembros de la tribu. Fundaron y lideraron JUCUM Rio Branco, en Acre, y son pastores asociados de una iglesia.

Mario y Jaçiara Silva lideraron JUCUM Manaos durante aproximadamente doce años y después fueron líderes en Estados Unidos durante el mismo período de tiempo. Hoy en día han regresado a Manaos, donde realizan trabajo pionero fundando iglesias en ciudades y comunidades rurales a lo largo del rio Negro, en colaboración con la Iglesia Presbiteriana de Brasil.

Ezekiel Roque se casó con la hermana de Bráulia, Cibele, y lideraron un hogar para rescatar y reeducar a niños de la calle en la ciudad de Porto Velho. Hoy en día, Ezekiel es abogado de la Comisión de Derechos Humanos del Colegio de Abogados de Brasil en el Estado de Rondonia.

Nivaldo Carvalho se casó con Janecir y trabajó durante algunos años con el equipo que ministraba entre los suruwahá. Más tarde se formó como piloto con la *Mission Aviation Fellowship* de Brasil y hoy en día sirve como piloto misionero en una base cerca de Belém.

Suzuki y Márcia trabajaron entre los suruwahá durante más de diez años y adoptaron a una niña de esa tribu llamada Hakani. Ambos tienen maestrías en lingüística y son, junto con David Hamilton, los creadores de UniSkript. Desde el 2010 trabajan como investigadores/conferenciantes en la Universidad de las Naciones en Kona, Hawái. También son los fundadores de una campaña nacional en Brasil contra el infanticidio (www.atini.org), que culminó con la aprobación por parte del Congreso de los Diputados de Brasil de una ley para proteger a los niños indígenas de prácticas criminales como el infanticidio. Su historia se cuenta en el libro *A Way Beyond Death* (YWAM Publishing).

Jon y Denise Lundberg se mudaron desde Minesota a Idaho. Jon enseña asignaturas técnicas y profesionales y es entrenador de deportes en la Weiser High School. Denise es una consejera escolar. Ambos son activos en la iglesia y en la comunidad, y en el apoyo a los ministerios y misioneros cristianos.

Dale Olson se casó con la chica brasileña a la que amaba, Suzie. Dale es constructor y vive en Minesota.

Kelky Justino permaneció en Caroço, como líder de la iglesia fundada por Dave y Elizabeth. Hoy en día Kelky trabaja en un barco que realiza el trayecto entre Manaos y Tapauá, donde viven él y su esposa Lenice, y siguen activos en su iglesia.

Paulo y Eliete Gomes, después de nuestra partida, lideraron durante ocho años JUCUM Lábrea, hasta que se mudaron a JUCUM Sudáfrica. Hoy en día desarrollan su ministerio en JUCUM Suazilandia.

Jorge y Evi pastorearon la Casa del Padre de Lábrea durante algunos años, antes de mudarse a la ciudad natal de Jorge en el sur de Brasil, donde obtuvo su ordenación. Hoy en día son pastores pioneros en las áridas y remotas regiones del centro de Brasil, pero su deseo es volver a la Amazonia.

Brenda «Gilli» Gilfillen, tras nuestra salida de Lábrea, fundó y lideró allí durante más de cinco años un programa para niños desfavorecidos. Hoy en día desarrolla su ministerio en un remoto centro de salud y nutrición situado a las afueras de Gabú, en el oriente de Guinea-Bissau, en África occidental, donde atiende al pueblo musulmán de los Fulani.

Edmilton de Sousa es ahora técnico médico de emergencias del departamento de bomberos y pastor de la iglesia donde creció, la Iglesia del Nazareno de Nilópolis, Rio de Janeiro. Se casó con Helena, su colaboradora, a la que se menciona en el libro.

Ana Fonseca se casó con Francisco Xavier. Ambos sirvieron como misioneros a corto plazo en África. Actualmente viven en Belém.

Sergio Lima se casó con Joseane, de Lábrea. Ambos trabajan en JUCUM Porto Velho.

RECONOCIMIENTOS

Nos gustaría expresar nuestra más profunda gratitud a nuestro colega de JUCUM y editor Scott Tompkins. Scott nos ha guiado a lo largo de todo el camino como mentor y editor. Scott y Sandi tuvieron incluso la amabilidad de invitarnos a su casa de Texas, y nos dieron la oportunidad de vivir, trabajar y aprender con ellos durante tres semanas.

Estamos muy agradecidos a Tom Bragg, Ryan Davis y otras personas de YWAM Publishing por su trabajo de edición y su labor entre bastidores, y a todo el equipo de Seattle por comprometerse en el objetivo de ver publicado este libro.

Estamos agradecidos también a nuestros colaboradores brasileños y a otros colegas de JUCUM, demasiados como para poder nombrarlos a todos, quienes compartieron nuestras aventuras durante doce años en Brasil y se han transformado en amigos entrañables.

Gracias a nuestras familias extensas en Adelaida, Australia del Sur, y Fridley, Minesota, las cuales nos enviaron generosamente a servir y siempre nos acogieron calurosamente en nuestras visitas. Queremos expresar un agradecimiento especial a DeLois Truehl, Johanna Tanner y Anthea Tonkin, que conservaron cuidadosamente toda la correspondencia de nuestros años en la Amazonia.

Gracias a las iglesias que nos apoyaron, la Iglesia Bautista Parkside y la Iglesia Luterana del Redentor, que permanecieron con nosotros a lo largo de todo el camino, sosteniéndonos financieramente y en oración, y animándonos con amor, intercesión, sabiduría y equipos a corto plazo.

Gracias a todos

NOTAS

1. Elisabeth Elliot, *Through Gates of Splendour* (Bungay, RU: Hodder and Stoughton, 1957).

2. Isaías 21:2-4.

3. Paul Cho, Prayer: Key to Revival (Berkhamsted, RU: Word Books, 1985).

4. John Dawson, *Taking Our Cities for God* (Lake Mary, FL: Creation House, 1989), 154.

5. Isaías 21:5-9.

6. Günter Krällmann, *Mentoring for Mission* (Hong Kong: Jensco, 1992), 43-49.

7. Dawson, *Taking Our Cities for God*, 85.

8. Octaviano Mello, *Topônimos Amazonenses* (Manaos: Imprensa Oficial do Estado do Amazonas 1986) 152-56.

9. Meinke Salzer y Shirley Chapman, *Dicionário Bilíngue nas Línguas Paumarí e Portuguesa* (Dallas: SIL, 2006), 285, 154.

10. Leighton Ford, *Jesus: The Transforming Leader,* The Jesus Library (Londres: Hodder and Stoughton, 1991), 129.

Encuentro del río Negro con las aguas marrones del rio Solimões, al llegar a Manaos.

Abuela suruwahá cuidando a sus nietos

Niños suruwahá con cerbatanas, arcos y flechas

Alquiler de la avioneta de Wycliffe en Lábrea

La casa que compramos en Manaos

JUCUM Amazonas: Gerson, segundo por la izquierda; Bráulia, Reinaldo, Daniel y Fátima en el centro

Kent y Josephine con Loren Cunningham, que se perdió la inauguración, pero vino a Manaos tres años después

Mi familia con la camioneta que usábamos para transitar por la carretera transamazónica

Cabaña de troncos ruinosa en Manaos

La base de JUCUM en Lábrea

*Traduciendo la predica-
ción del evangelio de los
estudiantes de la EDE, en
una campaña en Lábrea*

*Almuerzo con el Senhor
Pedro e Isabel en su cocina*

La vida en un barco en un poblado de la gente del río

Naufragio del barco el 25 de marzo a las 6:55 de la mañana

Reparación del barco tras el naufragio

Escena de la vida en el barco

Una pareja feliz pasando por tiempos difíciles

Nuestras niñas jugando en la base de Manaos

*La vida en la llanura
inundable del Amazonas*

*Primer bautismo, con
Kent e Isaías*

*Josephine bautiza a una
alumna en prácticas
procedente de Nueva
Zelanda, visitante de
atención sanitaria*

La Casa del Padre comenzó aquí, en la base de JUCUM, y hoy es la mayor iglesia de Lábrea

Kent y el pastor Isaías frente a la iglesia de Estação, durante el proceso de construcción

Culto de la iglesia de Jurucuá, dirigido por líderes de la gente del río

KENT Y JOSEPHINE TRUEHL Fundaron iglesias por medio del desarrollo comunitario entre la gente del río y colaboraron en la fundación de tres bases de Juventud con una Misión (JUCUM) en la Amazonia brasileña.

Actualmente son líderes de JUCUM y viajan por todo el mundo para impartir seminarios sobre discipulado, misiones, desarrollo, liderazgo, transformación personal y ministerio de oración.

Se puede contactar con ellos a través de la siguiente dirección de correo electrónico: kentandjosephine@gmail.com.

HÉROES CRISTIANOS DE AYER Y HOY

de Janet y Geoff Benge

Aventura fantástica
La vida de Gladys Aylward

Persecución en Holanda
La vida de Corrie ten Boom

Un aventurero ilustrado
La vida de William Carey

La intrépida rescatadora
La vida de Amy Carmichael

Odisea en Birmania
La vida de Adoniram Judson

Alma de Campeón
La vida de Eric Liddell

Padre de huérfanos
La vida de George Müller

Peligro en la selva
La vida de Nate Saint

Peripecia en China
La vida de Hudson Taylor

La audaz aventura
La vida de Mary Slessor

Portador de esperanza
La vida de Cameron Townsend

La tenacidad de una mujer
La vida de Ida Scudder

Emboscada en Ecuador
La vida de Jim Elliot

Desafío para valientes
La vida de Loren Cunningham

C. S. Lewis
Un genio de la narración

Valentía en el Nilo
La vida de Lillian Thrasher

Corazón Pionero
La vida de David Livingstone

La heroína voladora
La vida de Betty Greene

Victoria sobre la venganza
La vida de Jacob DeShazer

Dietrich Bonhoeffer
En medio de la maldad

El agente secreto de Dios
La vida del hermano Andrés

Esperanza en los Andes
La vida de Klaus-Dieter John

Perseverancia y sacrificio
La vida de Lottie Moon

Hazañas en el hielo
La vida de Wilfred Grenfell

John Wesley
La vida era su parroquia

Defensora de los desamparados
La vida de Elizabeth Fry

VIDAS CON LEGADO
Biografías

Huida hacia la libertad
La vida de Harriet Tubman

De esclavo a científico
La vida de George Washington Carver

Libertad y justicia para todos
La vida de William Penn

Imbatible
La vida de Louis Zamperini

El empresario de los pobres
La vida de David Busseau

Triunfo de la justicia
La vida de William Wilberforce

Ben Carson
Vencer lo imposible

Laura Ingalls Wilder
Travesías de los Ingalls

Milton Hershey
Más que chocolate